新 社会福祉士養成課程対応

貧困に対する支援

哲 編

みらい

●編者

しぶや　さとし
渋谷　哲　淑徳大学

●執筆者一覧（五十音順）

あさひなともこ
朝比奈朋子　東京成徳大学 …………………………………第8章、第13章第2節

あしだれいこ
芦田　麗子　大阪歯科大学 …………………………………第11章第5・6節

おおのちへい
大野　地平　聖徳大学短期大学部 …………………………第11章第1〜3節

きのしたたけのり
木下　武徳　立教大学 ………………………………………第9章

きもとあきら
木本　明　元東京家政学院大学 ……………………………第7章

さわいさお
澤　伊三男　元旭川大学 ……………………………………第1章

しばたじゅんいち
柴田　純一　中部学院大学 …………………………………第4章、第5章

しぶやさとし
渋谷　哲　前出 ………………………………………………序章、第2章、第3章

とよだゆきえ
樋田　幸恵　淑徳大学短期大学部 …………………………第12章

のぐちゆきこ
野口友紀子　武蔵野大学 ……………………………………第6章

やなぎさわこうじ
柳澤　広司　社会福祉士・精神保健福祉士 ………………第13章第1・3節

やまだそうしろう
山田壮志郎　日本福祉大学 …………………………………第10章、第11章第4節

はじめに

　本書は2021（令和3）年度から新たに始まる社会福祉士養成課程のカリキュラムに基づき、「複合化・複雑化した福祉課題及び包括的な支援の理解」に位置づけられている、科目「貧困に対する支援」に対応したテキストである。

　近年、ホームレスやワーキングプアなど、現代社会のなかで構造的に生み出された新たな貧困、さらに、子どもの貧困や生活保護制度運用の問題点等が指摘されている。本書はこれらの問題に対して、ソーシャルワーカーにどのような役割や行動が求められているのかを基軸にしながら、貧困という生活課題を抱えた低所得者に対する支援について具体的に学べるように構成した。

　貧困という生活課題を抱えた低所得者に対する制度には、生活保護制度や社会手当による経済的給付、生活困窮者自立支援制度、ホームレスへの支援、生活福祉資金貸付制度、医療サービスや住宅サービス、就労支援サービス等があり、そこにはソーシャルワーカーによる支援が必要なので、本書は「貧困に対する支援の制度と方法」といった内容になっている。

　また、執筆者の多くはソーシャルワーカーとして低所得者への支援に従事していた経験をもつので、支援にあたっての具体的な方法や現場での実際の運用を念頭に執筆していただいた。ソーシャルワーカーを目指すみなさんが本書で学び、貧困という生活課題を抱えた低所得者への支援に従事するソーシャルワーカーが誕生することを執筆者全員が願っている。

　なお、本書を新養成課程スタートと同時に発行することができたのは、企画に賛同いただいた執筆者の熱い思いと、出版社である（株）みらいの荻原太志氏と西尾敦氏のご理解と丁寧な編集があったからである。ここに改めて感謝の言葉を述べたい。

　2021年2月

編者　渋谷　哲

本書の特徴

1．2021（令和 3 ）年度から始まる新社会福祉士養成課程の科目「貧困に対する支援」の、「教育に含むべき事項」と「想定される教育内容の例」のすべてを網羅しています。

2．構成は序章から第13章と講義14回分となっています。毎回の講義で 1 章ずつと想定しています。

3．他社のテキストには示されていない「生活保護費の認定方法と支給額」を、序章の「導入事例」に掲載しています。

4．各章ごとに「プロローグ」として、事例やエピソードを示してあるので、各章で学ぶ内容が最初に把握できます。

5．第13章に「演習」として 3 つの事例を掲載したので、ソーシャルワーカーによる支援の実際を学べます。また、新教育課程での科目「ソーシャルワーク演習（専門）」の、「教育に含むべき事項」の「具体的な事例ー貧困」においても活用できます。

目　次

第6章　生活保護の動向と財源

第7章　生活保護制度における専門職とソーシャルワーク

第11章　貧困階層や低所得者への福祉サービス

第12章　公的扶助制度の歴史

第13章　貧困に対するソーシャルワーク実践

序章 「貧困に対する支援」を学ぶ前に

● 本章のねらい

> 　現代社会では、人は働くことによって生活の糧となる金銭を得て生活をしている。働くことは日本国憲法第27条にも謳（うた）われている権利であり、義務でもある。しかし、高齢や障害などさまざまな理由によって、働くことが難しかったり、不安定な雇用条件のため、収入が生活していくうえで必要最低限を下回る人たちもいる。このような貧困や低所得などの生活問題を抱えた人たちのセーフティネットの一つに「生活保護制度」がある。本章では、まず基本となる生活保護制度による支援の過程と制度の概要を導入事例から理解し、次章以降の学習につなげていきたい。

● プロローグ　室内に中２の遺体、母親逮捕－ある日の新聞記事から－

　９月24日の午前、Ａ市の県営住宅の一室で、部屋の明け渡しで訪れた地裁の執行官から「中学生が冷たくなっている」と110番通報があった。駆けつけた警察署員がこの部屋に住む中学２年生の長女が死亡していることを確認し、室内にいた母親を殺人の疑いで逮捕した。母親は「子どもを殺して自分も死のうと思った」と話しており容疑を認めているという。

　調べによると親子２人暮らし。２年ほど前から家賃の滞納があり、部屋の明け渡しを求めようと執行官が訪問したという。

　Ａ市役所によると、母親は昨年４月に「生活保護の制度について知りたい」と相談窓口を訪れていた。ただ、生活保護の申し出はなく、面接員が制度を説明して資料を手渡した。母親は収入や世帯の状況について詳細に述べることがなく、Ａ市は「申請の意思はない」と判断。また、当時の面接記録では「切羽詰まった状況には見えなかった」としているという。その後、再訪問や問い合わせはなかったという。

（平成26年９月25日朝日新聞朝刊）

1. 本書で「貧困に対する支援」を学ぶ前に

　このプロローグを読んだみなさんは、「母親はどうして誰かに相談しなかったのだろうか」「近所の方は気づかなかったのだろうか」「市役所は助けられなかったのだろうか」と疑問に思うことだろう。このような生活費に困った世帯を把握する相談システムの構築、支援するための制度やサービス、そして支援の方法を学ぶことが本書の目的である。

(1) 低所得者と貧困問題

　プロローグの母子世帯は所得が少ない「低所得者」であり、生活状態は「貧困」であったといえる。事件は最悪の結果となったが、低所得により貧困の状態にある方は、わが国でも多数存在している。

　ワーキングプアやホームレスに関する報道を耳にするが、これは社会福祉の基本課題である「貧困問題」といえる。もちろん低所得者でもなんとか生活を継続できている人はいるが、多くは所得が少ないことで貧困の状態になると、経済的問題も含めたさまざまな生活課題を抱えてしまうことになる。

　しかし、低所得者の「低」とは、そして「貧困」とはどのくらいの程度や状態と考えればよいのか。これはその時代の社会状況や生活水準により基準が異なり、貧困の測定方法は複雑であるので、簡単に定義や数値を示すことは難しい。

　そこで本書では、所得が低いことで生活の困難さを感じており、経済的問題を含めた生活課題を解決するための制度やサービスを必要としている人を、「要支援の低所得者」と位置づけることにする。

(2) 本書で使用している用語

保護受給者・保護受給世帯

　生活保護法では保護を受けている者を、「被保護者」と規定しており、またその世帯を一般的に「被保護世帯」としている。しかし、「被」とは「物が隠れるように広げて被せたり囲ったりすること」であり、また「被告」「被疑者」のようにマイナスのイメージを連想してしまう。

　よって本書では、「保護受給者」「保護受給世帯」で用語を統一している。ただし、法律の引用や制度名等で正式な用語が必要な箇所は、「被保護者」「被保護世帯」と表記している。

ソーシャルワーカー

　社会福祉法では、福祉事務所において保護受給者へのソーシャルワーク実

践を担っている専門職を「現業員」と規定しているが、実際の福祉事務所では「ケースワーカー」「地区担当員」と呼ばれている。

　しかし本書では、社会福祉専門職をイメージできるように「ソーシャルワーカー」で用語を統一している。ただし、法律の引用や実施機関の説明等で正式な用語が必要な箇所は「現業員」と表記している。

２．導入事例 −生活保護制度を活用した支援−

　低所得者に対する支援には、社会手当による経済的給付、生活困窮者やホームレスへの自立支援、生活福祉資金や医療、就労支援といった制度やサービスがあるが、わが国では公的扶助の柱として低所得者に包括的な支援をしている生活保護制度がある。

　ここでは最初に導入事例を示すので、生活保護制度を活用した支援の過程と制度の基本事項を理解してほしい。

　鈴木花子さん（35歳）は３年前に離婚し、長男・太郎君（10歳）とＡ県Ｂ市（１級地の１）[*1]の市営住宅（家賃月額１万8,000円）で暮らす母子世帯である。離婚した前夫からの養育費はなく、パートの収入と預貯金、社会手当である児童手当（月額１万円）[*2]と児童扶養手当（月額４万3,160円）[*3]により生活している。

　ところが不景気によりパート収入が減り、３か月前からは体調も崩して解雇されてしまった。体調が悪いなか求職活動をしたが採用には至らず、医療費もかかり、現在は預貯金も消費してしまい生活に困っている。両親や兄弟からの援助もなく途方に暮れてしまった。

　鈴木さんはどこに相談に行けばよいかわからなかったが、市営住宅の回覧板に紹介されていた民生委員[*4]の氏名を思い出し、勇気を出して民生委員のところを訪ねてみた。民生委員に事情を話したところ、「それならばＢ市役所の１階にある『Ｂ市福祉事務所』[*5]に行って相談したらいいわ」と言われたので、６月１日に市役所へ相談に行った。

　窓口の面接相談員[*6]にこれまでの事情と現在生活に困っていることを話したところ、生活保護の申請をすすめられ、生活保護制度の説明を受けたのち申請書に署名し提出した[*7]。

　福祉事務所に相談に行ってから３日後の６月４日、自宅に福祉事務所のソーシャルワーカー（現業員）[*8]が訪問してきた。ソーシャルワーカーから、前夫との離婚時の話し合い、両親や兄弟のこと、子どものこと、仕事の内容、

＊1　所在地域別（級地区分）
第5章p.88参照。

＊2　児童手当
第2章p.42参照。

＊3　児童扶養手当
第2章p.43参照。

＊4　民生委員
第3章p.48参照。

＊5　福祉事務所
第3章p.49参照。

＊6　面接相談員
第7章p.133参照。

＊7　申請保護の原則
第4章p.72参照。

＊8　現業員
第7章p.124参照。

資産や預貯金の状況、市営住宅費の支払い状況、病気や通院状況等について聞かれ、さらに、生活保護制度の仕組みについて詳しい説明があり、「資力調査[*9]や扶養義務調査を行い、生活保護が受けられるかどうかの決定を申請日より14日以内にお知らせします」との話があった。

6月13日、福祉事務所から郵便で「保護決定通知書」が届いた。書類には「生活保護の受給を決定します」とあり、その決定内容が記載されていた。

*9　資力調査（ミーンズ・テスト）
第2章p.39参照。

*10　最低生活費の認定
第5章p.96、巻末資料p.241参照。

*11　収入の認定
第5章p.97、巻末資料p.242参照。

*12　金銭給付
第4章p.59参照。

*13　現物給付
第4章p.59参照。

*14　不服申立て制度
第4章p.79参照。

*15　定期訪問
第7章p.136参照。

[最低生活費認定額][*10]

生活扶助	第　1　類	93,060円×0.8548≒		79,540円
		（主35歳：47,420円＋長男10歳：45,640円＝93,060円）		
	第　2　類	2人世帯（居宅）		42,420円
	加　　　算	母子加算（児童1人）		18,800円
		児童養育加算（児童1人）		10,190円
教育扶助		長男（小学校）		3,680円
＋）住宅扶助		市営住宅実額		18,000円
				172,630円

[収入認定額][*11]

社会手当	児童扶養手当		43,160円
＋）	児童手当		10,000円
			53,160円

[要否判定]　最低生活費認定額＞収入認定額により生活保護の開始を決定します
[保　護　費]　172,630円－53,160円＝119,470円（金銭給付）[*12]
　　　　　　　なお、医療扶助は現物給付[*13]とします
[開始理由]　世帯主の傷病により生計の維持が困難なため
[不服申立て]　この決定に不服がある場合は都道府県知事に不服申立て[*14]ができます

生活保護が決定され鈴木さんの生活も落ち着きを取り戻した。ソーシャルワーカーが定期的に訪問[*15]してくれ、当面は病気を治すことを優先するようにアドバイスを受けた。一緒に今後の生活設計を考えてくれるので安心だ。

保護を受けてから半年経った12月に、鈴木さんは「体調も回復したので求職活動をしたい」とソーシャルワーカーに話をした。ソーシャルワーカーから「ハローワーク[*16]に行って求職活動を開始してください。新聞の折り込み広告も参考になりますよ。体調が悪いときは主治医に相談して、無理のない程度にしてください」とアドバイスを受けた。

翌年の3月、求職活動を開始して3か月が経過したが、なかなか採用には至らなかった。鈴木さんはソーシャルワーカーに「仕事を探すのは難しいです。履歴書の書き方も自己流ですし、面接で緊張してしまいます。仕事内容も体調のことがあるので事務関係か軽い製造業を希望していますが、事務関

*16　ハローワーク
ハローワークとは「公共職業安定所」の愛称である。本書ではハローワークで用語を統一している。

係だとパソコンの操作を要求されますので…」と伝えた。

　ソーシャルワーカーは、B市作成の自立支援プログラム[17]の「ひとり親世帯における身体的阻害要因・社会的阻害要因」に沿って、鈴木さんの阻害要因をアセスメント（事前評価）した。その結果、疾病による体調の不安があることを除いて大きな阻害要因はないことが判明した。そこで、鈴木さんの希望でもある経済的自立に向けて、「就労支援プログラムの活用」を援助方針に追加し、その援助計画として「生活保護受給者等就労自立促進事業」[18]を活用することにした。そこで「援助計画の変更」について査察指導員[19]の了解（決裁）をもらった。

　1週間後、ソーシャルワーカーは「このまま鈴木さんの力だけで求職活動するには限界がありそうですね」と話し、援助計画の変更と就労支援員[20]の活用について説明をした。鈴木さんも「お願いしたい」と伝えたところ、生活保護課に所属している就労支援員を紹介され、来週より支援が開始されることになった。

　それから3か月が経過した。就労支援員はハローワークに同行して一緒に会社を探してくれたり、履歴書の書き方や面接の受け方について丁寧に説明してくれた。鈴木さんも自信がついたようで数か所の面接を受け、食品会社の製造部門のパートに採用された。

　6月からパート就労が開始となり、月末の給料は7万1,000円であった。翌月から保護費が7万1,000円減り4万8,470円になると思っていたが、保護変更通知書には「就労の開始により保護費が6万9,270円に変更になります」と書かれていた。計算すると保護費は5万200円減っただけで、働けば生活費が多く手元に残る（6万9,270円－4万8,470円＝2万800円）ことがわかった[21]。

*17　自立支援プログラム
第8章参照。

*18　生活保護受給者等就労自立促進事業
第8章p.150参照。

*19　査察指導員
第7章p.124参照。

*20　就労支援員
第8章p.149参照。

*21　勤労控除
第5章p.98参照。

[最低生活費認定額]

生活扶助	第　1　類	93,060円×0.8548≒		79,540円
		（主36歳：47,420円＋長男11歳：45,640円＝93,060円）		
	第　2　類	2人世帯（居宅）		42,420円
	加　　算	母子加算（児童1人）		18,800円
		児童養育加算（児童1人）		10,190円
教育扶助		長男（小学校）		3,680円
+) 住宅扶助		市営住宅実額		18,000円
				172,630円

[収入認定額]

就労収入額	主・花子（36歳）		71,000円
−) 勤労控除	基礎控除		20,800円
就労収入認定額			50,200円…①

社会手当	児童扶養手当	43,160円
+）	児童手当	10,000円
		53,160円…②

（就労収入認定額①）50,200円＋（社会手当②）53,160円＝103,360円

［保　護　費］　172,630円－103,360円＝69,270円（金銭給付）
　　　　　　　　なお、医療扶助は現物給付とします
［変 更 理 由］　世帯主の就労開始により
［不服申立て］　この決定に不服がある場合は都道府県知事に不服申立てができます

　保護を受けてから3年が経過した。体調が悪くなったこともあり就労日数に波はあったが、そのたびに保護費の変更がされたので生活は安定していた。

　3か月前よりパートから正社員に変わり、今月の収入は21万1,000円であった。昨年のパート収入により今年度の児童扶養手当の額は1万180円に減ったが、それでも生活できるめどがたってきた。ソーシャルワーカーに相談し保護費を試算してもらうと、収入認定額が最低生活費認定額を9,520円上回った。

　鈴木さんは「もう大丈夫です。自分の給料だけでやっていけます」と話し、収入申告書に署名した。ソーシャルワーカーは「また体調を崩して生活に困ったら、いつでも相談に来てください」と話し、鈴木さんが利用できる母子世帯の制度やサービス、生活福祉資金[*22]や社会手当についてもう一度説明した。

　5日後に福祉事務所から「保護決定（廃止）通知書」が届き、書類には決定内容が次のように記載されていた。

＊22　生活福祉資金
第11章p.186参照。

［最低生活費認定額］

生活扶助	第　1　類	95,170円×0.8548≒	81,350円
		（主38歳:47,420円＋長男13歳:47,750円＝95,170円）	
	第　2　類	2人世帯（居宅）	42,420円
	加　　算	母子加算（児童1人）	18,800円
		児童養育加算（児童1人）	10,190円
教育扶助		長男（中学校）	6,100円
+）住宅扶助		市営住宅実額	18,000円
			176,860円…Ⓐ

［収入認定額］

就労収入額	主・花子（38歳）	211,000円
勤労控除	基礎控除	34,800円
−）実費控除	社会保険料	10,000円
就労収入認定額		166,200円…①
社会手当	児童扶養手当	10,180円
+）	児童手当	10,000円
		20,180円…②

｜就労収入額211,000円－（基礎控除34,800円＋実費控除10,000円）｜①
　　　　　　　　＋（社会手当②）20,180円＝186,380円…Ⓑ

［要否判定］　最低生活費認定額Ⓐ＜収入認定額Ⓑにより生活保護の廃止を決定します

［廃止理由］　世帯主の就労収入が増え、最低生活費を上回ったため

［不服申立て］　この決定に不服がある場合は都道府県知事に不服申立てができます

3．本書を通じて「貧困に対する支援」を学ぶ

　鈴木さんはパート収入が途絶え、預貯金も消費してしまい、社会手当だけでは生計維持が困難な経済的問題を抱えた「要支援の低所得者」となった。そして、生活を維持していくために生活保護を申請した。

　本書では、この事例の展開にあるような、貧困により低所得者が生み出される背景や生活保護制度の仕組み、実施方法、さらにはソーシャルワーカーの役割やさまざまな自立支援サービス等について学んでいく。

貧困や低所得者の実態と生活保護制度を理解する

　まず、「第1章　貧困階層の生活実態」では、貧困階層の生活実態と、これを取り巻く社会情勢や福祉ニーズから「貧困」について考えていく。

　「第2章　社会保障制度と公的扶助」では、事例の鈴木さんが受給した公的扶助制度（生活保護と社会手当）について、「社会保障制度」と「公的扶助制度」の関係、「生活保護制度」と「社会手当」の相違について学習する。

　「第3章　生活保護の実施体制」では、鈴木さんが相談に行った行政機関のなかで、生活保護を担当する「福祉事務所」について理解する。また、事例では触れていないが、保護受給者が利用できる「保護施設」についてもみていく。

　「第4章　生活保護制度の原理・原則」と「第5章　生活保護基準と要否判定」では、生活保護制度の原理や原則、鈴木さんが受給している扶助の体系と内容について理解していく。また事例をみると、生活保護の開始や変更、廃止が「要否判定」によって決定されているが、「最低生活費認定額」と「収入認定額」の基準や計算方法、保護受給者に保障されている「権利と義務」について理解していく。なお、事例の「保護決定通知書」の「不服申立て」も権利の一つである。

　「第6章　生活保護の動向と財源」では、鈴木さんのような保護受給者の動向についてみていくが、ここから第1章の「貧困階層の生活実態」につい

ても理解を深めてほしい。また、生活保護費の財源について学ぶことで、国や地方自治体の財政状況や負担がみえてくる。

専門職の役割や自立支援のためのサービスを学ぶ

「第7章 生活保護制度における専門職とソーシャルワーク」では、ソーシャルワーカーと査察指導員の役割とソーシャルワークの過程について学ぶ。

「第8章 自立支援プログラムによるソーシャルワーク」では、2005（平成17）年度から始まった「自立支援プログラム」の内容と支援の実際を学んでいく。事例をみると、ソーシャルワーカーが「自立支援プログラム」によってアセスメントをして、鈴木さんの自立に向けた支援が行われている。

事例では触れていないが、住居という生活基盤を失ったホームレスの人々は、今日の貧困のなかで最も極限的な状態に置かれているといえる。そこで、「第10章 ホームレスの生活とソーシャルワーク」では、ホームレスの生活実態、支援の制度とサービスの実際を学習する。

低所得者に対しての経済的給付は、生活保護制度や社会手当だけではない。貧困に陥る前にサービスを受けることで、生活保護を受給しない生活を送ることもできる。そこで、防貧対策としてのさまざまな福祉サービスについて、「第9章 生活困窮者自立支援制度」と「第11章 貧困階層や低所得者への福祉サービス」で学んでいく。

第11章までは、わが国における公的扶助制度を柱とした「貧困に対する支援の制度とサービス」について詳述している。公的扶助制度は各国において成立過程や仕組みが違うが、それは国の歴史と深くかかわっている。そこで、「第12章 公的扶助制度の歴史」では、わが国とイギリスの公的扶助の歴史についてみていく。

実践的な学びを深める

本章の導入事例は、みなさんが理解しやすいように作成したものだが、実際のクライエントは経済的な問題以外にもさまざまな生活問題を抱えている。そこで、「第13章 貧困に対するソーシャルワーク実践」では、ソーシャルワーカーが社会資源を活用して支援を行った3つの事例から、ソーシャルワークの過程と支援の実際を学び、さらに演習課題で理解を深めていく。

最後に、「貧困」というものは、高齢者や障害者、ひとり親家庭、そして一般生活を送っている地域住民、つまり、国民すべてに共通して起きる可能性がある「生活課題」といえる。

「ソーシャルワーカーは、すべての国民が最低限度の生活を送れるような社会を実現することが使命である」ことを思い描きながら、本書で貧困に対する支援を学び、ソーシャルワーク実践で活用してほしい。

第1章 貧困階層の生活実態

●本章のねらい

> 　本章では、貧困階層の生活実態とそれを取り巻く社会情勢、福祉需要（福祉ニーズ）をみていく。
>
> 　まず、日本の雇用問題を取り上げ、勤労者の所得状況、高齢者世帯と母子世帯の生活状況から、日本の貧困問題について社会福祉の視点から考えてみたい。

●プロローグ　貧困生活のなかでの認知症の祖母と孫との生活環境を考える

【現状】　春子さん（女性：74歳）は孫である沙織さん（12歳：小学校6年生）、幸夫君（7歳：小学校2年生）と北海道A市の古い家屋で生活しており、歩行は杖歩行で不安定だが、日常生活は沙織さんの助けを借りて何とかできている。しかし、3か月前から軽度の認知症の症状がではじめ、最近では物忘れや記憶違い、火の消し忘れなどが多くなってきている。

　在宅生活の継続に不安要素が強まるばかりであり、健康がすぐれないことを理由に「他人とのかかわりもほとんどなくなってきている」と地域の人は心配しており、近所でも見かけることが少なくなっている。

　沙織さんと幸夫君も不登校気味であるが、学校の先生や友人の迎えがあるなどの支援があり、不定期ではあるが何とか通学している。

【生活歴】　半年前までは、春子さんとその息子、沙織さんと幸夫君の4人で生活し、日常的にはまだ元気であった春子さんが家事を含めた生活全般をみてきた。しかし、同居していた息子が突然自殺をしてしまった。息子の妻（沙織さんと幸夫君の母）は、2年前に「仕事を探す」と言ったまま帰らず、その後数回電話があったが、現在も行方不明である。

　近所の人の話では、息子さんの自殺の原因は長年勤めていた会社が数年前に倒産し、その後も求職活動をするが思わしくなく、生活を維持するためやむなく借金を重ね、精神的にも肉体的にも疲労が重なっていたのではとの推測であった。

【生活環境】　経済的には、春子さんの老齢基礎年金（月額6万5,141円）と児童手当（月額2万円）、今月から児童扶養手当（月額5万3,350円）が支

給され、不足分は貯金を取り崩しており生活はとても苦しい。また援助してくれる親族はない。

　3人は現状のままの在宅生活を望んでいるが、関係者は春子さんの状態を考えると、沙織さんと幸夫君の養育環境としては「不適切」であることから3人の施設入所を検討している。

【今後の生活の見通し】　春子さんと沙織さん、幸夫君の今後の生活拠点について、近々、地域包括支援センターのソーシャルワーカーを中心に関係者が集まり、支援会議が開催される予定である。しかし、さまざまな生活課題を抱える3人への支援のために、どこまでの機関や関係者に呼びかければよいのかわからない状態である。

【ソーシャルワーカーの苦悩】　地域包括支援センターのソーシャルワーカーとしては、3人の希望を尊重して在宅生活を継続できる方法はないのか考えているが、特に沙織さんと幸夫君の生活や教育など養育環境をどう整えるのか思案中である。

　「この世帯の希望を尊重すること」が本当によいとは言い切れない気もしているし、家出をしたと思われる母親を捜索し戻ってもらえばよいのか、たとえば母親が新たな家庭をもっているとしたら、その家庭生活を壊してもよいのか…

　生活の安定ということを考えるのであれば、春子さんは「特別養護老人ホーム」、沙織さんと幸夫君は「児童養護施設」との意見もある。地域の人からは「このままでは失火の可能性も否定できず、安全なところに入所させてほしい」との意見が多く、ソーシャルワーカーの苦悩は深い。

1．貧困階層が生み出される背景と問題

(1) 「健康で文化的な最低限度の生活を営む権利」という重い課題

　1946（昭和21）年に日本国憲法が公布され、第25条に「生存権、国の生存権保障義務」として次の条文が規定されている。

日本国憲法　第25条
1　すべて国民は、健康で文化的な最低限度の生活を営む権利を有する。
2　国は、すべての生活部面について、社会福祉、社会保障及び公衆衛生の向上及び増進に努めなければならない。

　その憲法第25条を国民の権利として具体化したものが、みなさんがこれから学習していく、1950（昭和25）年に成立した「生活保護法」である。

　その第１条には次のように規定されている。

生活保護法　第１条（この法律の目的）

　この法律は、日本国憲法第25条に規定する理念に基き、国が生活に困窮するすべての国民に対し、その困窮の程度に応じ、必要な保護を行い、その最低限度の生活を保障するとともに、その自立を助長することを目的とする。

　1957（昭和32）年、岡山県の療養所で生活保護を受けて長期入院していた朝日茂氏が、当時の生活保護基準では、憲法第25条にある「健康で文化的な生活」を送ることが困難であり、憲法で保障している「生存権」を侵害しているとして、当時の厚生大臣に対して裁判を起こした。その結果、一審で国が敗訴して朝日氏の主張が通った裁判が「朝日訴訟」[*1]である。

*1　朝日訴訟
第4章p.64参照。

　当時、民主主義とはいえ一市民が国を相手に訴え、それに勝訴するということは社会に大きな衝撃をもたらした。この裁判は「人間裁判」ともいわれ、朝日氏は「最低生活の保障」や「貧困」は国家の責任であることを訴え続けたのである。

　それから50年以上が経過したが、生活保護法は今も「最後のセーフティネット」といわれ、特に経済的貧困に陥った人々の最後の生活保障であり続けている。しかし、当時から綿々と続いている生活保護制度が現代社会と適合しなくなってきており、新しい形態の制度の導入が必要であるとの認識が強まった。そのことを受け厚生労働省から「生活保護制度の在り方に関する専門委員会報告書」が2004（平成16）年12月に出された。報告書では多くの生活保護実施体制上の検討課題が問題提起されるとともに、時代に合った具体的な提案がなされ、その後いくつかの制度改正が実施された。

　しかしながら、「生活保護は生活に困窮する方への最低限度の生活を保障するものである」という原則を前提として生活保護制度を学んでほしい。

(2)　低所得者が生み出される背景－日本の雇用問題から－

バブル経済の崩壊がもたらしたもの

　日本では、バブル期（おおむね1986［昭和61］年12月～1991［平成３］年２月までの４年３か月［51か月］間を指す）を境に、それまでの雇用形態が大きく変化したといわれている。

　戦後日本経済の特徴は、「大企業中心経済・企業依存型社会」であった。

すなわち、戦後日本の経済的大躍進の特徴といえる「新規参入や価格に対するさまざまな規制」「公共事業の持続的拡大」をベースにしていたものであった。

しかし、1991（平成3）年2月に全世界的な株の暴落が始まり、それを契機として一挙に経済的に閉塞状況（バブル経済の崩壊）となり、これまで日本を支えてきた「年功序列・終身雇用」が崩壊した。その経済環境の大きな変化に対応できなかった大企業の倒産は日本中を震撼させ、そこで働いていた正社員の解雇に始まり、これが中小・零細企業の連鎖的な倒産や解雇の増加、失業率の急増と雇用不安になっていった。

また、景気減速による税収入不足が、国や地方公共団体の財政悪化を招き、拡大の一途であった道路や建物の整備などの「公共事業」が著しく減少し、それに従事していた建設関係の非正規雇用労働者などの仕事も減少した。その結果、一部はホームレスとなり、マスコミでも社会問題として大きく取り上げられ、生活不安が一挙に広がった。

ワーキングプアの問題

現在、正規社員の減少と非正規社員の増加という形で表面化してきている問題が「ワーキングプア」という働く貧困層の増加である。労働分野での国による規制緩和により、企業の採用の方法について柔軟性が増し、パート・アルバイトなどの著しい増加につながった。非正規雇用者は図1－1の通り、1985（昭和60）年には655万人であったが、2019（令和元）年には2,165万人に増加した。非正規雇用者比率も上昇し、雇用される人の3分の1以上が非正規雇用者である。

これは、正規雇用者すなわち終身雇用・年功賃金の採用で、経済的にも安定し、厚生年金や健康保険、失業保険など多くの社会保険で守られ、「就職時から定年で離職するまで、計画的で持続的な家族形態で生活できる」という、日本においてのかつての労働慣行が大きく変質しているということである。そして、それらの保障を十分に受けることができない非正規雇用の労働形態が企業で求められるようになったが、その原因としては次のようなことが指摘されている。

　①　わが国で大きな問題となっている食糧・加工品など海外依存度の増加
　②　人件費の抑制を主な目的とした、アジアを中心とした生産拠点の海外進出
　③　企業の収益性を高めるためのコストの低減化と労働の流動性を高める必要性
　④　IT化に伴う定型的な業務の減少と業務の省略化

図1－1　正規雇用と非正規雇用の労働者の推移

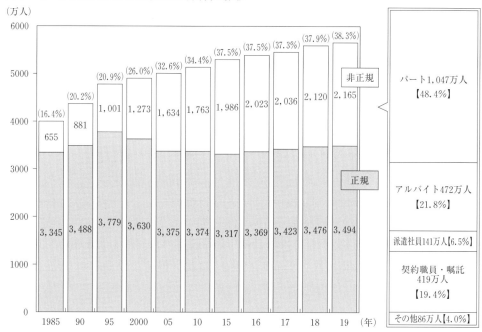

注1：2005年から2010年までの数値は、2010年国勢調査の確定人口に基づく推計人口（新基準）に切替え集計した値。
注2：雇用形態の区分は、勤め先での「呼称」によるもの。
注3：正規雇用労働者：勤め先での呼称が「正規の職員・従業員」である者。
注4：非正規雇用労働者：勤め先での呼称が「パート」「アルバイト」「労働者派遣事業所の派遣社員」「契約社員」「嘱託」「その他」である者。
資料：総務省「労働力調査（特別調査）」（2月調査）および「労働力調査（詳細集計）」（年平均）長期時系列データ
出典：厚生労働省ホームページ「『非正規雇用』の現状と課題」を一部改変

　たとえば、安い海外の穀物を積極的に輸入したり、海外からの衣料や玩具などの加工品が増加することは、国内で訓練し専門的知識をもつそれらの業種に従事する人たちの養成の必要性が減ってくることにつながる。また、生産拠点が国外に移ることは、雇用量が減少することであり、結果的には国内においても労働が簡素化され、養成に時間と経費をかける必要がある正社員よりも、マニュアルに従った作業（未熟練労働）を行う柔軟な非正規雇用者で事足りるという社会的な風潮が生じやすくなる。

　つまり、時間的にも仕事の内容的にも柔軟性があり、単純作業にも振り分けることが可能である「パート・アルバイト」や「各種派遣労働者」などの雇用形態が求められるようになった。その結果として、未熟練労働者（未資格者や専門技術に習熟していない、または学んでいない者）の正規雇用の機会がますます減少し、パート・アルバイトと正規労働者との「社会的格差」が増大していく傾向が強まったために、バブル経済崩壊後「働く貧困層」（ワーキングプア）は増え続けている。

新型コロナウイルスによる影響

　2020（令和2）年4月の新型コロナウイルスによる「緊急事態宣言」と「自粛生活」は、食品関係やサービス業を中心に雇用情勢を大きく悪化させている。真っ先に解雇されるのは非正規雇用者であるが、同年8月にはコロナウイルスが要因となった倒産が全国で400件に達したと報道されており、新たに貧困者を生み出している。同年4月の労働力調査によると、休業者は比較可能な1967（昭和42）年12月以来で過去最高の597万人であった。5月の完全失業率も2.9%と前月比で0.3ポイント上昇している。

　2020（令和2）年7月に厚生労働省は、全国の4月の生活保護申請件数が2万1,486件と、前年同月に比べ24.8ポイント増えたと発表した。この伸び率は2014（平成26）年の申請件数の統計開始以来、過去最大であった。開始世帯数は1万9,362世帯であり、前年同月に比べ14.8ポイント増えている。前年同月比が2桁増加したのは、2008（同20）年9月のリーマンショックを受け、受給世帯が増加した2010（同22）年1月以来、約10年ぶりであった。また、4月現在の保護受給世帯は163万4,584世帯と、前年同月比で231世帯増えており、前年同月比で受給世帯が増加に転じたのは2018（同30）年1月以来である。

　世界中を震撼させている新型コロナウイルスであるが、今後は世界的規模で貧困者が増えていくとも考えられる。わが国では国や自治体が積極的に経済的支援を実施しているが、国民は先の見えない不安な生活を送っているといえるだろう。

2. 所得格差の問題

(1) 相対的貧困率

　相対的貧困率とは、所得から税金等を引いた世帯の「可処分所得」を一人当りにならし、高い順に並べたときの真ん中の人の所得（中央値）の半分に満たない人の割合である。

　2009（平成21）年10月に厚生労働省は、相対的貧困率の公表を初めて行い、2006（同18）年の中央値は年228万円で、その半分に満たない人の割合（相対的貧困率）は15.7%であるとした。また、2012（同24）年の中央値は年244万円で相対的貧困率は16.1%と上昇したが、2018（同30）年の中央値は年245万円で相対的貧困率は15.8%と少し改善した。しかし、OECD加盟国の2013年の平均は11.4%であり、先進国のなかでは依然深刻な状況である。

図1－2　主要各国のジニ係数（OECD：2015年8月）

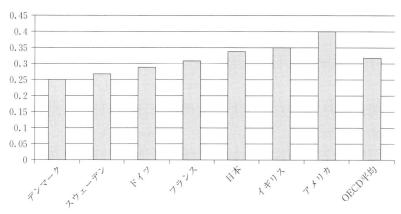

出所：OECD所得分布データベース（IDD）より作成。
出典：独立行政法人労働政策研究・研修機構ホームページ
　　　（海外労働情報、国別労働トピック、OECD、2015年8月）

　また、図1－2は「主要各国のジニ係数」である。「ジニ係数」とは、不平等度を数値化したもので0～1の数値で表すものである。0に近づくほど所得が公平に分配されており、1に近づくほど不平等に分配されていることを意味している。たとえば「ジニ係数0.5」は上位25％の富裕層が国民所得全体の75％を得ていることになる。日本はアメリカ、イギリスに次ぎ3番目に高い。

(2)　所得の状況

　国税庁が調査した2018（平成30）年の「民間給与実態統計調査」によると、給与所得者数のうち男性は2,946万人、女性は2,081万人で、男性給与の年間平均は545万円、女性は293万円であり、その平均給与は441万円であるとしている。なお、非正規雇用者の平均給与は179万円と低い。

　また、事業者規模でみると、10人未満の事業所の男女平均給与が358万円、5,000人規模の大企業の男女平均給与は511万円であり、実に153万円の差が生じている。さらに、給与所得者の44.0％が100人未満の事業所に勤務していると報告されている。年収が200万円以下の給与所得者は21.8％であり、給与所得者の約5人に1人が年間200万円以下で生活をしていることから、この層も低所得者であるといえよう。

　次に、厚生労働省による2018（平成30）年度の「国民生活基礎調査」から、世帯の所得状況についてみていきたい。

　調査対象者の「所得5分位階級別」（全数を等分に20％ずつ5分割したも

の）の所得金額をみると、最も低い20%の「第Ⅰ階級」（これを「第Ⅰ5分位」という）は200万円以下である。同様に、第Ⅱ階級は201〜342万円、第Ⅲ階級は343〜523万円、第Ⅳ階級は524〜813万円、第Ⅴ階級は814万円以上となっている。国民の20%、つまり5世帯に1世帯は所得金額が200万円以下というのがわが国の現実である。この所得では生活を維持するだけで精一杯であり、社会的リスクに対しての貯蓄は困難である。

　次に、高齢者世帯の所得状況であるが、所得金額別に世帯数の分布をみると、200万円以下が36.3%となっている。高齢者1世帯当たりの平均所得金額は335万円と高いが中央値は260万円である。

3．貧困階層の生活実態と福祉ニーズ

　低所得者のなかには、高齢者・障害者・母子世帯・ホームレスなど多様な人々が含まれているが、ここでは高齢者と母子世帯、貧困家庭の子どもの現状をみていくことにする。

⑴　高齢者の生活状況

　現在、団塊の世代の定年時期が過ぎたなか、今後は高齢化が今以上に進み、「世帯主が無職の世帯」が年々増加し、国民の多くは国民年金および厚生年金などの公的年金に依存した生活を送らざるを得ないことになると予想されている。

　現在の老齢基礎年金は月額約6万5,000円であり、その金額で生活をすることに大きな不安があるのは当然である。そこで、医療費の自己負担額がないことも合わせ生活保護を受給する高齢者は年々増加し、「平成30年度被保護者調査」によると、2018（平成30）年度の世帯類型別保護受給世帯における高齢者世帯は54.7%、対象世帯数は88万3,800世帯になった。それは、1984（昭和59）年の高齢者世帯30.7%、対象世帯数24万1,964世帯から実に約24ポイントの増加であり、今後も保護受給世帯における高齢者世帯比率は増加するであろう。

　高齢者（世帯）の増加にはさまざまな課題が伴ってくる。たとえば親族や地域社会における人間関係の縮小・希薄化や孤立化、精神的・身体的機能の低下、生きがいの喪失、自己肯定感の減少、ひとり暮らしの高齢者がねらわれやすい悪徳業者の勧誘、一段と拍車がかかる情報社会へのアクセス方法の整備など、今後急増すると思われる高齢者の生活課題は多岐にわたり、課題に対応する法整備や福祉人材の養成などが急務である。

(2)　母子世帯の生活状況

　母子世帯の一番大きな生活課題は、高齢者と同様に所得金額が少ないことである。

　厚生労働省の「平成28年度全国ひとり親世帯等調査結果」によると、2015（平成27）年の母子世帯の平均年間収入は348万円、そのうち母自身の就労収入は200万円（57.5％）である。なお、母子世帯の母は81.8％が就労しており、そのうちパートやアルバイト等の非正規雇用者比率は48.4％と高い。子どもが未就学や小学生の場合、保育所や放課後児童クラブを利用しながら働いていることになるが、子どもの急な発熱などのときは、仕事より子どもを優先して駆けつけなければならず、職場の理解がなければ正社員などで働くことは難しい。これが仕事や収入を不安定にする要素となっている。

　もう一つの課題は、子どもの年齢により収入に変動があることである。同調査結果によると、末子が就学前であるときの平均年間収入は364万円であるが、末子が高校生のときの家計は最も苦しく333万円であり、母子世帯は慢性的に経済的な生活難であることを示している。また、収入が少ないということは、当然ながら預金額にも大きな影響を及ぼし、「50万円未満」が40％と最も多くなっており、蓄えがほとんどない状況で毎日の生活を送っているという現状がある。ただし、一番出費が多いと思われる医療費は、6歳未満の場合は保険診療の自己負担部分を助成している市町村が多く、子どもを育て苦労が多いなかで、医療にかかる経費負担が少しでも軽減されていることは望ましいことである。

　母子世帯の課題としては、親族や地域社会における人間関係の縮小・希薄化や孤立化、生活時間の不安定さなどからくる生活環境の悪化、養育や教育上の諸問題、子育てや稼働時間等の制限による自立意欲・就労意欲の低下、経済的基盤の脆弱、養育と就労の両立の困難、母子世帯に対する社会的偏見、親子に対する前夫等からのDVの継続や生活への干渉の可能性などが考えられ、母子世帯の生活に関する不安材料は尽きない。

(3)　貧困家庭の子どもの問題

貧困の再生産・貧困の世代間連鎖

　厚生労働省は2012（平成24）年調査で、2011（同23）年の17歳以下の子どもの貧困率は16.3％であると公表した。子どもの6人に1人が、中央値の半分（年122万円）以下の世帯で暮らしている状況であった。7年後の2019（令和元）年調査では、2018（平成30）年の貧困率は14.0％であり、子どもの7

人に1人が、中央値の半分（年収123万円）以下の世帯であると公表したので、少々改善はされたが、先進国の中では依然として高い結果となっている。

　なぜ日本の子どもの貧困率がこれほど高いのだろうか。それは貧困に陥りがちな母子世帯の増加が一つの理由である。前述したが、厚生労働省の「平成28年度全国ひとり親世帯等調査結果」によると、母子世帯の平均収入は348万円であり、仕事による平均収入は200万円に過ぎず、働いている母親のうち約50％が派遣やパートといった非正規雇用である。生活保護受給世帯は1割ほどで、働いても貧困から抜け出せないワーキングプアの母親が多い状態にあるといえる。

　このような生活状況で育つ子どもに心配なのは、経済的理由により学習する機会が失われ、大人になっても貧困から抜け出せないことである。貧困家庭の子どもの教育レベルの問題と学習意欲の低下、そして「貧困の再生産」や「貧困の世代間連鎖」をどう防ぐかが社会的な問題となっている。地域経済の低迷による雇用状況の悪化（倒産・リストラ等）、給与水準の低下などによる低所得世帯・保護受給世帯の増加が考えられ、子どもの教育環境の格差が広がっている現状がある。学習意欲が低下し、対象児童・生徒は成長した自分の姿や将来の夢を描けないことが多いとの意見がある。それはまさしく「貧困の再生産」や「貧困の世代間連鎖」に直結しており、非常に重大な問題となっている。親の経済的・社会的・精神的なものを総合した「生活の余裕」があるかどうかが、子どもの成長のうえでの大きな分岐点になると考えられる。

　また、表1-1は「児童虐待と所得状況」である。保護受給世帯・市町村民税非課税世帯・所得税非課税世帯の合計が44.8％と、虐待を受けた子どもの世帯のうち約5割が低所得世帯である。この調査では「不明・回答なし」

表1-1　児童虐待と所得状況

〔参考〕

	実数(人)	％	人	％
保護受給世帯	99	19.8	99	28.9
市町村民税非課税世帯	96	19.2	96	28.1
所得税非課税世帯	29	5.8	29	8.5
所得税課税世帯	118	23.6	118	34.5
不明・回答なし	159	31.6	―	―
合　　計	501	100.0	324	100.0

出典：山野良一『子どもの最貧国・日本』光文社　2008年　p.109

が多いので、それを除いてみると約65%であり、経済的に不安定で低所得であることが、虐待の原因の一つであるといえる。

子どもの貧困対策法

　このような状況のため国は、2013（平成25）年に「子どもの貧困対策の推進に関する法律」（子どもの貧困対策法）を制定し、翌年に施行した。この法律の目的は、「子どもの現在および将来が、その生まれ育った環境により左右されることのない社会の実現」であり、子どもの貧困対策を総合的に推進することである。さらに、翌2014（同26）年に「子どもの貧困対策に関する大綱」を策定して基本方針や施策等を示した。

　法や大綱を受けての主な対策は次の通りである。

① 教育の支援：地域住民等の協力による学習支援、大学等奨学金事業の充実、生活困窮世帯の子どもへの学習支援の拡充、スクールソーシャルワーカー配置の拡充等

② 生活の支援：生活困窮者自立支援制度[*2]への学習支援事業の位置づけ、社会的養護自立支援事業の実施等

③ 生活保護受給者に対する就労支援：生活困窮者および生活保護受給者に対する就労支援、ひとり親家庭高等職業訓練促進給付金の支給等

④ 経済的支援：児童扶養手当の拡充、養育費相談支援の拡充等

⑤ 施策の推進体制：官公民の連携プロジェクト・国民運動の展開、地域における施策推進への支援等

＊2　生活困窮者自立支援制度
第9章参照。

4．貧困の理論

(1)　絶対的貧困

　一般的に貧困は、肉体（生命）を維持できる程度の最低限の生活のことを指し、主に最低限の衣食住の確保がなされているかどうかで定義される。絶対的貧困では特に、肉体を維持できるための食事が確保されていない状況があり、飢餓の状況に置かれている危険がある。

　イギリスにおける新救貧法（1834年）当時の児童の貧困については、目を覆うほどの状況であった。ディケンズ, C.（Dickens, C.）の『オリーバ・ツイスト』は小説であるが、冒頭部分に子どもの救貧院を舞台にした記述があり当時の状況を描き出している。

　ブース, C.（Booth, C.）は、「科学的貧困調査」の創始者といわれており、1886〜1902年の間にロンドンに住む労働者階級（18万人）に3回の全数調査[*3]

＊3　ロンドン調査
第12章p.207参照。

を行い、所得や職業の状況と貧困の関係を分析している。その報告書『ロンドン民衆の生活と労働』のなかで、全人口の3分の1が貧困線以下の生活をしており、貧困は飲酒や賭博などの個人の資質の問題というよりも、低所得や不規則労働など社会的な問題としてとらえる必要があることを示し、賃金などの雇用の問題が生活環境に大きな影響を及ぼしていることを指摘した。

＊4　ヨーク市調査
第12章p.208参照。

　ラウントリー, B.(Rowntree, B.)は、イギリスのヨーク市にて全世帯市民を対象に貧困調査＊4を行い、『貧困－都市生活の研究』(1901年)のなかで、「いかに賢明かつ注意深く消費されても、肉体維持のための必要最低限の維持すら事欠く収入しかない世帯」を「第一次貧困」としてとらえ、「賭博や飲酒など余分な支出さえしなければ生活を何とか維持できる世帯」を「第二次貧困」とし、2つの「貧困線」を設定した。

(2)　相対的剥奪

　相対的剥奪とは「通常社会で当然と見なされている生活様式、習慣、社会活動から事実上閉め出されている」状態を示している。現代でいえば、たとえば結婚式に呼ばれても「ご祝儀」を包むお金がないため出席をあきらめるとか、老人クラブでの旅行に参加できない、修学旅行に家庭の経済的な理由で参加できないなど多くの相対的貧困が生じている。また、世界的にみても東南アジアや南アフリカなどの発展途上国は、教育を受ける機会をもてない子どもも多く、UNICEFや世界中の多くのNGO・NPOが学校をつくるなどの支援を行っている。

　タウンゼント, P.(Townsend, P.)は「相対的剥奪論」を展開し、その指標として現金所得・固定資産・福祉給付など5つの指標をあげている。

(3)　社会的排除と社会的包摂

　相対的剥奪概念は、社会参加に必要な資源の欠乏を問題にしたが、社会的排除概念は「社会関係」そのものを問題にするものである。「社会関係」を直接問題にすることで「資源は欠如しているが、社会関係から排除されていない」、また「資源があっても社会関係からの排除は存在する」というケースを考察することが可能になる。そのように分析の焦点が「社会関係」のあり方に向けられることによって、分析対象が「個人・世帯」から「コミュニティ」のあり方へと広がっていった。

社会的排除概念（ソーシャル・エクスクルージョン）

　一般的には、理由を問わず「個人（集団）が社会から疎外されている状態」とされる。「社会的疎外」ともいわれ、個人の社会へのアクセスを排除また

は疎外することを意味する。

社会的包摂概念（ソーシャル・インクルージョン）

　「全ての人々を孤独や孤立、排除や摩擦から援護し、健康で文化的な生活の実現につなげるよう、社会の構成員として包み支え合う」という概念である。

　2000（平成12）年12月に厚生労働省から「社会的な援護を要する人々に対する社会福祉のあり方に関する検討会報告書」が出され、そのなかで福祉の対象となる問題を、従来の貧困から下記の問題も重層的に含める必要があるとの意見が出された。

　①　「心身の障害・不安」（社会的ストレス問題、アルコール依存等）

　②　「社会的排除や摩擦」（路上死、中国残留孤児、外国人の排除や摩擦等）

　③　「社会的孤立や孤独」（孤独死、自殺、家庭内の虐待・暴力等）

　その意見のなかでは、人々の「つながり」を再構築するために、ソーシャル・インクルージョンの推進が求められ、特にコミュニティのなかにおいて安心して生活できるよう、社会の仕組みを早急に構築するべきであるとしている。

⑷　社会関係資本（ソーシャル・キャピタル）

　貧困の理論に関する用語ではないが、物的資本や人的資本などと並ぶ新しい概念である。

　アメリカの政治学者、ロバート・パットナムは「人々の協調行動を活発することによって社会の効率性を高めることができる、『信頼』『規範』『ネットワーク』といった社会組織の特徴」[1]と定義している。

　稲葉陽二はこれを具体的に「人々が他人に対して抱く『信頼』、それに『情けは人の為ならず』『お互い様』『持ちつ持たれつ』といった言葉に象徴される『互酬性の規範』、人や組織の間の『ネットワーク（絆）』というものであり、市場では評価しにくい価値」[2]と説明している。

　要するに「信頼や規範、ネットワークが重要な社会では、人々が活発に協調して行動することにより、社会の効率性を高めることができる」という意味である。近年の地震や水害、新型コロナウイルスは人々にとってはつらい出来事であるが、同時に国民の見ず知らずの人への信頼や「お互い様」という規範、そして人々の間の絆は、日本の社会関係資本の厚みを世界に示したものであるといえよう。

　なお、ソーシャル・キャピタルを直訳すると「社会資本」だが、日本では道路や橋などの社会インフラを「社会資本」と表してきたので、「社会関係資本」が定訳となっている。

【引用文献】
1）稲葉陽二『ソーシャル・キャピタル入門－孤立から絆へ－』中央公論新社　2011年
　　p.23
2）同上書1）　　p.1

【参考文献】
・ポリー・トインビー（椋田直子訳）『ハードワーク－低賃金で働くということ－』東洋
　経済新報社　2005年
・阿部實編著『新 公的扶助論』川島書店　2006年
・山野良一『子どもの最貧国・日本－学力・心身・社会におよぶ諸影響－』光文社　2008
　年
・日本ソーシャルインクルージョン推進会議編『ソーシャル・インクルージョン－格差
　社会の処方箋－』中央法規出版　2007年

第2章

社会保障制度と公的扶助

●本章のねらい

国民の暮らしを支える制度には、社会保険や公的扶助、そして社会福祉サービスといった社会保障制度があり、生活保護制度や社会手当といった公的扶助は、その一つとして位置づけられている。

本章では、これら社会保障制度の体系と公的扶助の位置、公的扶助の概念と範囲、社会保険と公的扶助の役割について学んでいく。

●プロローグ　国民の生活は社会保障制度で支えられている

序章の導入事例の鈴木花子さんは3年前に離婚し、パート収入と預貯金、児童手当や児童扶養手当で生活をしていたが、体調を崩してパートを解雇となり、生活の維持が困難になってしまった。

もし離婚が離別でなく死別であれば、年金保険から遺族年金が給付されるので生活保護を受給しなくても生活できたかもしれない。わが国の年金保険は離別離婚には対応していないので、児童手当や児童扶養手当が鈴木さんの生活を支える制度といえる。

また、鈴木さんが正社員であったらどうだろう。正社員であれば病気療養中も一定程度の補償があるので、給料や預貯金、児童手当や児童扶養手当のみで生活が維持できたとも考えられ、この場合も生活保護の受給が必要なかったかもしれない。

しかし鈴木さんは、病気によりパート収入が途絶え、貧困の状態に陥って生活保護を受給することになった。つまり、社会保険や社会手当、他の社会保障制度を利用しても生活が維持できない場合、または各制度の受給要件に該当しない場合に、必要に応じて個別的に給付を行うのが生活保護制度である。このように国民の生活は、社会保険や社会福祉サービス、生活保護制度や社会手当といった社会保障制度で包括して支えている。

1．社会保障制度

(1) 社会保障制度とは

生存権と社会保障制度

　日本国憲法第25条第1項には、「すべての国民は、健康で文化的な最低限度の生活を営む権利を有する」と規定されており、国民に「生存権」を保障している。しかし私たちは、病気や障害、失業といったリスクと向き合って暮らしており、病気や事故での医療保障、失業や定年退職での所得保障がなければ「最低限度の生活」が困難になってしまう。

　そのために第2項では、「国は、すべての生活部面について、社会福祉、社会保障及び公衆衛生の向上及び増進に努めなければならない」と国の責務を規定しており、国民が安心して生活できるよう社会的に制度化されたものが社会保障制度である。

社会保障制度の定義

　わが国の戦後の社会保障制度のあり方を示したものに、1950（昭和25）年の社会保障制度審議会による「社会保障制度に関する勧告」がある。

　この勧告では、「社会保障制度とは、疾病、負傷、分娩、廃疾、死亡、老齢、失業、多子その他困窮の原因に対し、保険的方法又は直接公の負担において経済保障の途を講じ、生活困窮に陥ったものに対しては、国家扶助によって最低限度の生活を保障するとともに、公衆衛生及び社会福祉の向上を図り、もってすべての国民が文化的成員たるに値する生活を営むことができるようにすること」と定義しており、生存権の保障に向けた社会保障制度のあり方を具体的に示している。

　戦後しばらくは「貧困」が国民生活の課題であったが、福祉六法の制定、国民皆保険・皆年金の成立、医療や社会福祉サービスに対する需要の増大と利用から、低所得者層に限らない対象者の普遍化が進んだことにより、社会保障制度の定義も変化をみせてきた。

　1993（平成5）年の社会保障制度審議会・社会保障将来像委員会による第一次報告のなかでは、「社会保障制度とは国民の生活の安定が損なわれた場合に、国民に健やかで安心できる生活を保障することを目的として、公的責任で生活を支える給付を行うもの」と、さらに1994（同6）年の高齢社会ビジョン懇談会による報告「21世紀福祉ビジョン」では、「社会保障は、国民一人一人の自立と社会連帯の意識に支えられた所得再分配と相互援助を基本

とする仕組みである」と定義している。

　これらの報告等をもとにして社会保障制度審議会では、1995（平成7）年7月に「社会保障体制の再構築に関する勧告－安心して暮らせる21世紀の社会を目指して」を取りまとめた。そのなかで「1950年の勧告当時は社会保障の理念は最低限度の生活保障」であったが、現在では「広く国民に健やかで安心できる生活を保障すること」が基本理念であるとし、国民の自立と社会連帯の考えが社会保障制度を支える基盤であることを強調している。

⑵　社会保障制度の仕組み

社会保障制度の体系

　社会保障制度審議会等による定義、戦後の社会保障制度の展開から、現在の社会保障の体系を制度・サービス別にみると、図2－1のように整理できる。

図2－1　社会保障制度の体系（制度・サービス別）

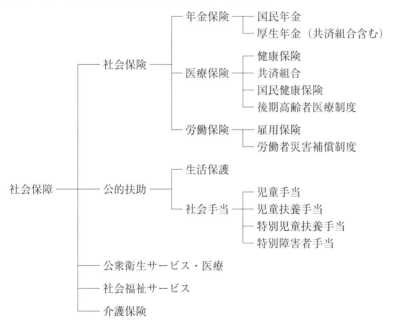

社会保険

　疾病や障害、死亡や失業等の社会的リスクに対して、国民が保険料を負担（これを「拠出制」という）して相互に助け合う制度を社会保険という。ただし、すべての費用を国民の拠出で賄っているのではなく、国等の公的な責任のもとに、その財源の一部を公費（税金）により負担している。

　年金保険は、高齢や障害、死亡に対して加入する年金から経済的に保障（金

銭給付）する制度であり、医療保険は、疾病や負傷に対して加入する医療保険から医療サービスを受給する制度で現物給付の形をとっている。

　また、労働保険に分類される雇用保険はいわゆる失業保険であり、倒産や自己退職で失業したときにその生活を経済的に保障するもので、労働者災害補償制度は、労働災害に対して金銭給付や医療サービスが受けられる制度である。

公的扶助

　生活に困窮する者や社会的リスクのある者に対し、国が金銭給付または現物給付をする制度である。

　受給者が保険料や掛け金を負担しない「無拠出制」であり、すべて一般財源（税金等）から費用が支出される。よって、公平性の観点から受給者へ適切に給付する必要があるため、資力調査や所得調査を要件としている。

　公的扶助は「生活保護」と「社会手当」に分類されるが、社会保険・生活保護・社会手当の役割の違いについては第2節で述べていく。

公衆衛生サービス・医療

　国民の健康の維持や増進を図るための制度である。具体的には、「医療の供給」、健康増進対策や保健対策等の「一般保健」、食品保健や化学物質対策等の「生活環境」、労働者の健康確保や職業病等の「労働保全」、公害健康被害保障や大気汚染等の「環境保全」および「学校保健」等である。

社会福祉サービス

　老人福祉・身体障害者福祉・知的障害者福祉・児童福祉・母子及び父子並びに寡婦福祉の各福祉法や、障害者総合支援法といった、対象者別に提供される制度やサービスのことである。

介護保険

　介護保険制度の特徴は、保険料を徴収する（拠出制）という「社会保険」の方法で財源を調達している点と、サービス提供の際に介護支援専門員が、利用者の状態をアセスメントしてケアプランを作成する「社会福祉サービス」の方法をとっていることである。つまり、「社会保険」と「社会福祉サービス」の両者のシステムをミックスしている。そのため図2－1では、両者とは別の位置づけとなっている。

２．公的扶助制度

⑴　公的扶助の概念と範囲

公的扶助の概念

　公的扶助とは、国が公的責任に基づき「国民的最低限」（国民の最低限度生活水準：ナショナル・ミニマム）の生活を保障するための制度であり、わが国をはじめ世界各国に公的扶助の制度がある。社会保障制度の歴史的経過に相違があるために普遍的な概念を示すことは難しいが、その共通点は次の通りである。

　　①　対象は低所得者や貧困な生活状態にある者（生活困難者）
　　②　生活状態を確認するために資力調査（ミーンズ・テスト）を実施
　　③　給付は個別的ニーズに対して行う
　　④　財源は一般財源（税金等）とし、当事者の拠出はない
　　⑤　社会保険等の他の社会保障制度の給付を優先する

　わが国をみると、このような共通点に該当する制度は「生活保護」といえるが、図２－１の通り、「社会手当」も公的扶助の一つに分類している。次項で説明するが、わが国の社会手当は、社会保険と生活保護の中間的な役割をもっており、前述したが「普遍的な概念を示すことは難しい」といえる。

公的扶助の位置

　社会保障の体系を機能別に、金銭給付による「所得保障」、現物給付による「医療保障」と「介護保障」、対人福祉サービスによる「社会福祉サービス」の４つに分類し、各制度・サービスを示したものが図２－２である。

　社会保険をみると、年金保険は所得保障、医療保険は医療保障といったように、一つの保障に対する制度であることがわかる。ただし労働保険については、雇用保険は所得保障、労働者災害補償制度は所得保障と医療保障の両方に対応している。

　これに対して公的扶助のうち生活保護は、所得保障・医療保障・介護保障・社会福祉サービスのすべてに対応しており、国民の生活を包括して支えているといえる。しかし、社会手当は所得保障のための制度であり、年金保険と同様な機能をもつといえる。このことから、わが国の公的扶助の柱となるのは生活保護であり、社会手当との機能や役割の違いを理解する必要がある。

図2-2　社会保障制度の体系（機能別）

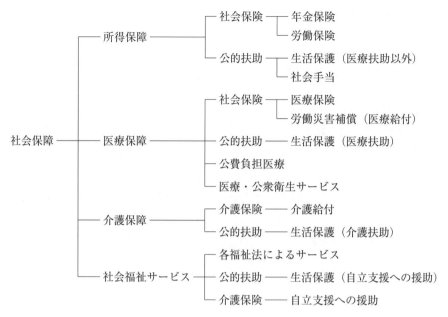

出典：伊藤秀一編『低所得者に対する支援と生活保護制度』弘文堂　2009年　p.17を一部改変

社会保険と公的扶助（生活保護・社会手当）の役割

　序章の導入事例に対し、本章のプロローグで「鈴木花子さんの離婚が死別であれば、年金保険から遺族年金が給付されるので生活保護を受給しなくても生活できたかもしれない」「正社員であれば休業補償や預貯金、児童手当や児童扶養手当といった社会手当のみで生活が維持できたとも考えられる」、そして「社会保険や社会手当といった年金保障制度を利用しても生活が維持できない場合に、必要に応じて給付を行うのが生活保護制度である」と紹介した。

　このように生活保護は、年金保険や医療保険、社会手当といった他の社会保障制度を利用しても生活が困難な場合に、資産と需要についての資力調査（ミーンズ・テスト）をしたうえで、個々の生活の困難さに応じて給付を行うものである。社会保障制度のなかでも最終的かつ包括的な性格をもち、社会保険や他の制度の網の目から落ちる人への安全網（セーフティネット）の役割がある。

　また、生活保護は憲法に謳われる生存権に基づいて、国が生活に困窮する者に対しての最低生活を保障する制度であるが、併せて福祉事務所のソーシャルワーカーによる援助活動により、自立支援が効果的に達成できるようにしている。

　それに対して社会手当は、受給要件の確認と所得調査（インカム・テスト）により給付するもので、公費による無拠出制の金銭給付であり、社会扶助とも呼ばれている。生活保護はソーシャルワーカーによる援助活動をセットとしているが、社会手当は受給者の必要に応じて援助活動を行っている。なお、「児童手当」はその特質（全国民を対象としている）により、社会手当に含めるかは議論が分かれるが、本書では含めることにする。

　これら生活保護・社会手当・社会保険の役割は、表2－1のように整理できる。

　生活保護は貧困になった後（事後的）に受給できるので救貧的な制度といえるが、社会保険は貧困であるかどうかは要件ではなく、高齢や障害、遺族という状況になったときに受給できる。貧困になる前（事前的）に受給することによる防貧を目的としている。

　社会手当は意見の分かれるところである。現在の支給要件をみると、受給には所得制限があるので貧困に対しての制度ともいえるが、実際に生活に困っているかどうかは要件ではないので、ここでは防貧的機能としている。

　また、生活保護は現在の収入や預貯金、資産といったすべてを資力調査して保護の可否や程度を決定しているが、社会手当は前年度の所得確認といった所得調査により給付の可否や程度を決定している。たとえば、預貯金があり生活に困っていなくても、社会手当は前年の所得が少なければ受給できる。なお、社会保険は拠出制であるため、資力調査や所得調査は要件でなく、収入があったとしても受給できる。

　このように、生活保護と社会保険の役割の違いは明確であるが、社会手当は双方の役割をもっており、中間的な位置づけであるといえる。

表2－1　公的扶助と社会保険の役割

	生活保護	社会手当	社会保険
機　　能	救貧的機能（事後的）	防貧的機能（事前的）	防貧的機能（事前的）
調査方法	資力調査（ミーンズ・テスト）	所得調査（インカム・テスト）	調査は条件でない
給付方法	個別的給付	画一的給付	画一的給付
給付内容	最低生活基準の不足分	程度ごとに均一額	程度ごとに均一額
給付種類	金銭給付と現物給付	金銭給付	金銭給付と現物給付
負担方法	公費負担	公費負担	被保険者の拠出
給付期間	最低生活水準のクリア	受給要件の解消	受給要件の解消

⑵ 社会手当

児童手当

　支給要件は「中学校修了前（3年生）までの児童を養育しており、その児童と生計維持関係にある者」だが、前年の所得が一定額以上（年収約960万円）である場合は一部支給となる。1972（昭和47）年の実施から数回にわたり改正されており、支給要件に関しては、最近では2012（平成24）年6月に改正された。

　支給方法は、住所地の市役所や町村役場に申請し認定を受けるが、申請者が公務員の場合は、その所属する国や地方自治体の事務担当に申請する。

　支給額は表2－2の通り、3歳未満と3歳〜小学生以下の第3子以降は1万5,000円、3歳〜小学生以下の第1・2子と中学生は1万円である。また、2011（平成23）年10月改正で、施設入所児童にも支給されることになった。

　2006（平成18）年度末までは、「0歳〜小学校修了前」が支給要件であり、第1・2子が5,000円、第3子以降が1万円であった。

　2007（平成19）年4月改正では、年齢により2区分となり、「0歳〜3歳未満」が1万円、「3歳〜小学校修了前」の第1・2子が5,000円、第3子以降が1万円となった。これは、2006（同18）年6月の「新しい少子化対策について」に盛り込まれた「児童手当制度における乳幼児加算の創設」に基づくものである。

　2009（平成21）年9月に民主党政権となり、マニフェストに基づいて「子ども手当」が創設された。そして、2010（同22）年4月改正では、支給要件が「中学校修了前まで」に拡大し、所得制限も撤廃され、子ども1人に対して1万3,000円（子ども手当分として8,000円＋児童手当分として5,000円）が支給された。

　しかし、2011（平成23）年10月改正では「中学校修了前まで」の支給要件は変わらないものの、支給額は表2－2の通り改正され、2012（同24）年6

表2－2　児童手当の支給額

	0歳〜 3歳未満	3歳以上〜 小学校修了前	小学校修了後〜 中学校修了前
第1子	15,000円	10,000円	10,000円
第2子	15,000円	10,000円	10,000円
第3子以降	15,000円	15,000円	10,000円
施設入所児童	15,000円	10,000円	10,000円

月からは所得制限が再び導入された*¹。

このように児童手当は、2010（平成22）年に「子ども手当」へと改正されたが、2012（平成24）年から再び「児童手当」となったように、政治情勢との関係で改正が多く、今後も改正されることが予測される。

児童扶養手当

父または母と生計を別にしている児童を養育している者に支給する制度であり、支給要件は「父母の離婚、父または母の死亡や不明の児童を養育する母や父、父母に代わって養育する者」で、児童が18歳になった年度末まで支給される。また、ひとり親世帯への支給のみでなく、父または母が重度の障害者の場合も支給要件がある。

なお、従来は母子世帯への支給が一般的であったが、2010（平成22）年の改正により、父子世帯へも支給されることになった。

支給額は、養育者の前年の所得額により支給の可否や支給額が細かく規定されており、児童1人につき月額4万3,160円〜1万180円までの10円刻みで決定されている。なお児童が2人の場合は5,100円〜1万190円を、3人以上の場合は1人当たり3,060円〜6,110円を加算した額が支給される（2020［令和2］年度現在）。

特別児童扶養手当

身体障害や知的障害のある児童を養育している者に支給する制度であり、支給要件は「身体障害や知的障害をもつ20歳未満の子（社会福祉施設に入所している場合は除く）を養育する者」だが、前年の所得が一定額以上である者には支給されない。

支給額は、特別児童扶養手当法に定める障害等級表の1級（重度障害児）は月額5万2,500円、2級（中度障害児）は3万4,970円が支給される（2020［令和2］年度現在）。

特別障害者手当

在宅で生活している20歳以上の重度障害者に支給する制度であり、支給要件は「20歳以上で日常生活に常時特別の介護を要する在宅の重度障害者」で障害基礎年金との併給もできる。支給額は月額2万7,350円となっている（2020［令和2］年度現在）。

(3)　生活困窮者自立支援制度

このように、わが国の社会保障制度は、国民が生活していく際に起きる社会的リスクに対して、まずは社会保険や社会手当という第1のセーフティネット（安全網）がカバーし、第1のネットの網の目から落ちる人々へは生

*1
夫婦と子ども2人世帯で年収960万円を超える場合は月額5,000円が支給されているが、2022（令和4）年10月から廃止の予定である（2021［同3］年1月現在）。

活保護という第2のセーフティネットで最終的にカバーしてきた。

　しかし、非正規雇用やワーキングプアにより保護受給者が増大し、生活困窮者への新たな「第3のセーフティネット」（支援制度・方法）が求められた。たとえば、第1のネットではカバーできなかったが、当面の家賃だけ補助を受ければ生活の再構築ができ、生活保護の申請は必要ないといった場合もあるからだ。

　このように、生活保護に至る前段階の強化を図るため、第1のネットと第2のネットの間に、もう一つネットを張るために「生活困窮者自立支援法」が2015（平成27）年4月に施行された（制度の詳細は第9章を参照）。

【参考文献】
・相澤譲治編『八訂 保育士をめざす人の社会福祉』みらい　2018年
・『社会保障の手引き 2019年版－施策の概要と基礎資料－』中央法規出版　2018年
・厚生労働統計協会編『国民の福祉と介護の動向2018／2019』厚生労働統計協会　2018年
・社会福祉士養成講座編集委員会編『低所得者に対する支援と生活保護制度 第5版』（新・社会福祉士養成講座16）中央法規出版　2019年
・川上昌子編『新版 公的扶助論』光生館　2007年
・福祉臨床シリーズ編集委員会編・伊藤秀一責任編集『低所得者への支援と生活保護制度』（社会福祉シリーズ16）弘文堂　2009年
・福祉臨床シリーズ編集委員会編・阿部裕二責任編集『社会保障 第3版』（社会福祉士シリーズ12）弘文堂　2013年

第3章 生活保護の実施体制

● 本章のねらい

生活保護制度を活用して支援するソーシャルワーカーは、行政機関の福祉事務所に所属している。そこで、生活保護制度の実施体制を理解するために、生活保護制度における国と地方自治体の役割、福祉事務所の実施体制と業務内容について学ぶ。さらに、保護受給者が利用できる保護施設についても、歴史的経過をふまえながら学ぶことにする。

● プロローグ　福祉事務所ってどこにあるの？

生活保護の相談や申請の受付は福祉事務所が担当している。しかし、生活保護を必要としている人は福祉事務所がどこにあるのかを知っているのだろうか。多くの人は、自分の居住地を管轄している福祉事務所の場所を知らないのが現実である。

序章で示した事例の鈴木花子さんは、B市に居住し、民生委員の仲介があって、「B市役所のなかにあるB市福祉事務所に相談に行きました」とある。では市以外の場合、たとえば特別区や指定市の行政区、町村に居住している人は、どこの福祉事務所に相談に行けばよいのだろうか。実は、市区町村によって福祉事務所の場所も設置主体も異なっている。

地域や施設等に所属するソーシャルワーカーがクライエントとの相談場面で、生活保護制度の活用が有効と判断したときや、クライエントから「生活保護の申請をしたい」と相談を受けたときは、クライエントを福祉事務所に紹介することになる。そこで、地域や施設、医療機関や相談機関に所属するすべてのソーシャルワーカーは、クライエントの居住地を管轄する福祉事務所の場所や組織を理解しておく必要がある。

また、すべてのソーシャルワーカーにとって、生活保護制度はとても重要な社会資源の一つであり、福祉事務所のソーシャルワーカーとの連携は「支援のネットワーク」においても必要である。よって福祉事務所とは日ごろから連絡を取り合い、ソーシャルワーカー同士でネットワークを構築することが大切である。

1. 国と地方自治体の役割

⑴ 国（厚生労働省）と地方自治体の関係

　生活保護に関しての厚生労働省の担当部署は「社会・援護局」であり、生活保護法の施行と要保護者の保護に関しては「保護課」が、都道府県や指定市が行う生活保護業務に対しての監査や指導に関しては「自立推進・指導監査室」が担当している。

　生活保護制度の国と地方自治体の関係は図3－1の通りである。厚生労働大臣は保護の実施について、地方自治体の首長に対して法定受託事務[*1]として委託しており、委託された首長は、保護の実施を福祉事務所長に委任しているという関係である。

　なお、2000（平成12）年施行の「地方分権一括法」[*2]により、従来「機関委任事務」[*3]であった生活保護法は、最低生活保障に関する事務を全国一律に実施する必要があるため「法定受託事務」となった。しかし、相談援助に関する事務（生活保護法第27条の2）は、地方自治体が個々のケースに対応できるよう「自治事務」[*4]となった。

図3－1　生活保護制度の国と地方自治体の関係

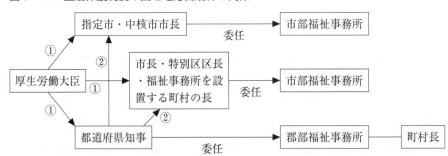

注　：①法定受託事務の委託、監査指導、技術的助言・勧告、是正の指示等
　　　②監査指導、技術的助言・勧告、是正の指示等
出典：生活保護制度研究会編『保護のてびき　平成23年度版』第一法規　2011年　p.30を一部改変

⑵ 都道府県の役割

都道府県の本庁

　各都道府県には生活保護法を所管する担当部署が庁舎内にあり、保護課や

＊1　法定受託事務
地方自治体が行う事務のうち、国や他の自治体から委託されて行う事務。

＊2
正式名称を「地方分権の推進を図るための関係法律の整備等に関する法律」という。

＊3　機関委任事務
地方自治体が国の代行事務を行い、国に包括的な指揮監督権がある事務。1999（平成11）年に廃止。

＊4　自治事務
法定受託事務以外の事務。

社会福祉課という名称で置かれている。その業務は生活保護法に規定されており、福祉事務所への事務監査（法第23条）、保護施設への運営指導（法第43条）、医療費の審査（法第53条）、不服申立ての裁決（法第65条）等といった事務業務が中心であり、ソーシャルワーカーによる生活保護の相談や訪問はしていない。

都道府県の設置する福祉事務所

　社会福祉法第14条第1項には、「都道府県及び市（特別区を含む）は、条例で、福祉に関する事務所を設置しなければならない」（これを義務設置または必置義務という）と規定しており、各都道府県は「福祉事務所を設置していない町村」の生活保護を担当するために、「郡」（複数の町村を範囲とする）に1か所程度の福祉事務所（以下「郡部福祉事務所」）を設置している（2020［令和2］年4月現在206か所）。なお、郡部福祉事務所が担当する町村や組織については、各都道府県が定める条例で規定されている。

(3)　市の役割

市・特別区（東京23区）

　都道府県と同じように、社会福祉法第14条第1項において、「市・特別区は福祉事務所を設置しなくてはならない」（義務設置・必置義務）と規定されており、各市・特別区は、その区域を管轄する福祉事務所（以下「市部福祉事務所」）を設置している（2020［令和2］年4月現在999か所）。一般的には各「市」に1か所の福祉事務所が設置されているが、人口の多い市では複数設置されており、市部福祉事務所が担当する区域や設置数については、各市・特別区が定める条例で規定されている。

　また、指定市と中核市は都道府県の事務を一部担当するよう、生活保護法第84条の2に「大都市等の特例」が規定されている。よって指定市では、市役所内に「都道府県事務の一部を担当」する部署を、各区役所内に市部福祉事務所を設置している。

(4)　町村の役割

町村の設置する福祉事務所

　社会福祉法第14条第3項では、「町村は、条例で、その区域を所管区域とする福祉に関する事務所を設置することができる」（これを任意設置という）と規定している。全国で福祉事務所を設置している町村は2020（令和2）年4月現在45か所だけで、ほとんどの町村には設置されていない。よって、これら設置していない町村の生活保護を担当するのが、都道府県が設置してい

る「郡部福祉事務所」である。

　なお、45の町村が設置している福祉事務所の業務は、市や特別区の福祉事務所と同様の業務であり、分類上は「市部福祉事務所」としている。

福祉事務所を設置していない町村

　福祉事務所を設置していない町村も、郡部福祉事務所の生活保護の実施について協力することになっており、その内容は生活保護法第19条第6項と第7項に次のように規定されている。

①　急迫した要保護者がいた場合は、応急的処置として保護を行う。

②　要保護者や被保護者の生活変動を発見したときは、速やかに郡部福祉事務所へ通報する。

③　保護の開始や変更の申請を受理したときは、5日以内に郡部福祉事務所へ送付する。

④　郡部福祉事務所の依頼により、被保護者への保護金品を交付する。

⑤　郡部福祉事務所の依頼により、要保護者に関する調査を行う。

町村が任意設置となっている理由

　理由としては第一に、生活保護費は国が4分の3、福祉事務所を設置している地方自治体が4分の1を負担しており、福祉事務所を設置していない町村の負担はなく、都道府県がその分を負担している。つまり、町村が福祉事務所を設置すると4分の1を負担する必要があるので、財源の少ない町村が福祉事務所を設置することは厳しいのである。

　第二に、第7章において詳述されているが、福祉事務所には社会福祉主事資格を取得している職員を配属する必要がある。そのため、職員数が少ない町村では有資格者を配属することが困難な状況にある。

　このような理由から町村は任意設置となっている。なお、町村が合併して新たに市となった場合は、保護費を負担し、職員を確保する必要が生じることになる。

⑸　民生委員の役割

　生活保護法第22条は「民生委員は、この法律の施行について、市町村長、福祉事務所長又は社会福祉主事の事務の執行に協力するものとする」と規定しており、民生委員は「協力機関」と位置づけられている。序章の事例で、鈴木さんが民生委員に相談した際、福祉事務所を紹介してくれたのも、この協力機関としての位置づけがあるからである。

2．実施機関としての福祉事務所

(1)　福祉事務所の創設

　1946（昭和21）年 2 月、GHQ（連合国軍総司令部）は「社会救済」（SCAPIN 775）において、「平等に困窮者に対し適当な措置を与えるべき単一の全国政府機関を設立すること」を日本政府に要求した。それに対して政府は、同年10月に施行した「生活保護法（旧法）」において市町村を実施機関とし、民生委員を市町村の補助機関として生活保護の相談援助にあたるようにした。これは戦前の救護法での方面委員による活動を継承したものである。

　しかしGHQは、民生委員による相談援助は民間人としての社会福祉援助活動を損なううえ、専門職ではない民生委員の相談援助は、生活保護の運用の点からも適切ではないと判断した。また、社会保障制度審議会も1949（昭和24）年 9 月に「生活保護制度の改善強化に関する勧告」を政府に行い、「保護を担当する職員に一定の資格を課す」「民生委員は補助機関ではなく協力機関とする」と勧告した。

　これを受けて政府は、1950（昭和25）年 5 月に施行された「生活保護法（新法）」において、市町村の事務執行の補助機関として「社会福祉主事」を位置づけ、民生委員を協力機関と規定した。なお、この時点では「福祉事務所」は創設されておらず、実施機関は市町村（長）である。同年10月に社会保障制度審議会は、「都道府県及び人口10万以上の市に、保健所の区域に準じて、人口おおむね10万の区域ごとに民生安定所を設ける」と勧告した。これを受けて厚生省は、1951（同26）年 3 月に施行した「社会福祉事業法」において、新たに「福祉に関する事務所（福祉事務所）」を創設し、都道府県と市は義務設置、町村は任意設置となったことで、多くの町村が実施機関から除外された。

(2)　福祉事務所の業務

郡部福祉事務所と市部福祉事務所の業務

　福祉事務所が担当する業務は、社会福祉法第14条に規定されている。

社会福祉法　第14条第 5 項
　都道府県の設置する福祉に関する事務所は、生活保護法、児童福祉法及び母子及び父子並びに寡婦福祉法に定める援護又は育成の措置に関する事務のうち都道府県が処理することとされているものをつかさどるところとする。

　この規定から、郡部福祉事務所は生活保護法、児童福祉法、母子及び父子並びに寡婦福祉法に関する業務を担う「福祉三法事務所」（ただし昭和20年代に制定された「福祉三法」とは異なる）、市部福祉事務所は「福祉六法事務所」という性格をもっていることがわかる。

　郡部福祉事務所が担当していない「老人福祉法・身体障害者福祉法・知的障害者福祉法」は町村役場が担当していることから、町村部に居住する場合は、その相談内容によって担当部署が異なっていることになる。なお、市や特別区、福祉事務所を設置している町村に居住している場合は、すべて市部福祉事務所が担当することになる。

　このように福祉事務所の業務は、福祉六法に関するものであるが、市部福祉事務所では、介護保険法に関する事務（申請受理や認定調査、介護認定審査会等）、精神障害者への援助や売春防止法に基づく女性保護、民生・児童委員や社会手当等の業務も担当していることが多い。

　ここで留意したいのは、法律によって単純に業務の区分けをしておらず、町村も業務を担当しているということである。たとえば、「町村の児童福祉法に関する業務は郡部福祉事務所なので、町村は全く担当していないのか」という問いに対しては、実際に町村は児童福祉法に定める保育所の事務を行っており、業務によっては町村が担当しているのが現状である。

福祉事務所業務の変遷

　郡部福祉事務所と市部福祉事務所の業務範囲が異なることは説明したが、1990（平成2）年ごろまでは同じであった。昭和20年代に「福祉三法」が施行され、昭和30年代に「福祉六法」が整備された以後は、両福祉事務所とも「福祉六法」を担当していた。

　しかし、1990（平成2）年の福祉関連八法の改正により、老人と身体障害者の施設入所措置権が町村に移譲されたことに伴い、郡部福祉事務所は、老人福祉法と身体障害者福祉法を除いた「福祉四法事務所」となった。さらに、2003（同15）年に知的障害者福祉法の業務も町村に移譲されたので、現在の「福祉三法事務所」となったのである。

　それに対して、市部福祉事務所は昭和30年代から変わることなく、昔も今も「福祉六法事務所」ということになる。

(3)　福祉事務所の組織

条例に基づく設置

　住民が生活保護の相談・申請をするとき、市・特別区と福祉事務所が町村に設置されているところに住居があれば「居住地を管轄する市部福祉事務所」に、その他の町村の場合は「居住地を管轄する郡部福祉事務所」に行くことになる。しかし、実態として、福祉事務所はどこに設置されているのだろうか。これについては、簡単には説明できない。それは社会福祉法第14条第1項にある通り、福祉事務所は表3−1のような条例により設置されるからである。

　そこで、次にその組織について、具体的な市町村を例にみていきたい。

表3−1　福祉事務所設置条例の例

○○市福祉に関する事務所設置条例　　　　　　　　　　　　　○○市条例□号
第1条　社会福祉法第14条の規定に基づき、福祉に関する事務所（以下「福祉事務所」）を設置する。
第2条　福祉事務所は○○市福祉事務所と称し、○○市△△に置く。
第3条　福祉事務所は、生活保護法、児童福祉法、母子及び父子並びに寡婦福祉法、老人福祉法、身体障害者福祉法及び知的障害者福祉法に定める援護、育成又は更生の措置に関する事務のほか、次に掲げる事務をつかさどる。
⑴　社会福祉法の施行に関すること
⑵　民生委員法の施行に関すること
⑶　その他社会福祉に関する事務のうち市長が必要と認めること
第4条　福祉事務所は保健福祉部のうち、厚生課、子育て支援課、高齢者支援課及び障害福祉課とし、福祉事務所長は保健福祉部長がその任にあたる。

市部福祉事務所の組織

　図3−2は、福祉事務所の組織図である。千葉県君津市の例では、条例で「本市では保健福祉部のうち、厚生課・子育て支援課・高齢者支援課・障害福祉課の4課を社会福祉法の『福祉事務所』とする。福祉事務所長は保健福祉部長が兼務する」と規定しており、市役所の内部組織として位置づけている。これは市役所の「厚生課・子育て支援課・高齢者支援課・障害福祉課の総称が福祉事務所」と理解すればよい。よって、市役所に行っても福祉事務所の看板や案内を見ることは少なく、また、単独の建物で設置されていることは少ないので、住民から見れば「福祉事務所に相談に行く」というより、単に「市役所の福祉課に行く」といった感覚になっている。

　広島県の府中町は、全国45か所の町村が設置している福祉事務所の一つで

図3-2 市部福祉事務所組織図（2020［令和2］年8月現在）※ただし一部省略

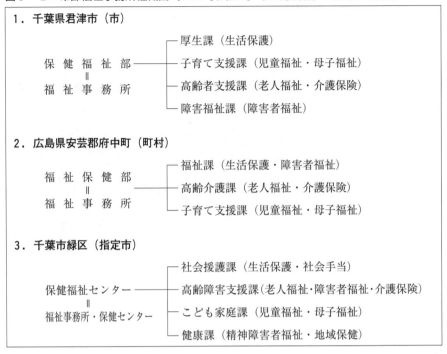

1. 千葉県君津市（市）

保健福祉部
＝
福祉事務所
― 厚生課（生活保護）
― 子育て支援課（児童福祉・母子福祉）
― 高齢者支援課（老人福祉・介護保険）
― 障害福祉課（障害者福祉）

2. 広島県安芸郡府中町（町村）

福祉保健部
＝
福祉事務所
― 福祉課（生活保護・障害者福祉）
― 高齢介護課（老人福祉・介護保険）
― 子育て支援課（児童福祉・母子福祉）

3. 千葉市緑区（指定市）

保健福祉センター
＝
福祉事務所・保健センター
― 社会援護課（生活保護・社会手当）
― 高齢障害支援課（老人福祉・障害者福祉・介護保険）
― こども家庭課（児童福祉・母子福祉）
― 健康課（精神障害者福祉・地域保健）

あり、町役場の町民福祉課が福祉事務所と位置づけられている。

　千葉市は指定市であり、6つの行政区に分かれている。社会福祉法の規定では福祉事務所は1か所で構わないが、市の条例で「各区に福祉事務所を設置する」と規定されているので6か所設置されている。緑区福祉事務所では「緑区保健福祉センター」という名称で4課から組織されている。

　なお、特別区は指定市と同様な組織であり、区によっては数か所の福祉事務所を設置しており、中核市は君津市と同様な組織である。

郡部福祉事務所の組織

　近年の組織形態としては、都道府県に義務設置のある「福祉事務所」と「保健所」を統合して、「○○県保健福祉センター」等の名称で都道府県の合同庁舎内に設置されていることが多い（図3-3）。しかし、合同庁舎は近隣の市に設置されていることが多いので、町村の住民は管轄している福祉事務所の名称や場所を知らずにいることが多い。

　なお、近年の市町村合併により設置数は減少している。これは町村が市になると、町村を担当していた郡部福祉事務所が必要なくなるからである。

図3－3　郡部福祉事務所組織図（2020［令和2］年8月現在）※ただし一部省略

千葉県山武郡（都道府県）［山武郡：九十九里町、芝山町、横芝光町］

健康福祉センター ── 生活保護課（生活保護）
＝ ── 地域福祉課（児童福祉・母子福祉）
福祉事務所・保健所 ── 地域保健課（保健事業）
── 健康生活支援課（保健事業以外の保健所業務）

3．保護施設

(1)　保護施設の種類

　保護施設とは、生活保護法（以下「法」）第38条に定められた「救護施設」「更生施設」「医療保護施設」「授産施設」「宿所提供施設」の5種類の施設をいう。以下にその概要をみていく。

救護施設

　救護施設は、法第38条第2項において「身体上又は精神上著しい障害があるために日常生活を営むことが困難な要保護者を入所させて、生活扶助を行うことを目的とする施設」と定められ、日常生活が困難な保護受給者の生活扶助を目的としている。入所者のADL（日常生活動作）は自立歩行ができる人から車いす利用者まで広範囲にわたっている。身体障害・知的障害・精神障害といった障害別の入所要件はなく、施設数が少ないために入所が困難な重複障害者や精神障害者が多い。

　2016（平成28）年10月の全国救護施設協議会の調査によると、入所者の障害状況は、重複障害20.3％、精神障害のみ41.1％、知的障害のみ13.5％、身体障害のみ7.6％と、入所者の82.5％が3障害のいずれかを有している。また、養護老人ホームや特別養護老人ホームへの移行も進まない現状のために、平均年齢も高く65歳以上の入所者が52.8％となっている。

更生施設

　更生施設は、法第38条第3項において「身体上又は精神上の理由により養護及び生活指導を必要とする要保護者を入所させて、生活扶助を行うことを目的とする施設」と定められ、施設での生活援助が必要な保護受給者への生活扶助を目的として、生活訓練や日常生活支援、就労支援を行っている。

　精神障害者の入所者が多く、ホームレスへの支援も行っており、入所者のADLは自立が多い。

医療保護施設

　医療保護施設は、法第38条第4項において「医療を必要とする要保護者に対して、医療の給付を行うことを目的とする施設」と定められ、保護受給者の医療扶助を目的として設置されているが、現在では医療扶助を身近に受けられる指定医療機関が多数あるため、施設への措置はほとんどない。

　なお、医療保護施設は単独で設置されているのではなく、必要時に医療機関の入院ベッドが確保される。

授産施設

　授産施設は、法第38条第5項において「身体上若しくは精神上の理由又は世帯の事情により就業能力の限られている要保護者に対して、就労又は技能の修得のために必要な機会及び便宜を与えて、その自立を助長することを目的とする施設」と定められ、保護受給者の授産（技能修得や職業訓練）を目的としている。最近では、社会福祉法の授産施設や障害者総合支援法の就労支援施設へと転換（根拠法令の変更）が進んでおり、施設数は減少している。

宿所提供施設

　宿所提供施設は、法第38条第6項において「住居のない要保護者の世帯に対して、住宅扶助を行うことを目的とする施設」と定められ、住居のない保護受給者への住宅扶助を目的としている。しかし、公営住宅や民間アパート、社会福祉施設等の充実に伴い施設数は減少している。

⑵　保護施設の設置と運営

　保護施設は、福祉事務所の「措置」により利用できる施設であり、福祉事務所を設置していない町村に措置権はない。

　保護施設のうち、医療保護施設以外は「第一種社会福祉事業」であり、法第41条には「保護施設は、都道府県・市町村・地方独立行政法人・社会福祉法人・日本赤十字社でなければ設置することができない」と規定されている。医療保護施設は第二種社会福祉事業であるが、設置主体は法第41条が適用されることになる。

　設置主体がこのように規定されているのは、保護施設が生活保護法に基づく「最低限度の生活を保障するための施設」であり、利用者の人権に影響を及ぼすためである。そのため法第39条は「都道府県は、施設の設備や運営について、条例で基準を定めなければならない」と規定している。

　保護施設への指導については、法第43条に「都道府県知事は、保護施設の運営について必要な指導をしなければならない」「市町村長は、都道府県の行う施設の運営についての指導を補助する」と規定されている。

(3)　保護施設の歴史

　2018（平成30）年現在、表 3 − 2 の通り保護施設は286か所となっている。そのうち救護施設が約 6 割であり、利用者数は救護施設 1 万6,536人、更生施設1,442人、授産施設337人、宿所提供施設309人の計 1 万8,624人で、 9 割弱が救護施設の利用者である。施設数の年次推移を1950（昭和25）年と比較すると、救護施設は増加し、他の施設は減少している。この理由は、戦後の社会福祉の動向や福祉施設の歴史を振り返ると理解できる。

　1950（昭和25）年施行の「生活保護法（新法）」に規定された保護施設は、1955（同30）年にかけて医療保護施設以外は増加しており、特に授産施設と、救護法[*5]で規定されていた養老施設の増加が目立つ。医療保護施設の減少は指定医療機関が整備されたからであり、宿所提供施設も1955（同30）年以後は減少しているが、これは前述した通り公営住宅や民間アパート、社会福祉施設等の充実が理由である。

*5　救護法
第12章 p.214参照。

　1965（昭和40）年になると更生施設と授産施設が大きく減少しているが、これは1949（同24）年の身体障害者福祉法と1960（同35）年の精神薄弱者福祉法（現：知的障害者福祉法）の施行により、保護施設の利用者が各障害者福祉法の施設に移行したり、施設そのものを各障害者福祉法の施設へと転換したことが理由である。なお、養老施設は1963（同38）年の老人福祉法の施行により、養護老人ホームとして再編されている。

　1975（昭和50）年から2018（平成30）年は、救護施設は増加、更生施設は横ばい、他の 3 施設は減少している。特に授産施設が、1995（同 7 ）年から大幅に減少しているが、これは前述した通り利用対象者を広げたこと、また、施設の老朽化による建て替え時に、各障害者福祉法の授産施設や障害者総合支援法の就労支援施設へと転換したことによる。

　このように施設数の減少は、各福祉法の施行による施設の新設、それに伴

表 3 − 2　保護施設数の推移

	1950年	1955年	1965年	1975年	1985年	1995年	2005年	2015年	2018年
救 護 施 設	13	37	108	145	169	174	183	185	182
更 生 施 設	64	97	40	16	18	18	20	19	20
医療保護施設	133	121	88	72	69	65	62	59	58
授 産 施 設	257	417	184	81	76	68	21	18	16
宿所提供施設	137	167	84	35	21	15	12	11	10
養 老 施 設	172	460	−	−	−	−	−	−	−

資料：厚生労働省「社会福祉施設等調査報告」（各年）
　　　厚生省監修「厚生白書」（昭和31年版）

う利用者の移行や施設の転換、医療機関や住宅が整備されたことが理由である。しかし表3－2をみると、救護施設は1950（昭和25）年から現在まで増加している。各福祉法が整備されたにもかかわらず、わが国では精神科病院で「社会的入院」となっている人や、在宅での生活が困難な精神障害者への社会福祉サービスが不十分な状況にある。また、障害者施設が身体障害・知的障害といった障害別で支援されているために、重複障害をもつ人を受け入れる施設が少ない。このようなニーズがあるため救護施設は増加しており、そのため利用者は、他法による社会福祉サービスの利用が困難な精神障害者や重複障害者が多くなっている。

⑷　在宅福祉サービス

　保護施設における在宅福祉サービスは、2002（平成14）年に「保護施設通所事業」として、通所訓練（救護施設や更生施設に在宅から通所して、生活訓練や就労指導を行う）と、訪問指導（施設職員が居宅に訪問して、生活訓練や就労指導を行う）が創設された。また、2004（同16）年には「救護施設居宅生活訓練事業」として、救護施設の入所者が居宅生活に移行できるように、訓練用住居やアパートで、社会生活力を習得するための生活訓練を行う事業が創設された。

【参考文献】
・相澤譲治編『八訂　保育士をめざす人の社会福祉』みらい　2018年
・厚生労働統計協会編『国民の福祉と介護の動向2018／2019』厚生労働統計協会　2018年
・社会福祉士養成講座編集委員会編『低所得者に対する支援と生活保護制度 第5版』（新・社会福祉士養成講座16）中央法規出版　2019年
・川上昌子編『新版 公的扶助論』光生館　2007年
・福祉臨床シリーズ編集委員会編・伊藤秀一責任編集『低所得者に対する支援と生活保護制度』（社会福祉シリーズ16）弘文堂　2009年

第4章 第章

生活保護制度の原理・原則

● 本章のねらい

　生活保護は法律に基づいて、すべての国民に生存権に基づく最低生活保障と自立の助長を目的とし、主として行政処分という形で行われる経済給付を中心に制度が実施されている。いわばお金を出すことで一人ひとりの人権の保障をしている。どうしてそういうことがいえるのか。本章では制度の仕組みに反映されている考え方をくみとることで学びを深めてほしい。

　つまり、どういう考え方に基づいて、何をどれくらい給付すればよいのか、どういう場合に保護の必要性を判断するのか、保護を受けた場合の権利や義務はどうなるのかという、制度の根幹に係る法令と実施要領を中心に生活保護の仕組みを理解してほしい。

●プロローグ　原理・原則とその運用

　かつて福祉事務所のソーシャルワーカーであった私の担当地域の外れに、大きな川が流れていた。川を越えて他県から管内に入る電車の最初の停車駅を降りると、すぐに簡易宿泊所（簡易旅館）の看板が目に入り、町工場の軒下を通って河川敷に出ると葦原のなかに「住所不定」の住人たちの小屋が見えた。国道とJRの橋梁の下は、しばしば行く当てのなくなった人々が最後に腰を下ろす場にもなっていた。

　簡易宿泊所に「宿泊中」の労働者には何年という単位の長期の投宿者もいたが、たいていの場合住民票はなかった。簡易宿泊所で病気になって救急隊が要請されると、宿泊所と救急隊から福祉事務所に連絡があり、入院先の病院に面接に出かけ保護の申請を受理した。入院者に限らずその宿で老いて宿泊代が支払えなくなり、管理人からの連絡を受けて要保護者が福祉事務所に来所し、当面その宿を居所として保護の開始を行うことも普通のことであった。

　これまで、ホームレス状態にある人々に対する生活保護の適用に関し、稼働能力のあることや住所のないことを理由に、福祉事務所が申請を受理しない例が報道されたこともある。多くの福祉事務所は今までも、実際の困窮状態の救済にふさわしい法の運用を行ってきたものと思われるが、申請を受け

つけないことがあったとすれば、基本原理の一つとして生活保護法第2条に規定されている「無差別平等」の原理、保護の原則として法第7条に規定されている「申請保護の原則」からは許されない行為である。どう許されないのかについては、本章を学ぶ課題意識としてほしい。

　生活保護法は現実の要保護状態に対応する法である。この法律においては原理・原則に対して、「ただし書き」「例外規定」の多いことが特徴的である。これは、要保護者を実際の生活状況のなかで、とりあえず保護しなければ法の目的が損なわれてしまう場合には、とりあえず保護を先行させようとする趣旨である。

　一方で、法第4条に規定される「保護の補足性」は極めて重要な原理である。働く能力のある人がその努力をせず、意欲も喪失した状況でひたすら保護の継続を求めたり、立派な扶養義務者が身近にいるのに漫然と保護が実施されていては制度の根幹が揺らいでしまう場合も生じる。

　したがって、要保護者の保護受給権の保障と制度の適正な実施を図るための、福祉事務所の事実認定あるいは自立の助長に係る事務には大変な専門性と困難を伴う。しかし、そのような補足性原理であっても、「急迫した事由がある場合に、必要な保護を行うことを妨げるものではない」と例外を想定した規定が織り込まれていることは注目に値する。

1．生活保護制度を学ぶ前に

⑴　生活保護法における用語の定義

　生活保護法（以下「法」）の第6条に「用語の定義」が規定されているので、最初にその内容を確実に理解してほしい。

被保護者

　生活保護を受けている者を「被保護者」と規定しているが、序章で説明した通り本書では「保護受給者」で用語を統一している。

要保護者

　生活保護を受けている、受けていないにかかわらず、生活保護を必要とする者を「要保護者」と規定している。

保護金品

　「保護として給与し、又は貸与される金銭及び物品」を「保護金品」と規定しており、保護の実施機関からの保護費や物品等のすべてを指している。

金銭給付

　保護の方法として、「金銭の給与又は貸与によつて、保護を行うこと」を「金銭給付」と規定している。「現金給付」という用語でないことに注意したい。

現物給付

　もう一つの保護の方法として、「物品の給与又は貸与、医療の給付、役務の提供その他金銭給付以外の方法で保護を行うこと」を「現物給付」と規定している。

⑵　保護の実施要領

　生活保護制度は生活保護法に基づくものであるが、法と不可分のものに「生活保護法による保護の実施要領」（以下「実施要領」）[*1]がある。これは法の解釈通知、運用の指針であるとされており、規定の形式としては次官通知・局長通知・課長通知と3段階の通知に基づく構造となっている。

　また、保護の決定実施が「法定受託事務」であることから、地方自治法第245条の9第1項および第3項に規定される事務の「事務処理基準」ともなっ

*1　実施要領
厚生省（現在の厚生労働省）から1963（昭和38）年4月に発出された生活保護法の解釈、運用に関する指針通達文書「生活保護法による保護の実施要領」。同名の文書は次官通知、局長通知、課長通知に分かれている。これまで毎年改正され現在に至っている。

表4-1　保護の実施要領と生活保護法の原理・原則との対応関係

保護の実施要領		関連する規定	備　考
第1	世帯の認定	法第10条	世帯単位の原則
第2	実施責任	法第19条	実施機関
第3	資産の活用	法第4条	補足性の原理
第4	稼働能力の活用※		※第4の「稼働能力の活用」は2008年度から規定
第5	扶養義務の取扱い		
第6	他法他施策の活用		
第7	最低生活費の認定	法第8条	基準及び程度の原則
第8	収入の認定		
第9	保護の開始申請等※	法第7条	※2008年度から規定
第10	保護の決定	法第8条 法第24条 法第26条	保護の要否判定及び程度の決定、開始時期、停止廃止等
第11	保護決定実施上の指導指示及び検診命令	法第27条 法第28条	指導指示 検診命令
第12	調査及び援助方針等	法第29条 法第1条	資料等の提供・報告請求 自立助長
第13	その他		

ている。これらは本来、法的には行政組織における事務処理の指導的通知に過ぎないので、法規たる効力をもつものではないが、現実的には厚生労働大臣の決定する生活保護基準とともに、具体的な保護の実施の根拠となっている。

たとえば、資産保有の限度や就労指導の手順も実施要領に委ねられているが、これは具体的かつ詳細な規定を法律に書き込むことが困難であるからである。結果的に法形式としては単なる行政内部の取り決めに過ぎない「保護の実施要領」が、実際には法令のような効力をもつのが生活保護制度の特徴である。

第4章・第5章では、法の条文に規定された内容と、実施要領に規定された内容を区別しながら学んでほしい。

保護の実施要領が何を規定しているかについては表4－1の通りである。

2．生活保護法の基本原理

(1)　生活保護法における原理と原則

基本原理とは法第1条から第4条を指し、「この法律の解釈及び運用は、すべてこの原理に基いてされなければならない」と法第5条に定められている。また、保護の原則とは法第7条から第10条に規定されている4つを指している。

原理と原則は何が違うのか。生活保護制度での違いは「この法律の解釈及び運用は、すべて」この原理に基づくものとされ、原理の重要度が原則に比して極めて高いこと、原理には例外がなく原則には例外があることである。法第2条の無差別平等の原理は、「場合によっては差別してよい」などという解釈は生じないが、申請保護の原則の場合は、申請に基づく保護の開始を原則としつつ、職権による保護の開始も場合によっては必要であると規定している。

ただ補足性の原理については、原理とはいっても例外規定を設けておかなければ、急迫した事由のある場合等に柔軟な対応が行えず、かえって保護の目的を達することのできない事態ともなるので例外規定が設けられている。

いずれにせよ「基本原理に反する解釈運用は法律上無効である」ということが法第5条の解釈によって導かれ、保護の原則についてもこの規定に反する保護の決定・実施が違法となることは明らかである。

⑵　国家責任による最低限度の生活保障の原理

> **法第1条（この法律の目的）**
> 　この法律は、日本国憲法第25条に規定する理念に基き、国が生活に困窮するすべての国民に対し、その困窮の程度に応じ、必要な保護を行い、その最低限度の生活を保障するとともに、その自立を助長することを目的とする。

　本条は、憲法の生存権保障規定を根拠にして生活保護法が定められたので、国家がその実現に責任をもつという意味で「国家責任の原理」を宣言するとともに、「国家責任による最低限度の生活保障」と「自立の助長」がこの法律の目的であるとしたものである。ここで規定されている最低限度の生活とは、文字通りの最低保障ではなく「人をして人たるに値する存在」たらしめる保障を意味するものである。

　また、単にその最低生活のための経済給付のみならず、自立の助長を行うことが最低限度の生活保障とともに、この法律の目的として定められている。

最低限度の生活の保障の意義

　保護の最も重要な目的は、最低限度の生活の保障である。これを本条では「憲法第25条に規定する理念に基き」と規定し、この内容について法第3条と第8条に委ねている。したがって、ここで示されている「最低限度の生活の保障」は、憲法に規定される生存権の内容にふさわしい生活を意味するものである。また、法第3条に規定される内容をふまえ、法第8条に基づき厚生労働大臣が定める生活保護基準によって具体化されている。

国家責任の原理

　この原理は、この法律による保護が、国の直接責任において行われることを趣旨としている。これは、保護を地方自治体の責任において行わせ、国はその費用において単に財政援助をすればいいという制度では、生活保護の目的を達することができないと考えられたためとされているが、憲法第25条に規定された国家に対する国民の権利としての「生存権」の趣旨からも当然のことである。しかし、このことは必ずしも生活保護制度の実施をすべて国家事務として行うべきとする趣旨ではなく、この制度の究極的責任を国家が負うことを意味するものである。

　このような趣旨により今日の生活保護制度の実施体制が成立している。保護の費用の75％を国が負担し、保護の実施責任は法第19条に規定される地方自治体の長が負うことになっている。生活保護法自体に、厚生労働大臣が保護の基準を設定し事務監査を行わせる権限等の責任が規定され、保護の決

定・実施に関する事務は地方自治法に基づく法定受託事務として行われており、法律上も国の責任が明らかにされている[*2]。

自立助長の意義

　「自立の助長」については法制定時と今日で、そのとらえ方や具体的な進め方についての変化がみられる。法制定時から最近まで、自立は経済的自立を指し、主として就労指導に基づく就労を経て稼動収入増を図ることでそれが達成されると考えられてきた。また、その具体化は、個々の職員が業務のなかで保護受給者に対して行う指導・指示を通して達成できると考えられていた。

　ただ、自立の意義について、生活保護法の立法に携わった小山進次郎は「『人をして人たるに値する存在』たらしめるためには単にその最低生活を維持させるというだけでは十分でない。凡そ人はすべてその中に何等かの自主独立の意味において可能性を包蔵している。この内容的可能性を発見し、これを助長育成し、而して、その人をしてその能力に相応しい状態において社会生活に適応させることこそ、真の意味において生存権を保障する所以である」と述べている。小山は、自立の助長とは「公私の扶助を受けず自分の力で社会生活に適応した生活を営むことができるように助け育てて行くこと」としながらも、「人をしてその能力に相応しい状態において社会生活に適応させること」とした。この「自立助長」は具体的には「被保護者の自立指導」の実施につながっていくために、結局この法文が、法律の「社会福祉性」および実務のなかで行われる「ケースワーク」の根拠となった。

　自立の概念は、その後ノーマライゼーション理念の浸透や障害者の自立生活運動、さらには社会福祉基礎構造改革の理念とも関連して、その具体的内容は今日では多様に変化してきた経緯がある。

　2004（平成16）年の社会保障審議会社会福祉部会「生活保護制度の在り方に関する専門委員会報告書」において、生活保護制度における自立は経済的自立のみならず、社会福祉基礎構造改革の理念とされた社会生活自立、日常生活自立も含むことが再定義された。この報告を契機に全国に通知された「自立支援プログラムの基本方針」に基づき、2005（同17）年度から自立支援プログラムが各福祉事務所において事業化されており、この事業のなかで自立の意義が検討され具体化が図られるようになっている[*3]。

＊2
第3章p.46参照。

＊3
第8章参照。

(3)　無差別平等の原理

> **法第2条（無差別平等）**
> 　すべて国民は、この法律の定める要件を満たす限り、この法律による保護を、無差別平等に受けることができる。

　これは、国家が国民に対して、積極的に本法による保護を請求することのできる公法上の権利（保護請求権）の存在を承認したものであり、保護請求権はすべての国民に無差別平等に与えられていることを規定したものである。

　明治時代の恤救規則から昭和時代初期の救護法まで続いた、保護の対象に関する制限扶助主義から脱却するとともに、旧生活保護法のような欠格条項の存在しない完全な一般扶助主義を採用したものである。

　この原理に基づく保護請求権は、法第7条の「申請保護の原則」により申請を行う手続きとして明確化され、法第24条の規定により、実施機関の法定期間内の応答義務とともに、処分が行われない場合の「みなし却下」規定を置くことで不服申立てを可能とし、その権利性が担保されている[4]。

*4
本章p.79参照。

　また「この法律の定める要件を満たす限り」という規定は、日本国民であること、生活に困窮していること、法第4条に規定する補足性の要件を満たすことなどの「受給資格」があれば、むしろこの法律以外に何ら制限がないことを意味するものである。

　なお、ここで問題となるのは外国人に対する保護の適用である。国は原則として、「基本的に外国人には法律上の権利として保護の受給権がない」とする解釈を前提に、「出入国管理及び難民認定法」に基づく在留資格の有無や種類によって定住する外国人を区分けし、限定的に一般国民に対する取り扱いに準じて保護を実施（準用）できる場合を定めている。この措置は厚生省社会局長通知「生活に困窮する外国人に対する生活保護の措置について（昭和29年5月8日社発第382号）」に基づいて行われている。

(4)　最低生活の原理

> **法第3条（最低生活）**
> 　この法律により保障される最低限度の生活は、健康で文化的な生活水準を維持することができるものでなければならない。

　この原理は、生活保護法が規定する「最低限度の生活」は、憲法第25条に基づくものであることを示しているが、それが具体的にどのようなものであ

るかについて本条では明らかにしていない。これをさらにどのように具体化していくかについては、法第8条の「基準及び程度の原則」に規定されている。

　しかし、国が憲法第25条に規定された生存権の理念を具体的に保障しようとする制度の本質から、かろうじて生存が可能となる程度のものではなく、「健康で文化的な生活水準」とは少なくともその時々の一般の生活水準、文化水準の変化に伴って相対的に決定される、いわば人間らしい生活を可能とする水準であると考えられている。

　この法律に基づく処分が、生活保護法の規定および憲法第25条に違反するとして争われた裁判に、有名な朝日訴訟がある。

生活保護基準の保障水準が生活保護法第3条・第8条および憲法第25条に違反するか否かが争点となった裁判―朝日訴訟

　肺結核のため国立岡山療養所に入所していた朝日茂氏は、単身で無収入のため10数年前から生活保護法に基づく生活扶助（入院患者日用品費600円）と医療扶助を受給中であった。ところが、津山市福祉事務所長が20年以上音信不通であった朝日氏の兄に、扶養義務の履行に関する照会文書を発信したところ、この兄から毎月1,500円を送金する旨の回答があった。このことにより福祉事務所長は昭和31年8月以降、仕送りを受ける1,500円のうち600円を日用品費に充当できるとして、朝日氏に対して600円の生活扶助を支給停止とし、1,500円のうち残りの900円を医療扶助の自己負担金として負担させる旨の保護変更決定処分を行った。朝日氏は、療養所の食事の現状および肌着が2年に1着などという算定根拠に基づく生活扶助の低い水準のなかで「600円をせめて1,000円に」と訴え、国の定めた生活保護基準の保障水準が生活保護法第3条・第8条および憲法第25条に違反するとし、不服申立てを経て昭和32年に国に対する保護変更処分の取消訴訟を提起した。

　東京地裁判決（昭和35年10月19日）において原告勝訴となり、「最低限度の生活」が「人間に値する生存」「人間としての生活」を可能とする程度のものでなければならないとされ、それが人間としての生活の最低限という一線を有する以上、理論的には特定の国における特定の時点においては一応客観的に決定すべきものであり、また決定し得るものであるとされた。さらにその内容はいわゆるボーダーライン層の人々が現実に維持している生活水準のことではないこと、また国の予算の配分で左右されてもならないとした。そして、厚生大臣（当時）の保護基準設定行為は、憲法第25

条に由来する生活保護法第3条、第8条第2項に規定されているところを逸脱し得ない「覊束行為」であり、その基準自体法律に適合しているかどうかを裁判所で判断できるとした。そのうえで、この場合において生活保護基準が「健康で文化的な生活水準」を維持するに足りない部分において、生活保護法第3条、第8条第2項に違反するので、本件保護変更決定を違法とし朝日氏の請求が認容された。その後、第2審の東京高裁判決（昭和38年11月4日）は、このときの日用品費600円という基準について、「頗る低額に過ぎる」が違法というには「なお十分でない」として、第1審判決を取り消した。

　そこで朝日氏は上告したが、昭和39年に死亡し、養子夫妻が訴訟の継承を主張した。これに対して、最高裁判所は、訴訟は原告死亡により終了したと判示した（昭和42年5月24日）が、生存権の法的性格について、「健康で文化的な最低限度の生活」とは「抽象的な相対的概念」であり、その具体的内容は文化の発達、国民経済の進展等多数の不確定要素を総合考量して決定できるものであるとした。したがってその判断は「厚生大臣の合目的的な裁量」に委ねられており、その認定判断は「当不当の問題としての政府の政治責任が問われることはあっても、直ちに違法の問題を生じることはない」と消極的な判断を示した。

　朝日訴訟は当時の社会状況を反映して「人間裁判」と呼ばれ、その後の生活保護制度の運用はもとより社会保障の発展に大きな影響を及ぼした。

　朝日訴訟のみならず、「健康で文化的な最低限度の生活」の内容は近年の生活保護裁判において常に争点となってきたところである。このような一見抽象的な表現であっても保護基準設定の根拠となり、保護の決定実施に関する処分については、この原理に反することを理由に不服申立てを経て提訴でき、司法審査の対象となるというところが原理として規定された意義である。

⑸　保護の補足性の原理

> **法第4条（保護の補足性）**
> 1　保護は、生活に困窮する者が、その利用し得る資産、能力その他あらゆるものを、その最低限度の生活の維持のために活用することを要件として行われる。
> 2　民法（明治29年法律第89号）に定める扶養義務者の扶養及び他の法律に定める扶助は、すべてこの法律による保護に優先して行われるものとする。
> 3　前二項の規定は、急迫した事由がある場合に、必要な保護を行うことを妨げるものではない。

この原理は、生活保護は自らの資産や能力など、自分の力で最低生活を維持できない場合に行われるということ、民法上の扶養および他の社会保障制度等による扶助などが生活保護に優先することを定めている。したがって「補足性」の意味としては、資本主義社会の基本原則の一つである自己責任の原則に対する補足的意義と、生活保護制度が他の公的扶助等関連制度に対して補足的意義をもつという2つの意味をもつことになる。

活用すべき要件と優先すべき事項

　資産と能力の活用については「要件」とし、扶養および他の法律に定める扶助については「優先」すべきであるとされている。要件ということは、活用できる状況にある場合に、活用する前提でなければ保護をしないことであり、保護に優先ということは、個人的な状況で扶養や他法他施策を優先できない事情にある場合は保護を行うことができるということである。「その他あらゆるもの」についても「要件とする」に係ると読めるが、資産と能力に準ずるものと解するべきである。

　このような活用要件や優先事項は、それぞれ個々の状況により異なることは言うまでもなく、これら要件等の調査を前提としており、法第28条「報告、調査及び検診」、第29条「資料の提供等」が関連する。

急迫した事由

　補足性の原理に基づき保護の受給を認めるかどうかの判断が求められ、そのための調査を実施するが、そのような調査を待つ余裕がなく緊急に保護を決定しなければならない場合も想定される。本条では、急迫した事由がある場合には「必要な保護を行うことを妨げない」としている。急迫した事由がある場合とは、生存が危うい状況や社会通念上放置できない程度に状況が切迫している場合をいう。

補足性の原理と他の原理との関係

　補足性の原理を充足することで生活保護が受給できることになるが、そのための調査がどこまで許されるのか、あるいは補足性の原理をどこまで充足することが求められるのか。たとえば、調査のときに身包みをはぐような調査を受け、保有する私物を一切売却するような補足性が求められたとすれば、そもそも人権である生存権保障を謳った生活保護法の基本原理に反することは言うまでもない。よって、補足性の原理はその他の基本原理の趣旨に反して解釈・運用されるものではないといえる。

補足性の原理と実施要領

　本条に規定される資産や能力、扶養や他の法律による保護について、その具体的な内容は法文には明記されていない。これらは、保護の決定実施上極

めて重要な事項であり、実施要領には次のように規定されている。

資産の活用

　資産とは一般に、現金、預貯金、有価証券、土地・家屋はもとより、生活用品など経済的価値のあるものを広く含む考え方である。

　実施要領では「最低生活の内容としてその所有又は利用を容認するに適しない資産は、次の場合を除き、原則として処分のうえ、最低限度の生活の維持のために活用させる」としている。なお、資産の活用は売却が原則であるが、それができない場合はその資産の貸与によって収益を上げるなどの活用が求められる場合も想定される。

　そのような処分をしなくてよい場合について、❶その資産が現実に最低限度の生活維持のために活用されており、かつ処分するより保有している方が生活維持および自立助長に実効があがっているもの、❷現在活用されてはいないが、近い将来において活用されることがほぼ確実であって、かつ処分するよりも保有している方が生活維持に実効があがると認められるもの、❸処分することができないか、または著しく困難なもの、❹売却代金よりも売却に要する経費が高いもの、❺社会通念上処分させることを適当としないものが実施要領に例示されている。

保有できる資産

　このような原則に立って実施要領では、資産を❶土地、❷家屋、❸事業用品、❹生活用品の4種類に分け考え方が示されている。

　土地と家屋については、実際に要保護者が居住している場合で、その処分価値と利用価値とを比較して、処分価値が著しく大きいもの以外は保有が認められることになっている。田畑や山林原野についても、現に耕作され、あるいは事業用または薪炭自給用等として必要な範囲で、その処分価値と利用価値とを比較して、処分価値が著しく大きいもの以外は保有が認められることになっている。しかし、いわゆるローンつきの住宅保有については、原則として保護の適用は行われない。

　なお、居住用の土地・家屋を有する要保護世帯で、その不動産が保有することを認められる範囲内のものであって、「要保護世帯向け不動産担保型生活資金」[*5]の利用が可能なものについては、生活保護に優先させることとなっている。この制度を利用できる場合は、その居住用不動産に住み続けながら、その評価額に応じた期間、生活資金の貸付を受けることができ、貸付期間終了後に生活保護が受給できることとなる。本来、保有が認められる範囲を超える不動産については、保護の適用がないので、この制度の適用は行われない。

＊5　要保護世帯向け不動産担保型生活資金
第11章 p.189参照。

事業用品についても、その処分価値と利用価値とを比較して、処分価値が著しく大きいもの以外は保有が認められる。

その他のものはすべて生活用品という種別に含まれることになる。これも基本的には日常生活に使用されているものは、こと細かに実施機関の承認を得るまでもなく保有していてよいが、「貴金属及び債券」の保有は認められていない。また、日常生活に使用されている「家具什器及び衣類寝具」以外の「その他の物品」については、「その保有を認めても当該地域の一般世帯との均衡を失することにならない」ものという要件が付され、その地域におけるその物品の普及率が全世帯の70％程度（利用の必要性において同様の状態にある世帯に限ってみた場合には90％程度）のものとされている。

自動車については、「その他の物品」に含まれるが、「通勤用」および「障害者が通院等のために自動車を必要としている場合等」に例外として保有が認められる以外、原則として認められていない[*6]。

なお保護の申請時に、失業や傷病により就労を中断している場合、「概ね6か月以内に就労により保護から脱却することが確実に見込まれる者」で、近い将来自動車が活用され、処分するより保有している方が生活維持に実効が上がると認められる場合は受給中の処分指導が保留される。

以上の通り、資産活用については基本的に何でも活用するということではなく、最低限度の生活を維持したうえで特別なものに限定し、処分価値のあるものがあれば売却して生活に充てるということが求められている。

預貯金等の取扱いについて

2005（平成17）年度から実施要領の「資産の活用」に、「保護費のやり繰り等によって生じた預貯金等」の項目が問答形式で追加された。保護費のやり繰りにより蓄えられた預貯金は、従来であれば収入認定の対象とされる場合が一般的であったが、この預貯金の使用目的が生活保護の趣旨目的に反しないものであれば保有が容認されることになった。これは「福岡市中嶋学資保険訴訟」の経緯をふまえたものである。

高校進学のための学資保険満期保険金を収入認定することの違法性が争点となった裁判—福岡市中嶋学資保険訴訟

> 生活保護世帯において世帯主が子どもたちの高校進学のために生活保護費から掛け金を捻出し学資保険を積み立てていたところ、その満期保険金を福祉事務所に収入として認定され生活保護費を減額されたため、その処分（保護変更決定）の取り消しと、その処分に基づく損害賠償を求めて提訴されたものである。

　原審福岡地裁判決（平成7年3月14日）は、原告死亡に伴い世帯員の訴訟継承に伴う原告適格を否定し、保護変更処分の取消しを求める訴えを却下し損害賠償の請求を棄却した。これに対し控訴審の福岡高裁判決（平成10年10月9日）は、控訴人ら（原審原告長女等）の訴訟提起に基づく保護変更処分に係わる部分を取り消した。

　その理由を要約すると、学資保険金の掛け金が生活保護費のなかから捻出されたこと、高校に進学するという目的自体が自立助長に資するもので、このような選択を行うことが生存権を保障した制度の趣旨にかなうものであるので、この金員を収入認定することは、法第3条、第8条等に違反するというものであった。

　その後被控訴人福祉事務所長・福岡市および国が最高裁に上告したが、最高裁判決（平成16年3月16日）により棄却され高裁判決が確定した。これにより、生活保護費から子どもたちの高校進学のために積み立てた学資保険の満期保険金を収入認定した福祉事務所の処分が取り消された。

能力の活用

　資産と同様に、活用すべき能力とは何を指しているのかが問題となるが、法には特に何も示されていない。

　これまで実施要領には、「能力」に関する項目や定義に関して一切規定がなかった。これは、一方で資産について詳細に規定されていることに比べて、実施要領の不備といわざるを得ない。能力は稼働能力を指し自明のことと考えられたものであるか否か明らかではないが、保護の要否判定において主として医師の判断に基づく「稼働能力の有無」に大きく依存する実態のなかで、これをどのように判定するかの議論は十分行われてきたとはいえない。福祉事務所では「働ける人は働いてください」という指導を行いながら、一体何時間働くのが正しいのか等は「常識」に基づく解釈が当然のこととされてきた。実施要領には能力の定義がないにもかかわらず、能力を活用していない場合の指導・指示等については規定しているので、この空白のなかで一律に「65歳未満の者は働ける」「退院すれば働ける」などという判断が行われ、違法な運用が行われる理由の一つになってきた。

　しかし、2008（平成20）年度から実施要領に「稼働能力の活用」の項目が追加された。稼働能力の定義は明らかにされていないが、これを年齢や医学的な面からの評価のみで判断してはならないこと、および次に述べる裁判で示された稼働能力を活用しているか否かについての判断方法を採用するとしている。

　それは、❶稼働能力があるか否か、❷その具体的な稼働能力を前提として、

その能力を活用する意思があるか否か、❸実際に稼働能力を活用する就労の場を得ることができるか否か、により判断することとし、判断は必要に応じてケース診断会議や稼働能力判定会議等を開いて行うこととされている。

稼働能力の活用が争点となった裁判―林訴訟

名古屋市内から日雇の建設作業に就労をしながら生活をしていた林勝義氏が、足の傷病により就労できなくなり、名古屋市の福祉事務所に生活保護を申請したところ、「軽作業」が可能という医師の診断のみを根拠に、医療扶助は決定されたが、生活扶助は認められなかった。このためこの生活保護決定の取り消しと、飲まず食わずの状態で野宿を余儀なくされた苦痛に関して国家賠償法に基づく損害賠償を求めて提訴したものである。

名古屋市は「住所不定者」への生活保護の適用については、まず検診命令を行い医師の医学的意見を求めたうえ「就労可能」と診断されてもなお治療の余地のある者に対しては、「人道上やむを得ない措置」として医療扶助単給とする扱いを行ってきたと主張した。本件の場合も「就労能力がある」と判断したので保護の要件がないと判断され、所持金も宿所もないことを認識しながら、生活扶助を含む生活保護の決定が行なわれなかったものである。

第1審名古屋地裁判決（平成8年10月30日）は、「法第4条第1項に規定する『利用し得る能力を活用する』との補足性の要件、申請者が稼働能力を有する場合であっても、その具体的な稼働能力を前提としたうえ、申請者にその稼動能力を活用する意思があるかどうか、申請者の具体的な生活環境のなかで実際にその稼働能力を活用できる場があるかどうかにより判断すべきであり、申請者がその稼動能力を活用する意思を有しており、かつ活用しようとしても、実際に活用できる場がなければ、『利用し得る能力を活用していない』とは言えない」との判断を示し原告勝訴とした。しかし名古屋高裁は、稼動能力があったのに活用する努力をしなかったという理由により原判決を破棄した（平成9年8月8日）。最高裁は、稼動能力の活用に関しては高裁判断を認めるとともに、その後原告が死亡したので訴訟が終了するとした（平成13年2月13日）。

この林訴訟を契機に、厚生労働省から「稼働能力と就労する意思があり、就労先を探す努力をしているにもかかわらず就労先がない場合」は保護を適用してよいという解釈が通知されている。

扶養の優先

　保護の補足性の原理において「民法に定める扶養義務者による扶養は、すべてこの法律による保護に優先して行われる」とされ、資産や能力のように活用を要件とされるものではない。扶養義務者による扶養の活用は当事者間の協議とその履行があって可能となることなので、要件ではなく保護に優先させるという規定が行われたのである。

　民法に定める扶養義務者の範囲は、夫婦はもとより直系血族兄弟姉妹等の絶対的扶養義務者に限定されているものではないが、扶養義務の活用に関する現実の運用においては、扶養義務者と扶養義務の履行を受ける者の関係性に着目した助言や指導・指示が行われる。特に、夫婦相互間および未成熟の子（義務教育修了前の子）に対する親に、強い扶養義務（生活保持義務）が課せられている点が重要視される。

　実施要領においては、扶養義務の履行を期待できる扶養義務者のあるときは「その扶養を保護に優先させること」とする一方で、これを直ちに法律上の問題として法律に訴えて取り運ぶのではなく、「当事者間における話合い」によって解決すべきであるとしている。扶養義務者に対しては戸籍調査や扶養義務の履行についての照会が行われ、相対的に強い扶養義務があるとされる生活保持義務関係にある者等については、「重点的扶養能力調査対象者」とされている。また、明らかに扶養が期待できない場合や夫の暴力から逃げてきた母子世帯等については、直接照会をすることが適当でないとする取扱いが示されている。さらに実施要領では、扶養義務者について「その職業、収入等につき要保護者その他により聴取する等の方法」により、扶養の可能性を調査することとされていたが、2005（平成17）年度からは金銭的な扶養の可能性のみならず、保護受給者に対する定期的な訪問や架電、一時的な子どもの預かり等といった精神的な支援の可能性の確認が追加された。これは従来から福祉事務所において行われていたものであるが、あらためて自立助長の趣旨から追加されたものと考えられる。

　なお、このことに関連して2013（平成25）年の法改正で、扶養義務者が扶養義務を履行していない場合に、保護の決定をするときの扶養義務者への通知（法第24条第8項）と、扶養義務者からの保護の決定等に関する事項の報告を求める規定（法第28条第2項）が新設された。

他の法律による扶助の優先

　補足性の原理における「補足」とは、自己責任に対する補足と、他の制度に対する補足の2つ意味があるとされる。つまり、生活保護法は他の社会保障制度に対して最終的な機能を有する制度なので、他の法律による扶助が受

給できるときはその制度が優先するということである。

具体的には、国民年金法等の年金各法、介護保険法等の社会保険各法、労働者災害補償保険法、自動車損害賠償保障法、児童手当法や児童扶養手当法等の社会手当に関する制度、その他あらゆる法律や制度が優先すると考えてよい。ただし、国民健康保険法のように生活保護の受給により制度から適用除外されるものもある。

3. 保護の原則

(1) 申請保護の原則

法第7条（申請保護の原則）
　保護は、要保護者、その扶養義務者又はその他の同居の親族の申請に基づいて開始するものとする。但し、要保護者が急迫した状況にあるときは、保護の申請がなくても、必要な保護を行うことができる。

これは、申請できる者の範囲を定め、原則として保護が申請に基づいて開始されるとし、法第2条「無差別平等」の原理に基づく保護請求権を具体化する手続きを定め、それを申請権として明確化したものである。

また、保護の開始については申請主義を採用したが、要保護者が急迫した状況にあるにもかかわらず申請しないときは、職権による保護を行うことができることを規定している。

法第7条に基づく申請を行った場合、法第24条に基づき保護の実施機関が法定期間内に何らかの処分を行わない場合は、申請者側が却下されたものとみなすこと（みなし却下）ができ、不服申立てが可能となる。

申請の要件

申請をする行為が権利として認められているので、本人や扶養義務者、同居の親族が生活保護を申請したいと申し出た場合、これを妨げる何らの要件規定も存在しない。明らかに該当しないと思われる場合でも申請は可能であり、実施機関が受け取らないという対応は違法となる。

申請に関しては、2013（平成25）年の法改正に伴い、法第24条第1項に「保護の開始を申請する者は、厚生労働省令で定めるところにより、次に掲げる事項を記載した申請書を保護の実施機関に提出しなければならない」と規定されたが、要式行為となったわけではなく、「申請書を作成することができない特別の事情があるときは、この限りでない」というただし書きも規定されている。

　再び小山進次郎の『生活保護法の解釈と運用』を紐解くと、「筆記能力の
ない申請権者が市長村役場を訪れ申請の希望を表明したら、係員が本人に代
わって必要事項を記載し本人に読みきかせた上で、その書面に記名押印させ
これを受理する」と述べられている。生活保護の申請が、申請書の提出をもっ
て行うことが法律上明記されたからといって、これまでの保護請求権および
申請を行う権利の内容が変更されたわけではない。申請書を作成することの
できない「特別の事情」がある場合は、そのことを考慮して、柔軟な対応が
取られるべきであることは言うまでもないことである。

申請保護の原則と実施要領

　従来の実施要領では、申請に関連するのは「保護決定実施上の指導指示及
び検診命令」のみであった。このなかに「保護申請時における助言指導」が
置かれ、その内容の一つは権利義務に関する説明であり、他の一つは要保護
者が自らの資産・能力や、その他扶養や他法等の利用し得る資源の活用を怠
り、または忌避しているときの助言指導であった。

　2008（平成20）年度からの実施要領では、稼働能力とともに「保護の開始
申請等」が加わり、「保護の相談に当たっては、相談者の申請権を侵害しな
いことはもとより、申請権を侵害していると疑われるような行為も厳に慎む
こと」が明文化され、「扶養義務者と相談してからでないと申請を受け付け
ない」、あるいは「扶養が保護の要件であるかのごとく説明」することが、「申
請権を侵害していると疑われるような行為」に該当すると例示された。また、
「辞退届による保護の廃止」に関しても課長問答（通知）が設けられている。

　なお、2006（平成18）年度から、過去に年金担保貸付を利用するとともに
生活保護を受給していたことがある者が、再度借入れをして保護申請を行う
場合等についての取扱いが実施要領において示された。急迫した状況にある
か否か、貸付利用に真にやむを得ない状況にあったか否かによっては、申請
の却下もあり得るとの判断が示されている。

(2)　基準及び程度の原則

法第8条（基準及び程度の原則）

1　保護は、厚生労働大臣の定める基準により測定した要保護者の需要を基とし、
　そのうち、その者の金銭又は物品で満たすことのできない不足分を補う程度にお
　いて行うものとする。
2　前項の基準は、要保護者の年齢別、性別、世帯構成別、所在地域別その他保護
　の種類に応じて必要な事情を考慮した最低限度の生活の需要を満たすに十分なも
　のであって、且つ、これをこえないものでなければならない。

本条は、厚生労働大臣が基準を定めること、保護の基準は要保護者の年齢別等の列挙された項目を考慮した、最低限度の生活の需要を満たすに十分なもので、これを超えないこと、そのほか程度の決定は要保護者の資力調査を行って決定するということを規定している。

　この原則に基づいて作成されるのが生活保護基準で、保護の要否を決める尺度としての機能を果たすと同時に、保護費の支給の程度を決めるための尺度としても機能している。なお、要否とは保護の開始が必要か否か、程度とは給付額と考えてよい。この原則に基づいて、要保護者の収入との対比が行われて要否が判定され、扶助額としての程度の決定が行われる。これを収入認定と呼んでいる。

(3)　必要即応の原則

法第9条（必要即応の原則）
　保護は、要保護者の年齢別、性別、健康状態等その個人又は世帯の実際の必要の相違を考慮して、有効且つ適切に行うものとする。

　本条は、この制度が陥りがちな機械的画一的な運用を戒め、無差別平等が決して形式的な平等を意味するものではなく、「個人又は世帯の実際の必要」の相違などが、基準と運用において当然考慮されて然るべきであるという趣旨に基づくものである。

　生活保護制度の運営においてこの原則の必要性を確認させ、本条が生まれる契機となったものは、1949（昭和24）年当時、乳幼児を抱えた母親にも授産所で就労させていた保護の方針を改める検討経過からであった。

　この原則に基づき、保護の実施機関に対し一般基準によりがたい場合には特別基準設定の義務が課され、実施要領に特別基準設定の手続きが定められている。

(4)　世帯単位の原則

法第10条（世帯単位の原則）
　保護は、世帯を単位としてその要否及び程度を定めるものとする。但し、これによりがたいときは、個人を単位として定めることができる。

　保護は、世帯を単位としてその要否および程度を定めるものとされているが、これによりがたいときは個人を単位として定めることができるとされている。

　世帯とは、居住と生計を一にする消費生活上の一単位のことである。しかし、住居を同一にすることは必ずしも必要とはされていない。「保護の実施要領」では、居住と生計を一にする場合に、また一定の範囲では居住が別でも同一世帯と認定して、世帯ごとに要否判定を行うことになる。

　通常、世帯は親族間に成立するが、扶養義務者間の関係性に合わせて認定するものではなく、世帯とは実態に着目した概念である。この法律が成立した時代には、夫婦や親子の範囲を超えた大きな生活の共同体が社会生活上存在しており、この実態に合わせてこの原則が規定されたとされている。

世帯の認定と実施要領

　実施要領では「同一の住居に居住し、生計を一にしている者は、原則として、同一世帯員として認定すること。なお、居住を一にしていない場合であっても、同一世帯として認定することが適当であるときは、同様とすること」としており、世帯ごとに要否判定を行うことになる。

　しかし、この原則を貫くことで、保護の目的を達することができなくなるような特別な事情が認められるときは、例外的に特定の世帯員だけを保護する、あるいは特定の世帯員を除外して他の世帯員を保護するなど個人単位の保護が認められる。このような措置を「世帯分離」と呼んでいる。

　たとえば、戸籍上の妻であっても、その妻が長期療養中であり、婚姻関係が破綻し戸籍上の夫の世帯に同棲中の女性がいる場合に、夫との同一世帯認定を否定した判例として「藤木訴訟（昭和47年12月東京地裁判決）」がある。

　また、実施要領では「居住を一にしていないが、同一世帯に属していると判断すべき場合」として、出稼ぎ、子が義務教育のため他の土地に寄宿している場合、夫婦間または親の未成熟の子に対する関係にある者が就労のため他の土地に寄宿している場合、行商または勤務等の理由により子を知人等に預け生活費を仕送りしている場合、病気治療のため病院等に入院・入所している場合（ただし、入院・入所についてはこの原則の適用外の場合もある）等を例示している。

世帯分離と実施要領

　実施要領では「同一世帯に属していると認定されるものでも、次のいずれかに該当する場合は、世帯分離して差しつかえないこと」として、8種類の場合に分けて制限列挙している。

　たとえば、❶世帯員のうちに、稼働能力があるにもかかわらず収入を得るための努力をしない等保護の要件を欠く者があるが、他の世帯員が真にやむを得ない事情によって保護を要する状態にある場合には、他の世帯員を保護することが可能となり、❷要保護者が自己に対し生活保持義務関係にある者

がいない世帯に転入した場合であって、同一世帯として認定することが適当でないときは、転入した者を保護することになる。また、❽救護施設や養護老人ホーム、特別養護老人ホームもしくは介護老人福祉施設、障害者支援施設または児童福祉施設（障害児入所施設に限る）の入所者と出身世帯員とを同一世帯として認定することが適当でない場合（保護を受ける者とその者に対し生活保持義務関係にある者とが分離されることとなる場合については、世帯分離を行わないとすれば、その世帯が要保護世帯となる場合に限る）では、施設入所者のみ、あるいは施設入所者を除いた世帯員のみのいずれかに保護を適用するということが可能となる。

　また、実施要領では高等学校等あるいは夜間大学等に就学する場合、あるいは現に大学で就学している場合、世帯の自立助長に効果的である場合など一定の要件のもとで、原則として保護を受給してよいと定めるとともに、大学での就学について一定の要件を定め世帯分離を行う規定を置いている。

　法に規定された世帯単位の原則に基づき、保護の適用は世帯単位に行われるが、この原則によりがたいときは個人を単位とする世帯分離という取扱いが行われるわけである。法に規定される「この原則によりがたいとき」とは、世帯単位で保護の要否を判定すると、かえって、❶最低生活の保障に欠ける場合があり、❷世帯あるいは世帯員の自立を損なう場合が現実に起きるために、法の目的を達成することができない場合をいうものである。

4. 保護受給者の権利と義務

　本来保護受給者の権利とは、保護を受ける権利のことである。旧生活保護法施行時には、保護を受給することにより選挙権の行使が制限された。現行生活保護法は、保護請求権自体が権利であることもふまえたうえで、保護を受けた後に認められる3つの権利と、保護を受給するうえでの5つの義務について規定している。

(1) 保護受給者の権利

不利益変更の禁止

　保護受給者（被保護者）は、正当な理由がなければ、すでに決定された保護を、不利益に変更されることがないとされるもので、法第56条に規定されている。

　保護受給者は一度生活保護の開始を決定されると、その保護内容は、法に基づく保護請求権として確定し、法令が定める要件に該当し、かつ、適正な

手続きを経なければ、保護の内容を不利益に変更されることはないとするものである。

公課禁止

　保護受給者は、保護金品を標準として租税その他の公課を課せられることがないとされるもので、法第57条に規定されている。

　生活保護で受け取る金品は、国が保障する「健康で文化的な最低限度の生活」の内容であり、支給される金品には税金等の公課をかけられることはないと規定することで保護受給者の権利を規定したものである。

　なお、保護受給者が仕事をして得た金品については、その所得自体に税金（所得税）が課せられることはあるが、福祉事務所に収入の報告（収入申告）を行うと、税金は必要経費の一つとして控除されることになる。

差押禁止

　保護受給者は、すでに給付を受けた保護金品またはこれを受ける権利を差し押えられることがないとされるもので、法第58条に規定されている。

　生活保護費として受け取った金品は、強制執行制度（民事訴訟手続および租税徴収手続）において、強制執行の第一段階である「差押」をできないものの一つとして規定されている。これも保護受給者の権利を保護する規定である。

(2)　保護受給者の義務

譲渡禁止

　保護受給者は、保護または就労自立給付金の支給を受ける権利を譲り渡すことができないとされ、法第59条に規定されている。生活保護を受ける権利は「一身専属権」であり、保護開始決定を受けた本人および世帯員にのみ帰属し他人に譲り渡すことができない。したがって、たとえ「譲渡行為」があったとしても、その行為は無効である。これは、禁止行為として法律上義務の形式をとって規定されているが、本質的には保護受給者の権利を保護する規定である。

生活上の義務

　保護受給者は、常に能力に応じて勤労に励み、自ら健康の保持および増進に努め、収入、支出その他生計の状況を適切に把握するとともに支出の節約を図り、その他生活の維持および向上に努めなければならないとされ、法第60条に規定されている。

　これは、法第4条が保護を受給する要件を規定しているのに対して、保護受給者たる状態を継続させるための要件を、日常生活における義務の面から

規定したものとされる。本条に違反した場合の直接的な不利益処分は規定されていないが、法第27条第1項により、生活の維持、向上その他保護の目的達成に必要な指導・指示を行う際の根拠ともなる義務を規定したものである。この規定に基づいて、受給者の健康管理を支援する取り組みおよび本人の適切な家計管理を支援するための取り組みの実施が行われる。

届出の義務

保護受給者は、収入、支出その他生計状況について変動があったとき、または居住地もしくは世帯の構成に異動があったときは、すみやかに、保護の実施機関または福祉事務所長にその旨を届け出なければならないとされ、法第61条に規定される。

生活保護の実施機関は、保護受給者の生活状況を常に把握し、適正な保護の実施に努めなければならない。このため、法第25条、第28条、第29条により調査権を認められているが、実施機関の側からだけでは確認し得ないことも多い。このため、保護受給者の側にも届出の義務を定め、保護の適正かつ円滑な実施を確保することとしている。

指示等に従う義務

生活保護の実施機関は、保護受給者に対して、生活の維持、向上その他保護の目的達成に必要な指導または指示をすることができるとされ、法第27条に規定されている。保護受給者は、実施機関から指導・指示を受けたときは、これに従う義務がある。この指導・指示に従わないときには、保護の実施機関は保護の変更、停止または廃止をすることができることについて、法第62条に規定されている。また、保護施設の管理規定に従うこともこのなかに含まれる。

費用返還義務

保護受給者が、急迫の場合等において資力があるにもかかわらず、保護を受けたときは、保護に要する費用を支弁した都道府県または市町村に対して、すみやかに、その受けた保護金品に相当する金額の範囲内において保護の実施機関の定める額を返還しなければならないとされ、法第63条に規定されている。

生活保護法は、法第4条の例外規定あるいは法第25条の職権保護規定により、急迫の場合等に資産調査等の結果を待たずに保護を行う「職権による保護」の決定を認めている。この職権による保護開始後、資産の保有が判明した場合には、保護に要した費用の範囲内で返還の義務を負うことになる。また、職権によらない場合でも、保護開始時において明らかでなかった資産の保有が後日判明した場合等においてもこの規定が適用され、費用返還義務が

生じることとなる。

　しかし、返還額が受給額の全額ということではなく、「その受けた保護金品に相当する金額の範囲内において保護の実施機関の定める額」と規定されている。

(3)　不服申立て制度

不服申立て制度とは

　不服申立て制度とは、行政法上、行政庁の違法または不当な行政処分その他公権力の行使にあたる行為に関し、国民に対して広く行政庁に対する不服申立ての道を開くことにより、簡易迅速な手続きによる国民の権利利益の救済を図るとともに、行政の適正な運営を確保することを目的とした制度である。

　いわば裁判によらない簡易迅速な救済制度であり、憲法で保障する生存権を具体的に保障する生活保護法に基づく処分も、当然この制度により不服申立てを行うことができる。なお、一般法として行政不服審査法がある。

　生活保護法による保護の開始および保護の変更の申請に対する決定または却下、職権による保護の開始、変更および停止、廃止等に関してはいずれも行政行為（行政処分）であり「不服申立て」の対象であるが、法第64条〜第69条の規定により、保護請求権が具体的な法律上の権利であることが再確認され特則が設けられている。また、これらの保護の決定実施に係る処分のみならず、法第24条第7項に基づき、法定期間内に同条第3項の通知がない場合は、却下が行われたものとみなすことができると規定されているので、このような場合も含めて不服申立てを行うことができる。

　また生活保護法は、保護の開始、変更、停止および廃止について、書面で通知することを定めているが、この通知には決定内容とともに、決定に対し不服がある場合について不服申立てができること、およびその方法が明記されている。この文章を「教示文」といい、行政不服審査法の「教示制度」に基づくものである[7]。

　行政不服審査法は、2014（平成26）年に改正され、2016（同28）年4月1日から施行されている。改正法では、不服申立ての手続きは審査請求に一元化され[8]（例外的に再審査請求ができる）、これまで処分があったことを知った日の翌日から起算して「60日以内」であった審査請求期間が「3か月以内」に延長された（再審査請求は「30日以内」が「1か月以内」に変更）。また、審理員（処分に関与しない者）、行政不服審査会の設置、審査庁が上級行政庁である場合に行う義務付け裁決が可能となる等の改正が行われている（た

*7
序章p.16参照。

*8
改正前の行政不服審査法では、不服申立ては、行政庁の処分または不作為について行うものにあっては審査請求または異議申立てとし、審査請求の裁決を経た後さらに行うものにあっては再審査請求とすると定めていた。審査請求は、処分をした行政庁（「処分庁」）または不作為に係る行政庁（「不作為庁」）以外の行政庁に対してするものとし、異議申立ては、処分庁または不作為庁に対してするものとされていた。

だし、都道府県と市町村は上下の関係にあるものではないので、都道府県の福祉事務所と都道府県知事の場合以外はこの規定の適用はない)。

生活保護法に基づく処分についての審査請求

生活保護法に基づく保護の決定および実施に関する事務(並びに就労自立給付金)に関する処分に不服がある者は、処分があったことを知った日の翌日から起算して3か月以内に審査請求を行うことができる。審査請求は、処分庁に上級行政庁がある場合は上級行政庁に行うが、市町村の福祉事務所長が行う処分については、法第64条の規定により都道府県知事に行う。ただし、保護の決定および実施に関する事務ではない処分については、処分庁である福祉事務所長の最上級行政庁としての福祉事務所設置自治体の首長に対して行うこととなる(行政不服審査法第4条)。

審査請求が受理されると、審査庁は、新たに置かれた「審理員」により、審査請求人と処分庁の主張を審理し、行政不服審査法第43条第1項の諮問をする場合は70日以内に、それ以外の場合は50日以内に裁決をしなければならない。諮問とは、同条に規定する第三者機関(行政不服審査会)に、審査庁の判断に関する意見を聴くことであり、原則として行うこととされている。

処分についての審査請求の裁決は、審査請求が法定期間経過後にされたものである場合等不適当である場合は却下、審査請求を認容すべき理由がない場合は棄却される。審査請求を認容すべき理由がある場合は、当該処分の全部もしくは一部を取り消し、または変更する(認容)。なお、2014(平成26)年の行政不服審査法の改正により、審査庁が処分庁の上級行政庁である場合は、処分庁に対して処分をすべき旨を命じることができるようになった(行政不服審査法第46条第2項)。

なお、生活保護法の規定に基づき再審査請求を行うことができるが、審査庁は70日以内に裁決を行わなければならない。

審査請求と訴訟

生活保護法の規定に基づき、保護の実施機関または支給機関が行った処分の取り消しの訴えは、法第69条により、該当処分についての審査請求に対する採決を経たあとでなければ提起することができない。これを「審査請求前置主義」という。裁決を経ないで提起された訴訟は、却下(形式不備)される。

審査請求前置主義は、簡易迅速な審査請求の制度の活用を図る方が国民の保護を受ける権利の救済に効率的であること、および裁決による行政の統一的運営を図る目的に基づくものである。ただし、2014(平成26)年の行政不服審査法の改正において、本来は、行政の処分に不服がある場合に、不服申

立てをするか、直ちに出訴するかは、国民が選択できることが原則であるとする国の見解も示されている。

【参考文献】
・小山進次郎『生活保護法の解釈と運用』全国社会福祉協議会　1975年
・厚生省社会局保護課編『生活保護30年史』社会福祉調査会　1981年
・生活保護手帳編集委員会編『生活保護手帳 2008年度版』中央法規　2008年
・生活保護制度研究会編『保護のてびき 平成20年版』第一法規　2008年
・東京ソーシャルワーク編『How to生活保護［2008年度版］－暮らしに困ったときの生活保護のすすめ－』現代書館　2008年
・柴田純一『増補版　プロケースワーカー100の心得－福祉事務所・生活保護担当員の現場でしたたかに生き抜く法－』現代書館　2015年
・佐藤進・西原道雄編『別冊ジュリスト』No.56　有斐閣　1977年
・福岡市中嶋学資保険訴訟・最高裁判決（平16.3.16）『賃金と社会保障』No.1367　旬報社　2004年
・福岡市中嶋学資保険訴訟・福岡高裁判決（平10.10.9）『賃金と社会保障』No.1240　旬報社　1998年
・名古屋市笹島野宿者生活保護処分違法確認等請求上告事件・最高裁判決（平13.2.13）『賃金と社会保障』No.1294　旬報社　2001年
・名古屋市笹島野宿者生活保護処分違法確認等請求控訴事件・名古屋高裁判決（平9.8.8）『賃金と社会保障』No.1212　旬報社　1997年

第5章 生活保護基準と要否判定

●本章のねらい

　生活保護制度により保障される最低限度の生活は、保護の種類・範囲・方法として生活保護法に規定されている。その内容を実際の費目・扶助額・算定の方法として示したものが生活保護基準である。

　また法の規定を解釈する指針であり、生活保護基準をどのように適用するかという基準を示したものとして保護の実施要領がある。生活保護基準と実施要領に基づき、最低生活費の算定が可能となり保護の要否判定が可能となる。

　本章は、生活保護基準および実施要領から、8つの扶助の具体的な内容について理解を深めるものである。

●プロローグ　生活保護基準という枠組み

　福祉事務所で初回面接を担当する職員が、要保護者から差し迫った生活相談の話を聴きながら、頭のなかでそれ以外のことを考えているとしたら、それは生活保護基準のことである。なぜなら、いくら生活に困窮していると訴えられても、保護の要否は生活保護基準に基づく世帯の最低生活費の枠組みのなかで、それが認められる場合でなければ、生活保護に該当しないからである。

　生活保護基準は、個々の状況の違いをふまえ最低生活費をいくらにし、収入をどの範囲で認定すればよいか、たちどころに答えを引き出せる「ものさし」である。しかしこの基準は、世帯員の数や、冬季の光熱費の増加などの地域ごと、世帯ごとの生活の実態に合わせて対応できるようにつくられている反面、たとえば長期（1か月以上）の入院となった場合の生活扶助費は、1人2万円程度に下がる仕組みになっているなど、実際の生活感覚から意外に思える部分もある。病院では食事が出るため、食費がかからない等の理由で、生活費が入院前よりかえって低く見積もられてしまうわけである。ときには、保護受給者から「この金額で生活しろといわれても無理です」という言葉を聴くことがあるが、そういう場合でもまず「基準がそうなっていますので」と説明せざるを得ない。

　子どもたちを連れた母親が行くあてなく河川敷をさまよっているところを

警察官に保護され、福祉事務所に連れてこられたことがあった。生活保護の施設に入ることになり生活保護を決定したが、この「事件」が新聞報道され、全国から見舞金が集まった。このお金はわずかではなかったが、これで保護を廃止するわけにもいかない金額であった。このお金があっても保護を受けられるよう、厚生大臣（当時）に子どもたちの高校進学費用に充当することとし「収入認定除外」の特別基準の申請をした。そして、このお金を社会福祉協議会の金庫に預けることで保護の継続が認められた。

　一般に決まっていることでも、特別の手続きによりその理屈が認められれば特別基準が承認されるという一面も生活保護基準には残されている。果たして生活保護基準は、現代社会において人間の尊厳を維持するための生活費用をどれだけ充足するものとなっているであろうか。

　憲法が生活保護制度に託した生存権の保障は、生活保護基準と実施要領に基づく制度運用の枠組みのなかに具体化されることになるので、そのあり方について「これは国が決めたことだから仕方がない」ということにしてはならないのである。

1. 最低生活保障水準と保護基準の設定方式

(1)　生存権を具体化する最低限度の生活の尺度

　生活保護法（以下「法」）により保障される最低限度の生活は、「健康で文化的な生活水準を維持することができるものでなければならない」（法第3条）とされ、「最低生活保障の原理」といわれる。この原理は、憲法第25条に基づくものであることを示しているが、法第8条は「基準及び程度の原則」として、「保護は、厚生労働大臣の定める基準により測定した要保護者の需要を基とし、そのうち、その者の金銭又は物品で満たすことのできない不足分を補う程度において行うもの」とされ、この基準は、「要保護者の年齢別、性別、世帯構成別、所在地域別その他保護の種類に応じて必要な事情を考慮した最低限度の生活の需要を満たすに十分なものであつて、且つ、これをこえないものでなければならない」と規定している。

　この原則に基づいて作成された生活保護基準は、「保護の要否を決める尺度」としての機能と同時に、「保護費の支給の程度を決めるための尺度」として機能しており、生活保護基準に沿って、要保護者の収入との対比が行われて要否が判定され、扶助額としての程度の決定が行われる。

⑵　社会保障制度における生活保護基準の意義

　生活保護基準は、わが国で国家の責任において定められた国民の最低限度の生活水準であり、生存権保障としての意義を有している。つまり、わが国において「ナショナル・ミニマム」とは生活保護基準のことである。

　社会保険は生活保護基準を基礎に置いてその給付を行うことになり、生活保護基準は年金の給付水準や各種の福祉手当、福祉施設への措置費や支援費、あるいは公営住宅の入居要件など、社会保障制度全体の給付水準に大きな影響を与えている。わが国ではこの生活保護基準が労働者や国民の最低保障年金要求、労働組合の賃金要求の根拠とされ、セーフティネットを論じる場合にも政府・財界をはじめ社会的にも説得力をもつとされる。

　つまり、生活保護基準は生活保護制度における給付水準のみならず、国全体の社会保障をはじめとする社会政策全般に影響を及ぼす意義をもっているということがいえる。

⑶　絶対的最低生活水準論と相対的最低生活水準論

　最低生活費のとらえ方には、絶対的最低生活水準論と相対的最低生活水準論とがある。絶対的最低生活水準論とは、生活に必要な食物や衣服、住居などについて、人間が生物として生存するために絶対的に必要な最低限の範囲で保障するという水準をいう。これに対し相対的最低生活水準論とは、人間が社会的、文化的存在であり、社会の構成員として人としての尊厳を維持できるように最低生活が保障される水準をいう。

⑷　生活保護基準の設定方式

　生活保護基準は法第3条に基づくものである。法制定時の立法担当者は、この条文の意味は「国がこの制度によって保障しようとする最低生活の性格について（中略）その要旨とするところはそれが単に辛うじて生存を続けることを得しめるという程度のものであってはならないこと、換言すれば、少なくとも人間としての生活を可能ならしめるという程度のものでなければならないことを明らかにする点にある」とし、「健康で文化的な最低限度の生活」は、ラウントリー, B. (Rowntree, B.)[1]の示した二次的貧困の上に位置することは当然としている。

*1　ラウントリー, B. 第12章 p.208参照。

　このような考え方において開始された生活保護制度が、いわゆる絶対的水準論ではなく、相対的生活水準論の立場に立っていることは明らかである。

　1983（昭和58）年12月に提出された中央社会福祉審議会の意見具申におい

ても、「今日における最低生活の保障の水準は、単に肉体的生存に必要な最低限度の衣食住を充足すれば十分というものではなく、一般国民の生活水準と均衡のとれた最低限度のものでなければならない」として、相対的最低生活水準論の立場を明確にしている。

　この考え方に基づき生活保護基準設定方式は、次のような変遷をたどって今日に至っている。

マーケット・バスケット方式（1948［昭和23］年8月～1960［同35］年）

　全物量方式、またはラウントリー方式ともよばれる。これは地域や世帯人員等に応じて、目標とする一定の生活水準に適合するように、飲食物費や被服費、光熱費や住居費等の家計ごとの所要量を、生活科学上の知識に基づいて合理的に積算する方法である。

　日常生活上必要最小限度と考えられる消費財のすべてを、マーケット（市場）に行って、バスケット（買い物かご）のなかに一つずつ取り入れていくやり方に似ているのでこのようによばれる。生活扶助基準の算定について、労働科学研究所の研究や栄養審議会等の栄養所要量等に基づいたこの方式によって算定された基準額は、この方式を取り入れる以前に比して2.73倍に引き上げられた経緯がある。

エンゲル方式（1961［昭和36］年～1964［同39］年）

　その後、一般国民の消費構造が変化し、移り変わる生活様式や文化水準等に対応する被服あるいは教養娯楽等の面において、マーケット・バスケット方式ではその変化や水準の向上に対応することが困難となったために、エンゲル法則とよばれる経験的な生活法則を骨子とする方式が採用された。

　これは、栄養学を基礎として飲食物費を計算し、その飲食物費の家計支出に占める割合（エンゲル係数）が収入の上下に応じて一定の変動をすることから、逆に一定の飲食物費に対しては一定の家計支出が対応することが明らかにされることに基づき、飲食物費をエンゲル係数で除する、いわば逆算する方法である。すなわち最低生活費の算定において、栄養学の基礎に基づいて飲食物費を算定しておいて、これと同額の飲食物費を現実に支出している家計を実態調査から求め、エンゲル係数で除して全生活費を算定するものである。この算定方式により、マーケット・バスケット方式に比して16%の引き上げとなった。

格差縮小方式（1965［昭和40］年～1983［同58］年）

　1962（昭和37）年、社会保障制度審議会は生活保護基準引き上げを勧告し、さらに1964（同39）年の中央社会福祉審議会生活保護専門部会中間報告は、当時の経済成長に伴う労働力不足を背景とした、低所得層の賃金水準の上昇

や生活内容の平準化傾向、国民の所得格差の縮小傾向に着目し、当面の生活
保護水準の改定の方向として、一般国民生活水準の伸びとの格差縮小を見込
んで改善を行うべきとした。

　この報告をもとに採用されたものが格差縮小方式である。基準改定にあた
り、一般国民の生活水準の伸びを基礎とし、これに一般国民と保護受給世帯
との消費水準の格差是正分を見込んで算定する方式である。具体的には当該
年度の一般国民の生活水準の度合いをとらえる指標として、政府が予算編成
直前に発表する経済見通しによる個人消費支出の伸び率をベースとして、こ
れに格差縮小分を見込んだ生活扶助基準引き上げ率を算定した。この改定に
よる対前年度当初の改定率は12%となった。

水準均衡方式（1984［昭和59］年４月〜現在）

　その後、現在まで採用されているのがこの方式である。1983（昭和58）年12
月の中央社会福祉審議会生活保護専門分科会の中間報告において、生活保護
基準について総理府「家計調査」を詳細に分析検討した結果、「現在の生活扶
助基準は一般国民の消費支出との均衡においてほぼ妥当な水準に達している
こと、生活扶助基準の改定にあたっては当該年度に想定される一般国民の消
費動向をふまえると同時に、前年度までの一般国民の消費水準との調整を図
る必要がある」という意見具申をふまえ、この方式が導入された。

　具体的には、生活保護基準が一般国民の消費実態との均衡上ほぼ妥当であ
るとの評価をふまえ、格差縮小方式と同様に、予算編成時に公表される政府
経済見通しの民間最終支出の伸び率を基礎として、当該年度に想定される一
般国民の消費動向をふまえると同時に、前年度までの一般世帯消費支出水準
の実績などを勘案して生活扶助基準の改定率が設定されている。

⑸　保護受給世帯における消費実態と生活保護基準の比較

　生活保護基準の設定方式として、水準均衡方式が採用された1983（昭和58）
年における一般勤労者世帯と被保護勤労者世帯の格差は、66.4%であった（前
者を分母とする）。この格差は2000（平成12）年度において69.3%となり、生
活保護基準は、一般勤労者世帯の約７割を保障するにいたったとされている。

　その後生活扶助基準について、2004（平成16）年12月の社会保障審議会福
祉部「生活保護制度の在り方に関する専門委員会」が取りまとめた報告書に
おいて「生活扶助基準と一般低所得世帯の消費実態との均衡が適切に図られ
ているか否かを定期的に見極めるため、全国消費実態調査等を基に５年に一
度の頻度で検証を行う必要がある」とされ、2007（同19）年「生活扶助基準
に関する検討会」が設置された。検討会では、全国消費実態調査等のデータ

に基づき、❶水準の妥当性、❷個人的経費と世帯共通経費の妥当性、❸地域差の妥当性、❹勤労控除の妥当性について、分析・検討が行われた。そして「生活扶助基準に関する検討会報告書」が取りまとめられ、この検証結果をふまえ、生活扶助基準の見直しが行われる予定であったが、原油価格の高騰の影響で2008（同20）年度にかけて据え置かれていた。その後、2011（同23）年度から社会保障審議会生活保護基準部会において、全国消費実態調査の特別集計データ等を用いて、生活保護基準の定期的な評価・検証が審議され、この検証結果と物価の動向を勘案するという考え方に基づき、2013（同25）年8月に新たな基準改定（第69次）が行われた。これは、生活扶助の基準を2013（同25）年度からの3年度において、実質的に6.5％減額する改定となった。2017（同29）年度には、社会保障審議会生活保護基準部会で5年に1度の定期検証が行われることとされた。

2．保護の種類と内容

　ここでは8種類の保護の種類や内容、保護の方法について述べていく。生活保護法には第3章「保護の種類及び範囲」、第5章「保護の方法」が規定され、そのほか第6章「保護施設」、第7章「医療機関、介護機関及び助産機関」の規定が関連する。これらの規定に基づき保護の基準が設定されているので、法の規定と保護の基準は一体のものとして運用されている。

　図5－1が8つの扶助の体系であるが、各扶助は法にその範囲や方法等が定められている。実際の給付の名称や金額は保護基準に基づいており、また実施要領により適用に伴う指針が示されている。

＊2　基準額
巻末資料p.241参照。

　なお、保護基準は「生活保護法による保護の基準」として、1963（昭和38）年4月1日に厚生省告示第158号として告示されてから、ほぼ毎年4月1日付で改定が行われている。実際の保護基準はこの告示に「別表」として示され、基準額表となって福祉事務所に配布されている＊2。保護基準は法第8条に基づき所在地域別に定められており、現在は全国を3つの級地に分け、さらに各級地を2区分し結果として6区分している。おおむねこの表に基づいて、具体的な世帯に対して保護が必要か否かの判断（要否判定）が行われるとともに、具体的な支給額の決定（程度の決定）が行われる。

(1)　生活扶助

　生活扶助は、困窮のため最低限度の生活を維持できない者に対して、❶衣食その他日常生活の需要を満たすために必要なもの、❷移送の範囲で支給す

図5－1　8つの扶助の体系

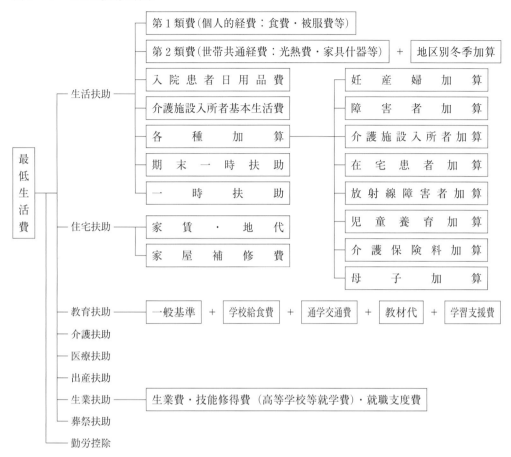

資料：厚生労働省「社会保障審議会生活保護基準部会」資料（平成28年5月）

ることが定められている（法第12条、第30・31条）。

扶助の方法としての居宅保護

　生活扶助は原則、保護受給者の居宅において行われる。ただし、これによ
ることができないとき、これによって保護の目的を達しがたいとき、さらに
保護受給者が希望したときは、救護施設等の保護施設、あるいはその他適当
な施設に入所させて行うこととされる。なお、この施設入所の措置につい
ては、保護受給者の意に反して強制できるものと解釈してはならないと規定さ
れている。

扶助の方法としての給付の方法

　生活扶助は金銭給付が原則とされ、そのための保護金品は、世帯主、また
はこれに準ずる者に対して交付することとされ、1か月分以内を限度として
前渡しされる。ただし介護施設等においては、本人ではなく施設長に交付す

ることが可能である。なお金銭給付によることができないとき、またはこれによることが適当でないとき、その他保護の目的を達するために必要があるときは、施設入所等により現物給付によって行うことができる。

基準生活費

保護の基準により計算した、経常的一般生活費（世帯の1か月分の最低生活費）のことで、級地別（11区分）に定められている。居宅を中心に説明すると以下の通りである（救護施設等は別に定められている）。

① 第1類費（個人的経費）

基本的な日常生活費のうち、食費や被服費など個人単位でかかる経費を補填するものとして支給。個人単位で消費する経費であり、世帯の全員分を合計して算出。年齢別に設定されている。世帯人員別に逓減率が定められている。

② 第2類費（世帯共通経費）

基本的な日常生活費のうち、水道光熱費や家具什器費など世帯単位でかかる経費を補填するものとして支給。なお、冬季加算が地区別・世帯人員別に定められている。

③ 入院患者日用品費

病院等に入院している保護受給者に対し、身の回り品等の日常生活費を補填するものとして支給（入院患者日用品費が支給される保護受給者については第1類、第2類経費は算定しない）。

④ 介護施設入所者基本生活費

介護施設に入所している保護受給者に対し、利用者が施設に支払う身の回り品等の必需的な日常生活費を補填するものとして支給（例：歯ブラシ、下着、寝衣等）。

生活扶助の加算

① 妊産婦加算

妊産婦（妊娠中および産後6か月以内）である保護受給者に対し、追加的に必要となる栄養補給等の経費を補填するものとして支給。

② 母子加算

ひとり親世帯のかかりまし経費（ひとり親世帯がふたり親世帯と同等の生活水準を保つために必要となる費用）を補填するものとして、ひとり親（母子世帯・父子世帯等）に対し支給。ひとり親世帯とは、父母の一方もしくは両方がいないかまたはこれに準ずる状態にある世帯で、子の養育にあたる者に加算される。

③　障害者加算

　障害者である保護受給者に対し、追加的に必要となる居住環境の改善のための費用や点字新聞などの雑費等の経費を補填するものとして支給。

④　介護施設入所者加算

　介護施設に入所している保護受給者に対し、理美容品等の裁量的経費を補填するものとして支給（例：嗜好品、教養娯楽費等）。

⑤　在宅患者加算

　在宅で療養に専念している患者（結核または3か月以上の治療を要するもの）である保護受給者に対し、追加的に必要となる栄養補給等のための経費を補填するものとして支給。

⑥　放射線障害者加算

　放射能による負傷、疾病の患者である保護受給者に対し、追加的に必要となる栄養補給等のための経費を補填するものとして支給。

⑦　児童養育加算

　児童の養育者である保護受給者に対し、子どもの健全育成費用（学校外活動費用）を補填するものとして支給（児童の範囲は高等学校等修了前の児童まで。18歳に達する日以後の最初の3月31日までの間にある者を含む）。

⑧　介護保険料加算

　介護保険の第1号被保険者である保護受給者に対し、その保護受給者が納付すべき介護保険料に相当する経費を補填するものとして支給。

期末一時扶助

　年末において増加する食費や雑費等の経費を補填するものとして支給。

一時扶助

　保護開始、出生、入学時などの際に、被服費や家具什器等の物資がなく、緊急やむを得ない場合に必要な経費を補填するものとして支給。費目ごとに設定（被服費、家具什器費、移送費、入学準備金、その他）。

⑵　教育扶助

　教育扶助は、困窮のため最低限度の生活を維持することのできない者に対して、義務教育に伴って必要となる❶学用品（法律には教科書も含まれているが現在は無償）、❷通学用品、❸学校給食その他（義務教育に伴って）必要なものの範囲で支給することが定められている（法第13条）。

　この規定に基づき、一般基準として基準額、教材代、学校給食費、通学のための交通費、学習支援費が、特別基準として学級費等、災害時等の学用品費の再支給、校外活動参加費が定められている。なお、学習支援費は教材代

に含まれない学習参考書等の購入費および課外のクラブ活動に要する経費として設けられたものである。

教育扶助は、金銭給付によって行うものとされる。ただし、これによることができないときは現物給付によって行うことができる。教育扶助のための保護金品は、保護受給者、その親権者もしくは未成年後見人または保護受給者の通学する学校の長に対して交付するものとされている（法第32条）。

(3) 住宅扶助

住宅扶助は、困窮のため最低限度の生活を維持できない者に対して、❶住居、❷補修その他住宅の維持のために必要なものの範囲で支給することが定められている（法第14条）。

住宅扶助は、金銭給付によって行うものとされる。ただし、これによることができないとき、これによることが適当でないとき、その他保護の目的を達するために必要があるときは、現物給付によって行うことができる。この住居の現物給付は、宿所提供施設を利用させ、または宿所提供施設にこれを委託して行うものとなっている（法第33条）。

住宅扶助のための保護金品は、世帯主またはこれに準ずる者に対して交付するものとされている。ただし2005（平成17）年度の改正において加わった法第37条の2の規定により、保護金品を保護受給者に変わって直接家主に支払うことも可能となっている。

(4) 医療扶助

困窮のため最低限度の生活を維持できない者に対して、❶診察、❷薬剤または治療材料、❸医学的処置、手術およびその他の治療並びに施術、❹居宅における療養上の管理およびその療養に伴う世話その他の看護、❺病院または診療所への入院およびその療養に伴う世話その他の看護、❻移送の6種類の事項の範囲内で支給することが定められている（法第15条）。

医療扶助は、現物給付によって行うものとされている。ただし、これによることができないとき、これによることが適当でないとき、その他保護の目的を達するために必要があるときは、金銭給付によって行うことができる。

現物給付は、医療保護施設または指定医療機関もしくは指定を受けた施術者により行われる（法第34条）。

急迫した事情その他やむを得ない事情がある場合には、保護受給者は、指定を受けない医療機関について医療の給付を受け、または指定を受けない施術者について施術の給付を受けることができる。医療扶助のための保護金品

が支給される場合は、保護受給者に対して交付するものとされている。

医療扶助の給付については、厚生労働大臣および都道府県知事がそれぞれ指定した指定医療機関において、国民健康保険の診療方針および診療報酬の例により行われる（法第52条）。

なお、2014（平成26）年1月からは、これらの医療の給付のうち、医療を担当する医師または歯科医師が医学的知見に基づき後発医薬品*3を使用することができると認めたものについては、保護受給者に対し、可能な限り後発医薬品の使用を促すことによりその給付を行うよう努めるものとすることが明確化された（法第34条第3項）。

(5)　介護扶助

介護扶助は、困窮のため最低限度の生活を維持できない要介護者に対して、次の①〜④および⑨の事項の範囲において、困窮のため最低限度の生活を維持することのできない要支援者に対しては⑤〜⑨の事項の範囲において支給することが定められている。要介護者、要支援者とは介護保険法に規定される者を指している（法第15条の2）。

①　居宅介護（居宅介護支援計画に基づき行うものに限る）
②　福祉用具
③　住宅改修
④　施設介護
⑤　介護予防（介護予防支援計画に基づき行うものに限る）
⑥　介護予防福祉用具
⑦　介護予防住宅改修
⑧　介護予防・日常生活支援（介護予防支援計画または介護保険法第115条の45第1項第1号ニに規定する第1号介護予防支援事業による援助に相当する援助に基づき行うものに限る）
⑨　移送

介護扶助は、現物給付によって行うものとする。ただし、これによることができないとき、これによることが適当でないとき、その他保護の目的を達するために必要があるときは、金銭給付によって行うことができる（法第34条の2）。

介護扶助の内容は、介護保険法に基づく給付内容と同様である。介護保険において給付される部分を除いた部分（通常第1号被保険者の場合は1割）が介護扶助の支給範囲ということになる。介護保険の被保険者でない場合は10割（全額）介護扶助となるが、給付内容は介護保険の給付と同様である。

介護扶助は、医療扶助と同じく介護保険法に規定される事業者だけでなく、

*3　後発医薬品
後発医薬品とは、医薬品、医療機器等の品質、有効性及び安全性の確保等に関する法律第14条または第19条の2の規定による製造販売の承認を受けた医薬品のうち、同法第14条の4第1項各号に掲げる医薬品と有効成分、分量、用法、用量、効能および効果が同一性を有すると認められたものであって、厚生労働省令で定めるものをいう。

生活保護法の指定を受けた介護機関によって行われる。ただし、急迫した事情その他やむを得ない事情がある場合は、指定介護機関でない場合でも給付を受けることができる。

⑹　出産扶助

　出産扶助は、困窮のため最低限度の生活を維持できない者に対して、❶分べんの介助、❷分べん前および分べん後の処置、❸脱脂綿、ガーゼその他の衛生材料の範囲で支給することが定められている（法第16条）。

　出産扶助は、金銭給付によって行うものとされ、これによることができないとき、これによることが適当でないとき、その他保護の目的を達成するために必要があるときは、現物給付によって行うことができるとされている。現物給付によって行われる助産の給付は、医療扶助の指定医療機関の規定に準じて指定を受けた助産師に委託して行うものとされている（法第35条）。

⑺　生業扶助

　生業扶助は、困窮のため最低限度の生活を維持できない者または困窮のため最低限度の生活を維持することのできないおそれのある者に対して、❶生業に必要な資金、器具または資料、❷生業に必要な技能の修得、❸就労のために必要なものの範囲で支給することが定められている（法第17条）。

　この扶助は他の扶助の場合と異なり、困窮のため最低限度の生活を維持することのできない者に対してのみならず、そのおそれのある者も含まれると規定され、それらの者の収入を増加させ、またはその自立を助長することのできる見込みのある場合に行われることを想定している。

　具体的には、生業（暮らしを立てる仕事）により自立を目指すための費用で、生業費（事業を営むための設備費等）、技能修得費（授業料等）、就職支度費（就職が決まったときの日用品購入費用）を給付している。

　給付の方法は金銭給付によって行うものとされ、これによることができないときや適当でないとき、保護の目的を達成するために必要があるときは現物給付によって行うことができるとされており、現物給付については授産施設等を利用させることとしている。保護金品は保護受給者に対して交付されるが、施設の供用または技能の授与のために必要な金品は、授産施設の長に対して交付できる（法第36条）。

高等学校等就学費

　技能修得費の一つとして創設された。高等学校に通学する場合、都道府県立または市町村立の高等学校における範囲で「入学料及び入学考査料」が、

その他「基本額」「通学のための交通費」「入学準備金」「学習支援費」等が
支給される。2020（令和２）年現在、授業料は無償化されているので対象外
となっている。

技能修得費の対象範囲の拡大

　技能修得費において、2005（平成17）年度から厚生労働省の指示により各
福祉事務所が実施する自立支援プログラムに基づく場合、コンピュータの基
本的機能の操作等就職に有利な一般的技能や、コミュニケーション能力等就
労に必要な基礎的能力を修得するための経費が基準の範囲内で計上できるこ
ととなった。

⑻　葬祭扶助

　葬祭扶助は、困窮のため最低限度の生活を維持できない者に対して、❶検
案、❷死体の運搬、❸火葬または埋葬、❹納骨その他葬祭のために必要なも
のの範囲で支給することが定められている（法第18条）。

　葬祭扶助の要件として、❶保護受給者が死亡した場合において、その者の
葬祭を行う扶養義務者がないとき、❷死者に対しその葬祭を行う扶養義務者
がない場合において、その遺留した金品で、葬祭を行うに必要な費用を満た
すことのできないときを規定し、その場合に葬祭を行う者があるときは、そ
の者に対して、葬祭扶助を行うと定めている。

　具体的には、保護受給者の死亡時の葬儀に必要な費用で、遺体の検案や運
搬、火葬や埋葬、納骨にかかる費用を給付しており、死亡診断書から火葬の
費用まで詳細に定められている。

　給付の方法は金銭給付によって行うものとされ、これによることができな
いときや適当でないとき、保護の目的を達成するために必要があるときは現
物給付によって行うことができるとされている。

　なお、「葬祭扶助のための保護金品は、葬祭を行う者に対して交付する」（法
第37条第２項）とある通り、世帯主や世帯員でなく葬儀を行う者に給付する
ものである。

⑼　保護の方法の特例

　各扶助の方法については、法第30条〜第37条の２にかけて10か条にわたり
詳細に規定されている。方法とは、居宅保護か施設入所か、金銭給付か現物
給付か、金品の交付は誰に対して行われるか等であることについては既述の
通りである。

　このなかで交付の相手方については、原則として保護受給者であることを

前提に、世帯主またはこれに準ずるものとされている。例外として、生活扶助を個々の保護受給者に支払うことができ、教育扶助については親権者や未成年後見人、保護受給者の通学する学校長に直接支払うという方法も規定されている。

このほか2005（平成17）年度の改正において加わった、法第37条の2の「保護の方法の特例」の規定により、保護金品を保護受給者に代わって直接政令で定めるものに支払うことも可能となっている。たとえば住宅扶助の家賃を家主に、普通徴収される介護保険料を当該支払先の自治体の長（保険者）に支払うことができることになっている。

3．保護の要否判定と程度の決定

ある世帯に保護が必要か否か（要保護状態にあるかどうか）の判断を「保護の要否判定」（要否判定）といい、具体的な支給額がいくらになるかの決定を「程度の決定」（程度決定）という。実際にこの尺度となるものは生活保護基準であり、その意味ではいくら足りないかということと、いくら補えばいいかということは同じことであるが、実施要領によってそれぞれ要否判定と程度決定の際に積算する基準の内容が異なっている。

本節の内容である、最低生活費や収入認定額の算定方法、要否判定や程度の決定については、序章の導入事例において示してあるので参照して理解を深めてほしい。

⑴　最低生活費の算定

最低生活費は、経常的最低生活費（基準生活費および加算等）と臨時的最低生活費（一時扶助費）の合算額として構成され、いずれも生活保護基準に基づいて算定される。

居宅の場合の基準生活費は、生活保護基準額表で第1類の年齢別・個人別の額を合算した額と、第2類の世帯人員別基準額の合計額となり、これに各扶助に加算や対応する基準を積算して算定することになる。入院患者については、第1類や第2類の適用はなく入院患者日用品費を算定し、施設入所者には別に定める基準「救護施設等」を算定する。

要するに、生活扶助基準や住宅扶助基準など1か月分の生活費を算定して、後述する収入認定の方法によって算定した収入と対比させるのである。

このとき最低生活費として合算できる費目は、おおむね生活扶助から葬祭扶助までの8種類の扶助から生業扶助を除いた7種類の扶助基準額であるが、

そのなかでも生活扶助では「期末一時扶助」や「移送費」の一部、介護扶助では「住宅改修費」などを除外するなど複雑な規定となっている。

(2)　収入認定の原則と手続き

収入認定の原則

　生活保護制度において、収入は補足性の原理に基づき最低生活の維持のために活用されるべきものとされている。そこで具体的な収入から収入充当額を決定することを「収入の認定」（収入認定）という。収入認定は稼働収入や年金・手当等の種類によっても異なり、また現物も収入に換算する方法が規定されている一方で、葬式の香典や高校生の収入のうち就学に充てられる最低限の費用などのように、収入認定を行わない費目も実施要領に規定されている。

　収入認定の原則は「月額による」とされており、収入月額がほぼ確実に推定できるときはその額で、そうでないときは前3か月間の平均収入を標準として定めた額、あるいはそれ以上の長期にわたって収入の状況を見極める必要のあるときは、長期間の収入状況に合わせて収入認定額が定められる場合もある。

収入の認定の手続き

　収入認定の手続きは「収入に関する申告と調査」に基づいて行われる。

　開始申請や変更申請が行われるときのほか、実施機関が収入認定をする場合は、保護受給者に申告を促し収入申告書を徴収して行うことが一般的である。時期については、収入変動があったときに申告の指導がなされるが、現在では毎月ごとに収入申告書を徴収することになっている。2002（平成14）年度からは、収入のない保護受給者でも就労可能と判断される場合は、毎月「収入・無収入申告書」を徴収するように実施要領が変更されている。

　この申告書とともに、収入を得る関係先、収入の有無や程度、内訳等について「これらの事項を証明すべき資料があれば、必ずこれを提出」させることとされており、これを「挙証資料」という。給与であれば就労先からの給与明細書、年金であれば年金額改定通知書等がこれにあたる。

　また、実施要領には「必要に応じて関係先につき調査」するように求めているが、法第29条に根拠があるとしても、保護受給者には生活保護を受給している事実についてプライバシー権が保障されるべきであり、安易な関係先調査は権利侵害となる。なお、収入認定は収入申告によらなくても、法第25条第2項に基づき職権により行うこともできる。

⑶　就労に伴う収入の認定

　ここでは、代表的な収入である就労に伴う収入について述べるが、実施要領にはそれぞれの収入ごとに認定方法が規定されている。

勤労収入

　勤労収入は、原則として前3か月のすべての給与・手当等の収入について、給与証明書や給与明細書を添えた収入申告書に基づき、当該月の前3か月の平均収入から、就労に伴う必要経費や勤労控除額を控除して収入認定を行う。

　勤労収入を得るためには、勤労に伴って被服費や知識・教養の向上等のための経費が必要となることから、勤労収入のうちの一定額を控除する勤労控除およびその他の必要な経費（実費）の控除が行われる。なお、授産施設等で就労するものについても、勤労控除を適用してよいとされている。

勤労控除

　稼働者は非稼働者に比べ稼働に伴う経費がかかるので、稼働収入額（総支給額）から一定額を控除して稼働意欲の増進を図っている。

① 　基礎控除

　被服や身の回り品、職場交際費等の経常的職業経費を対象としている。勤労に伴って必要な経常的需要に対応するとともに勤労意欲の助長を図っている。「基礎控除額表」に基づいて控除する。

② 　新規就労控除

　中学卒業等で新規に就労し、特別の経費を必要とするとき等を対象としている。稼働意欲を助長するため新規就労後6か月間一定額を控除する。

③ 　未成年者控除

　稼働意欲を助長するため未成年者が成年に達するまでの間、一定額をその者の収入から控除する。

④ 　不安定就労控除

　知人や近隣等より臨時的な報酬の性質を有する少額の金銭、少額かつ不安定な収入がある場合に一定額を控除する。

その他の必要経費（実費控除）

　次の経費については真にやむを得ないものに限り、必要な最小限度の額を認定（控除）できるとしている。

　　① 　出稼ぎ、行商、船舶乗組、寄宿等に要する一般生活費または住宅費の実費

　　② 　就労または求職者支援制度による求職者支援訓練の受講に伴う子の託児費

③　他法、他施策等による貸付金のうち当該保護受給世帯の自立更生にあてられる額の償還金

④　住宅金融公庫の貸付金の償還金

⑤　地方税等の公租公課

⑥　健康保険の任意継続保険料

⑦　国民年金の受給権を得るために必要な任意加入保険料

⑧　通勤費、労働組合費

その他の就労収入（農業収入・自営収入）

　農業収入についても実施要領に収入認定の規定があり、農作物を自給している場合の「金銭換算表」など詳細に示されている。その他の自営収入についても同様である。

⑷　就労に伴う収入以外の収入の認定

年金・恩給等

　就労に伴う収入以外の代表的な収入である年金や恩給等については、全額収入認定が原則である。ただし、所得税やその手続きに要した交通費等の必要経費は控除される。これらは収入のあった月から収入認定の対象となるが、受領額が1か月分の最低生活費を超える場合は6か月の範囲で分割して収入認定が行われる。

他法に基づく社会手当等

　国の手当については原則全額収入認定となり、児童扶養手当や特別児童扶養手当等がこれにあたる。都道府県や市区町村の条例等に基づく手当については、実施要領に基づき収入認定除外額が定められ一定額を超える金額が収入認定の対象となる。

仕送り・贈与等

　これらは社会通念上収入として認定することが適当でないもののほかは、全額収入認定の対象となる。ただし必要経費については年金・恩給等の場合と同様である。

その他

　不動産や物品を貸与する等の財産収入については、必要経費を除き全額が収入認定の対象となる。

⑸　収入として認定しないもの

　社会福祉事業団体から保護受給者に対して、臨時的に恵与された慈善的性質を有する金銭であって、社会通念上収入として認定することが適当でない

ものをはじめ、実施要領は17項目にわたって収入認定を行わない収入について規定している。冠婚葬祭で贈与された金銭から、公害健康被害の補償等に関する法律に基づき給付される一定の額までがこのなかに含まれる。

親亡き後の心身障害者に支給される「心身障害者扶養年金」（独立行政法人福祉医療機構法第12条第1項第10号）として地方公共団体から支給される年金も、このなかに含まれ収入認定の対象外となっている。

(6) 保護の要否判定と程度の決定

要否判定は、その世帯について認定した最低生活費と、その世帯の収入として認定された額（収入認定額）との対比によって行う。収入が最低生活費を上回れば保護の要否は「否」となり、申請が出ていれば「却下」ということになる。

収入と対比させて要否判定をするということは、要否判定の結果は収入認定の手続きに基づくということである。したがって、就労収入によって生活

図5-2　生活保護費の算定

●保護が受けられる場合
収入認定額が最低生活費を下回るため、その不足分のみ保護が受けられる。

最　　　　低　　　　生　　　　活　　　　費		
生活・住宅・教育扶助基準額の計	介護費の自己負担額	医療費の自己負担額
収　入　認　定　額	扶　　助　　費	

↑　この分が支給される。

●保護が受けられる場合（医療費の自己負担がある場合）
収入認定額が最低生活費を下回るため、その不足分のみ保護が受けられる。
ただし、収入認定額が多いため、本人が医療機関・サービス事業者にお金を支払う。

最　　　　低　　　　生　　　活　　　費			
生活・住宅・教育扶助基準額の計	介護費の自己負担額	医療費の自己負担額	
収　　　入　　　認	定	額	扶助費

収入認定額のうち、
サービス事業者に
本人が支払う分

収入認定額の
うち、病院に
本人が支払う分

この分が
支給され
る。

●保護が受けられない場合
収入認定額が最低生活費を上回るため、保護は受けられない。

最　　　低　　　生　　　活　　　費
（生活・住宅・教育扶助基準額の計＋介護費・医療費の自己負担額）
収　　　入　　　認　　　定　　　額

出典：東京ソーシャルワーク編『How to生活保護［2015-16年版］-生活保護法改定対応版-』現代書館　2015年　p.64を一部改変

する世帯では、前 3 か月の平均収入あるいは年間を通した総収入などが収入充当額として認定され、その結果として要否が判定されるという仕組みになっている。

　程度の決定について実施要領では、「その不足する費用に対応してこれを定めること」とされ、その不足分の算定はそれぞれの収入認定によって行うこととされている。つまり収入認定の結果が程度の決定につながると考えてよい。

(7)　生活保護基準と実施要領をめぐる今後の課題

　生活保護制度は、生活保護法を具体化する生活保護基準と保護の実施要領に基づいて実施され、生活保護基準と保護の実施要領は一体のものといってよいほどに密接な関連がある。保護の基準の適用には実施要領が不可欠であり、実施要領に基づく決定過程がなければ保護基準の適用はあり得ないからである。生活保護制度の理念や仕組みと、運用とに大きな隔たりがあることが明らかとなっているが、これも生活保護基準および実施要領のあり方と不可分の関係がある。

　2003（平成15）年 8 月以降、社会保障審議会福祉部会に設置された「生活保護制度の在り方に関する専門委員会」では、生活保護基準のあり方とともに制度や運用のあり方が焦点となった。2004（同16）年12月に「生活保護制度の在り方に関する専門委員会報告書」が示されたが、この審議の結果、高等学校就学費が創設される一方で、老齢加算が2006（平成18）年 3 月末で廃止され、母子加算も段階的に縮小され、2009（同21）年 4 月に廃止された。母子加算については、同報告書において、母子加算を加えた保護受給母子世帯の生活扶助基準額が、一般母子世帯の消費支出額より高い等の理由が示され、世帯類型に着目した加算の必要性が否定されたが、その後政権交代があり、子どもの貧困解消を図る等の理由から、同年12月に復活した。

　なお、2017（平成29）年には、社会保障審議会生活保護基準部会で 5 年に 1 度行われることとされた定期検証が行われ、この結果をふまえ2018（同30）年10月から毎年段階的に実施されてきた生活扶助基準の予算額の「見直し（減額）」が2020（令和 2 ）年10月にも実施され、67％の受給世帯で生活扶助基準が減額される。

　実施要領については、近年の生活保護裁判のなかで実施要領が実質的な裁判規範同様の効力をもち、国家賠償請求訴訟における職員（ケースワーカー）の違法性判断では実施要領に従ったことが過失のないこととされており、実質的には法律と同様の効力をもつことが明らかとなっている。

2008（平成20）年度には、保護の実施要領のなかで、これまで空白であった「稼働能力」と「保護の申請」等に関する追加・改正があった。貧困が深化し社会保障が後退する社会経済状況のもとで、生存権を保障する制度の役割に即した保護の基準および実施要領のあり方が問われている。

4．就労自立給付金

2013（平成25）年の法改正により、これまでの8種類の扶助の範囲に含まれない新たな給付として、就労自立給付金が創設され、2014（同26）年7月から施行されている。

保護の実施機関は、保護受給者の自立の助長を図るため、保護受給者であって、厚生労働省令で定める安定した職業に就いたこと、その他厚生労働省令で定める事由により保護を必要としなくなったと認めたものに対して、厚生労働省令で定めるところにより、就労自立給付金を支給するものとされた（法第55条の4）。

これは、生活保護から脱却後の税・社会保険料等の負担をふまえ、生活保護を脱却するためのインセンティブを強化するとともに、脱却後の不安定な生活を支え、再度生活保護に至ることを防止するために、保護受給中の就労収入のうち、収入認定された金額の範囲内で別途一定額を仮想的に積み立て、安定就労の機会を得て保護廃止に至ったときに給付金として支給する制度である。

制度の概要は次の通りである。

① 支給方法

保護受給中の収入認定額の範囲内で仮想的に積み立て、保護廃止時に一括支給

② 支給対象

安定した職業に就いたことにより保護を必要としなくなったと認めた者

③ 支給額

上限額（単身世帯10万円、多人数世帯15万円）

④ 支給時期

保護脱却時に一括支給

⑤ 算定方法

算定対象期間*4における各月の就労収入額*5に対し、その各月に応じた算定率*6を乗じて算定し、上限額といずれか低い額を支給額とする。

⑥ 再受給までの期間

原則3年間

＊4 算定対象期間
保護を必要としなくなったと認められた日が属する月から起算して前6か月間。

＊5 就労収入額
就労に伴う収入として収入充当した額。

＊6 算定率
保護廃止に至った就労の収入認定開始月を起算点とし、1〜3月目までは30％、4〜6月目までは27％、7〜9月目までは18％、10月目以降は12％。

図5－3　就労自立給付金のイメージ図

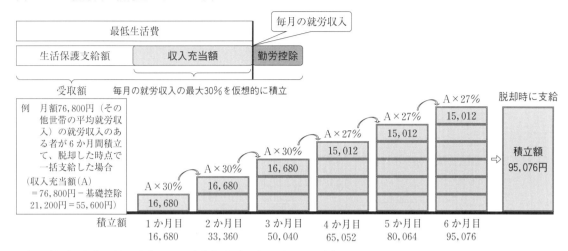

出典：厚生労働省「生活保護法改正の概要」資料（平成25年12月）を一部改変

【参考文献】
・小山進次郎『生活保護法の解釈と運用』全国社会福祉協議会　1975年
・厚生省社会局保護課編『生活保護30年史』社会福祉調査会　1981年
・生活保護手帳編集委員会編『生活保護手帳 2008年度版』中央法規　2008年
・生活保護制度研究会編『保護のてびき 平成20年版』第一法規　2008年
・東京ソーシャルワーク編『How to生活保護［2008年度版］－暮らしに困ったときの生活保護のすすめ－』現代書館　2008年
・柴田純一『増補版　プロケースワーカー100の心得－福祉事務所・生活保護担当員の現場でしたたかに生き抜く法－』現代書館　2015年

第**6**章　　　　　　　　　　　生活保護の動向と財源

● 本章のねらい

　本章では生活保護の動向と財源について学ぶ。データの羅列にみえるため、初め
て学ぶ場合には難しいと感じるかもしれない。しかしながら、生活保護の動向のデー
タをみれば、生活保護の実態、生活保護の受給の理由、生活保護から外れる理由、
歴史的な推移を知ることができる。メディアによる生活保護をめぐる話題や記事の
個別性に対して、データは全体の数量的な動向から生活保護制度の働きをみること
ができる。データをみながら、生活保護の動向を考えてみよう。

● プロローグ　データにみる貧困

　戦後の飢餓状態から考えると現在では豊かな社会になったが、最低生活水
準以下の生活レベルの状態にある人々は存在している。生活保護は、このよ
うな人々のうち、申請して資力調査（ミーンズ・テスト）で認められた人に
扶助を給付する制度である。2005（平成17）年度には保護受給世帯が100万
世帯を超え、2020（令和2）年6月の保護受給者数は205万5,531人となった。
同月の総人口が約1億2,586万人（総務省統計局「人口推計」）であるので、
総人口のうち約61人に1人が保護受給者ということになる。この数字をどの
ようにとらえるべきか。

　本章で扱う生活保護のデータは、リアルに現代社会のなかの貧困の状況を
表している。実際にこの制度を利用している人々の実態を多角的に探ること
は、私たちの現在の社会のありようを考えることにつながる。最低生活水準
を満たした生活をするためには、その水準を満たす所得や収入がなければな
らないが、それだけの賃金が働く場で保障されているのか、そもそも働く場
があるのか、働けない場合の社会保障制度による保障は十分なのか。これら
が否定されるとき、生活保護制度の出番となる。

　これまでの学習で、生活保護制度が憲法第25条を具現化した最低生活水準
を保障するものであり、セーフティネットであることを理解してきた。今度
はその実態に迫ってみよう。先にみた数字をさらに詳しくみていくと、生活
保護制度がどのような人に対するセーフティネットになっているのかを明ら
かにできる。

1．保護の動向

(1) 保護受給者数および保護受給世帯数

保護受給者数および保護受給世帯数の推移

保護受給者数と保護受給世帯数の推移は図6－1のようになっている。保護受給者数について、生活保護法が制定されてから保護受給者数が最も多かったのは、1951（昭和26）年度の204万6,646人であった[*1]。1962（同37）年度までは変動がみられるものの、1963（同38）年度以降は減少傾向となった。増加に転じたのは1975（同50）年度からであり、1984（同59）年度に146万9,457人となった。その後再び減少するが、1996（平成8）年度から再び増加した。近年は微減しているが、2018（同30）年度は209万6,838人であった。

保護受給世帯数は、1957（昭和32）年度の57万9,037世帯から増加し、1984（同59）年度には78万9,602世帯となった。それ以降は減少傾向にあったが、1993（平成5）年度から増加に転じ、2005（同17）年度には100万世帯を上回る104万1,508世帯となった。2018（同30）年度は163万7,422世帯である。

保護受給者数と保護受給世帯数の年次推移を比べると、80年代末まではグラフの曲線の傾きが異なっていた。その後ほぼ同じように右上がりになるのは、後にみる表6－3の世帯人員別保護受給世帯数からわかるように、1人世帯の増加によるものである。

＊1
1951（昭和26）年の数値を上回ったのは、2011（平成23）年7月の205万495人からである。

図6－1　保護受給者数ならびに保護受給世帯数の推移

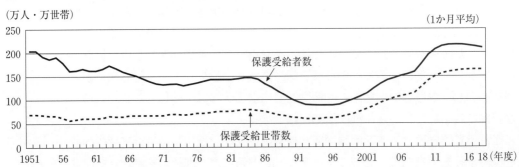

注　：保護受給世帯には、保護停止中の世帯も含まれている。
資料：厚生労働省「福祉行政報告例」「被保護者調査」より作成

保護率の推移

　保護率とは、総人口に占める保護受給者数の割合を示しており、人口1,000人に対する値（‰：パーミル）で表される。

　図6-2をみると保護率は1963（昭和38）年度以降低くなっており、1974（同49）年度には11.9‰となった。その後は12‰前後で推移していたが、1984（同59）年度以降低くなり、1995（平成7）年度には7.0‰となり過去最低となった。それ以降は上昇し17‰程度となり、2018（同30）年度現在16.6‰となっている。

　保護率は生活保護制度でとらえた人員数の割合であり、わが国の貧困率を表したものではない。生活保護制度が申請主義であるため、基本的には申請しないと保護の開始には至らず、そのため、生活保護の受給資格があるにもかかわらず保護を受けていない場合があるからである。生活保護の受給資格を有する人数に占める保護受給者数の割合を捕捉率（take up rate）といい、漏給を防ぐためには捕捉率の把握が必要とされる。

　厚生労働省社会・援護局保護課は、2010（平成22）年4月に「生活保護基準未満の低所得世帯数の推計について」を公表した[*2]。これによると推計概要は次のようにまとめられている。表6-1の全国消費実態調査1では、収入が最低生活費未満の世帯は、資産を考慮しないフロー所得のみでみた場合4.9%、資産を考慮した場合0.3%と推計される。世帯類型別にみると、母子世帯の低所得世帯率が最も高い。低所得世帯数に対する保護受給世帯数の割合は、フロー所得のみの場合で29.6%、資産を考慮した場合で87.4%と推計される（調査2との違いは、注を参照のこと）。国民生活基礎調査では、最低生活費未満の世帯は、資産を考慮しないフロー所得のみでみた場合12.4%、資産を考慮した場合4.8%と推計される。上記の調査と同様に母子世帯の割合が最も高い。低所得世帯数に対する保護受給世帯数の割合は、フロー所得

＊2　生活保護基準未満の低所得世帯の推計
この推計は、平成16年全国消費実態調査、平成19年国民生活基礎調査に基づいている。個々の世帯の最低生活費を算定し、この最低生活費よりも認定所得（収入から、税、社会保険料、勤労控除を差し引いて算定された額）が下回る世帯を指す。全国消費実態調査の場合は、❶貯蓄現在高（預貯金や株式などの貯蓄の合計）が最低生活費1か月未満（保護開始時の要否判定基準）で、❷住宅ローンがない世帯数を抽出率調整を行ってカウントし、国民生活基礎調査の場合は、上記❶のみでカウントしている。

図6-2　保護率の推移

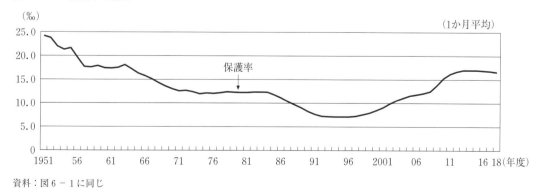

表6－1　生活保護基準未満の低所得世帯数

	総世帯数 （万世帯） A	最低生活費 未満の世帯 （万世帯） B	うち資産要件を 満たす世帯 （万世帯） C	被保護世帯数 （万世帯） D	低所得世帯率① （％） B/A	低所得世帯率② （％） C/A	保護世帯比① （％） D/（B＋D）	保護世帯比② （％） D/（C＋D）
全国消費 実態調査1	4,674	231	14	97	4.9	0.3	29.6	87.4
全国消費 実態調査2	4,674	311	31	97	6.7	0.7	23.8	75.8
国民生活 基礎調査	4,802	597	229	108	12.4	4.8	15.3	32.1

注1：全国消費実態調査1の最低生活費＝生活扶助＋教育扶助
注2：全国消費実態調査2の最低生活費＝生活扶助＋教育扶助＋住宅扶助
注3：国民生活基礎調査の最低生活費＝生活扶助＋教育扶助＋高等学校等就学費
資料：厚生労働省「生活保護基準未満の低所得世帯数の推計について」（平成22年4月9日）

のみの場合で15.3％、資産を考慮した場合で32.1％と推計される。低所得世帯数に対する保護受給世帯数を捕捉率とみなすと、それぞれの調査結果は87.4％、75.8％、32.1％と推計できるが、指標の取り方でその数値が大幅に変わる。ただし、調査結果の概要によると、この数値は生活保護の受給から漏れている要保護世帯の数を表していないとされる。なぜなら、生活保護は申請に基づく開始を原則としており、また生活保護の適用には保有する資産や親族扶養の有無、稼働能力の有無なども含めて判定されるが、これらの調査では資産は推計であり、他の要件は不明だからである。

そのため、単純にこの数字を捕捉率と見なすことはできないが、保護が必要な人の3割程度しか保護が行き渡っていない可能性があることを意識すべきであろう。

年齢階級別保護受給者数とその割合の推移

表6－2は、年齢階級別保護受給者数とその割合の推移である。保護受給者数を年齢階級別にみると、1960（昭和35）年には保護受給者数の40％以上が14歳までの者であり、60歳以上の者は14.6％にすぎなかった。ところが、1990年代半ばには、14歳までの者が13％、60歳以上の者が44％を占めるようになり、およそ50年の間にその構成割合が逆転していることがわかる。高齢者の占める割合の上昇は、高齢化率の上昇というだけでなく、1961（同36）年に全面的に実施された公的年金制度が、高齢期の生活を支えきれていない状況にあることを示している。

表6－2　年齢階級別保護受給者数とその割合の推移

保護受給者数（人）									
年	総数	0～14歳	15～19歳	20～29歳	30～39歳	40～49歳	50～59歳	60～64歳	65～69歳	70歳～
1960	1,724,934	724,237	77,940	102,381	225,259	211,904	133,540	61,486	62,980	125,207
1965	1,580,689	577,844	71,230	75,247	192,867	213,581	158,503	77,794	80,354	133,269
1970	1,327,980	364,996	57,964	61,142	157,994	182,912	148,480	87,475	94,685	172,332
1975	1,302,053	306,159	62,851	53,737	140,356	190,827	153,839	93,230	105,016	196,038
1980	1,377,581	329,147	87,102	48,926	143,891	208,980	179,246	84,851	91,161	204,277
1985	1,402,228	317,154	101,758	40,529	136,465	201,443	209,420	97,108	85,566	212,785
1990	1,000,090	167,757	73,224	25,327	68,332	137,277	169,360	87,135	80,151	191,527
1995	856,393	111,286	44,413	22,916	44,549	104,769	151,706	93,046	84,054	199,654
2000	1,032,010	128,580	44,660	28,992	59,908	95,657	183,166	113,925	119,283	257,839
2005	1,433,227	180,320	58,253	36,396	96,122	115,378	232,937	158,725	166,838	388,258
2010	1,878,725	208,166	78,290	53,557	128,834	186,307	266,145	216,448	214,046	526,932
2015	2,127,841	192,529	79,367	59,865	117,581	231,119	265,846	213,982	269,090	698,462
2018	2,068,958	156,383	66,246	53,530	101,576	211,772	266,379	171,357	259,664	782,051
構成比　総数（％）									
1960	100.0	42.0	4.5	5.9	13.1	12.3	7.7	3.6	3.7	7.3
1965	100.0	36.6	4.5	4.8	12.2	13.5	10.0	4.9	5.1	8.4
1970	100.0	27.5	4.4	4.6	11.9	13.8	11.2	6.6	7.1	13.0
1975	100.0	23.5	4.8	4.1	10.8	14.7	11.8	7.2	8.1	15.1
1980	100.0	23.9	6.3	3.6	10.4	15.2	13.0	6.2	6.6	14.8
1985	100.0	22.6	7.3	2.9	9.7	14.4	14.9	7.0	6.1	15.2
1990	100.0	16.8	7.3	2.5	6.8	13.7	16.9	8.7	8.0	19.2
1995	100.0	13.0	5.2	2.7	5.2	12.2	17.7	10.9	9.8	23.3
2000	100.0	12.5	4.3	2.8	5.8	9.3	17.7	11.0	11.6	25.0
2005	100.0	12.6	4.1	2.5	6.7	8.1	16.3	11.1	11.6	27.1
2010	100.0	11.1	4.2	2.9	6.9	9.9	14.2	11.5	11.4	28.0
2015	100.0	9.0	3.7	2.8	5.5	10.9	12.5	10.1	12.6	32.8
2018	100.0	7.6	3.2	2.6	4.9	10.2	12.9	8.3	12.6	37.8

資料：厚生労働省「被保護者全国一斉調査」（各年7月1日現在）、2015年以降は同「被保護者調査（年次調査）」（個別調査）（7月末現在）より作成

世帯人員別保護受給世帯数の推移

　保護受給世帯数は、2人以上の世帯が1960年代には6割、80年代においても4割強を占めていたが、90年代半ば以降は、2人以上の世帯が3割弱となり、1人世帯の割合が高くなっている。特に1980年代以降の5人以上世帯の大幅な減少が目につく。また、世帯人員数については、全世帯平均世帯人員数自体が減少しているのと同様、保護受給世帯の平均世帯人員数も少なくなっているが、その差は大きいものとなっている。1960（昭和35）年には全世帯平均世帯人員が4.13人であるのに対し、保護受給世帯の平均世帯人員は3.00人で1人以上少ない。この傾向は2018（平成30）年現在においても同様であり全世帯平均世帯人員は2.44人であるのに対し、保護受給世帯人員は1.28人である（表6－3）。

表6－3　世帯人員別保護受給世帯数の割合の推移

年	総数(%)	1人	2人	3人	4人	5人	6人以上	平均世帯人員(人)	全世帯平均世帯人員(人)
1960	100.0	35.1	14.6	13.0	12.9	10.7	13.6	3.00	4.13
1965	100.0	39.0	19.0	14.0	12.0	8.2	7.8	2.60	3.75
1970	100.0	50.0	20.8	11.9	8.7	4.9	3.7	2.11	3.45
1975	100.0	55.8	20.7	10.2	7.0	3.6	2.7	1.91	3.35
1980	100.0	55.7	20.3	11.2	7.2	3.3	2.4	1.91	3.28
1985	100.0	57.3	20.2	11.5	6.7	2.7	1.7	1.83	3.22
1990	100.0	64.7	19.3	8.9	4.4	1.7	1.0	1.63	3.05
1995	100.0	71.8	17.3	6.3	2.9	1.1	0.6	1.46	2.91
2000	100.0	73.5	16.8	5.6	2.6	0.9	0.5	1.42	2.76
2005	100.0	73.7	16.9	5.6	2.4	0.9	0.5	1.42	2.68
2010	100.0	75.7	15.8	5.2	2.1	0.7	0.4	1.38	2.59
2015	100.0	78.1	15.0	4.3	1.6	0.6	0.3	1.33	2.49
2018	100.0	80.8	13.7	3.5	1.3	0.5	0.3	1.28	2.44

資料：厚生労働省「被保護者全国一斉調査」（各年7月1日現在）、2015年以降は同「被保護者調査（年次調査）」（個別調査）（7月末日現在）、「厚生行政基礎調査」（1985年以前）、「国民生活基礎調査」（1995年以降）より作成

世帯類型別にみた保護受給世帯数とその割合の推移

　2018（平成30）年は高齢者世帯（男女ともに65歳以上の者のみで構成されている世帯か、これらに18歳未満の者が加わった世帯）の占める割合が54.1%、傷病・障害者世帯（世帯主が入院しているか、在宅患者加算あるいは障害者加算を受けている世帯、もしくは世帯主が傷病、障害、知的障害等の心身上の障害のため働けない者である世帯）が25.3%、母子世帯（現に配偶者がいない65歳未満の女子と18歳未満のその子のみで構成されている世帯）が5.3%となっている（表6－4）。高齢者世帯は長期的にみるとその割合は増加傾

表6－4　世帯類型別にみた保護受給世帯数とその割合の推移

（1か月平均）

年度	総数(世帯)	高齢者世帯	母子世帯	傷病・障害者世帯	その他世帯	総数(%)	高齢者世帯	母子世帯	傷病・障害者世帯	その他世帯
1975	704,785	221,241	70,211	322,458	90,875	100.0	31.4	10.0	45.8	12.9
1980	744,724	225,341	95,620	342,777	80,986	100.0	30.3	12.8	46.0	10.9
1985	778,797	243,259	113,979	348,881	72,678	100.0	31.2	14.6	44.8	9.3
1990	622,235	231,609	72,899	267,091	50,637	100.0	37.2	11.7	42.9	8.1
1995	600,980	254,292	52,373	252,688	41,627	100.0	42.3	8.7	42.0	6.9
2000	750,181	341,196	63,126	290,620	55,240	100.0	45.5	8.4	38.7	7.4
2005	1,039,570	451,962	90,531	389,818	107,259	100.0	43.5	8.7	37.5	10.3
2010	1,405,281	603,540	108,794	465,540	227,407	100.0	42.9	7.7	33.1	16.2
2015	1,621,356	802,811	104,343	442,369	271,833	100.0	49.5	6.4	27.3	16.8
2018	1,629,148	882,022	86,579	412,282	248,265	100.0	54.1	5.3	25.3	15.2

注　：現に保護を受けた世帯である。
資料：図6－1に同じ

向にある。表6－3と合わせて考えると、単身の高齢者世帯が増加していることがわかる。

世帯業態別保護受給世帯数の割合の推移

　業態別では、1960（昭和35）年度には世帯主か世帯員が働いている世帯が半数を占めていたが、その後徐々に減少し、「働いている者のいない世帯」が1990（平成2）年度以降8割を超えるようになった（表6－5）。「働いている者のいない世帯」の増加は、表6－4でみたように稼働年齢層でない高齢者世帯の増加傾向と関連がある。このような世帯の増加は、保護受給の長期化につながると考えられる。

保護受給期間別構成割合の推移

　図6－3にある通り、1964（昭和39）年には受給期間が3年未満の割合が半数以上を占めていた。その後徐々にその割合は低下し、1990（平成2）年には約25%になり、近年も25～35%前後で推移している。10年以上の長期の受給は、その割合が1964（昭和39）年には10%未満であったが、徐々にその割合が高くなっている。1990（平成2）年から2000年代初めには10年以上の受給の割合が30%以上を占め、その後は約25%で推移していたが、2018（同30）年度は30.7%であった。1990年代以降、5～10年の世帯を合わせると全体の約50～60%が長期受給者で占められている。表6－4、表6－5から、高齢者世帯等の非稼働年齢層の増加により、長期にわたり保護を受給する状況になっていることがわかる。

表6－5　世帯業態別保護受給世帯数の割合の推移

（1か月平均）

年度	総数(%)	世帯主が働いている世帯	世帯員が働いている世帯	働いている者のいない世帯
1960	100.0	39.1	16.0	44.8
1965	100.0	33.3	14.0	52.6
1970	100.0	23.1	10.6	66.4
1975	100.0	15.5	7.3	77.2
1980	100.0	15.2	6.4	78.4
1985	100.0	15.8	5.6	78.7
1990	100.0	14.5	4.3	81.2
1995	100.0	10.6	3.0	86.4
2000	100.0	9.5	2.5	88.0
2005	100.0	10.1	2.4	87.4
2010	100.0	10.8	2.4	86.7
2015	100.0	13.5	2.4	84.0
2018	100.0	13.4	2.3	84.3

資料：図6－1に同じ

図6－3　保護受給期間別構成割合の推移

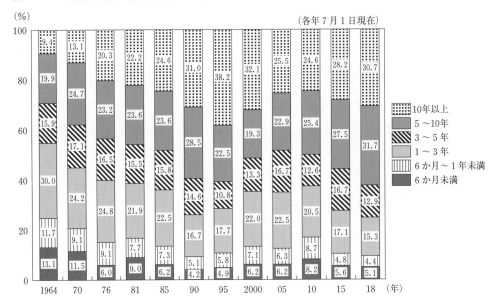

注　：2015年以降は7月末日現在。
資料：表6－2に同じ

扶助別受給者数の推移

　扶助別の動向をみると、生活扶助は受給実人員数と同様に1995（平成7）年度までは減少傾向にあったが、その後は増加傾向にある。2018（同30）年度の生活扶助受給者は185万1,939人であり、全受給者数に占める割合は88.3％である。住宅扶助は2014（同26）年度までは増加傾向にあったが、その後は減少し、2018（同30）年度には179万2,265人と受給実人員数の85.5％が受給している。教育扶助は1960（昭和35）年度には約50万人と受給実人員数の30％を占めていたが、その後は低下している。1980年代半ばまで18％を保っていたのは、表6－4でみたようにこの時期の母子世帯の受給数の増加と関連がある。教育扶助はその後、1985（同60）年度には約25万2,000人と18％を割り、1997（平成9）年度以降10％前後を推移していたが、その後低下し、2018（同30）年度には5.6％となっている。介護扶助は、2000（同12）年度の介護保険導入以降に開始された扶助である。受給者数は増加しており、2018（同30）年度には約38万人で受給実人員数の18.2％を占める。この増加は高齢者の受給者数の伸びと関連している。医療扶助は1984（昭和59）年度の91万1,788人をピークに1993（平成5）年度まで減少し、その後は増加傾向にある。2018（同30）年度には約175万人となり、受給実人員数の83.5％が受給している。出産扶助は1995（同7）年度まで減少し、その後徐々に増

表6－6　扶助別受給者数の推移

（1か月平均）

年度	保護受給実人員(人)	生活扶助人員(人)	住宅扶助人員(人)	教育扶助人員(人)	介護扶助人員(人)	医療扶助人員(人)	出産扶助人員(人)	生業扶助人員(人)	葬祭扶助人員(人)
1951	2,046,646	1,861,561	997,805	704,548	－	283,484	1,012	2,649	3,786
1955	1,929,408	1,704,421	845,175	584,765	－	386,054	842	9,104	2,642
1960	1,627,509	1,425,353	656,009	496,152	－	460,243	478	6,296	2,601
1965	1,598,821	1,437,614	727,748	433,249	－	616,286	428	7,949	2,327
1970	1,344,306	1,143,103	643,421	263,495	－	701,783	269	4,513	2,004
1975	1,349,230	1,159,900	604,626	228,686	－	785,084	207	2,960	1,780
1980	1,426,984	1,251,347	866,657	260,781	－	856,245	236	2,678	1,665
1985	1,431,117	1,268,766	967,691	252,437	－	909,581	191	2,524	1,353
1990	1,014,842	889,607	730,134	135,793	－	711,268	73	1,899	1,108
1995	882,229	760,162	639,129	88,176	－	679,826	62	1,141	1,211
2000	1,072,241	943,025	824,129	96,944	66,832	864,231	95	713	1,508
2005	1,475,838	1,320,413	1,194,020	135,734	164,093	1,207,814	112	29,253	2,165
2010	1,952,063	1,767,315	1,634,773	155,450	228,235	1,553,662	186	52,855	2,999
2015	2,163,685	1,927,267	1,842,105	142,067	329,999	1,775,997	162	53,078	3,329
2018	2,096,838	1,851,939	1,792,265	116,731	381,383	1,751,443	137	45,445	3,691

資料：図6－1に同じ

加した。2011（同23）年度には191人となったが、近年は再び減少している。生業扶助は減少傾向にあったが、2005（同17）年度に約3万人となり、前年度の約30倍となった。これは高等学校等への就学費用がこの項目に追加されたためである。2018（同30）年度は受給実人員数の2.2％を占める。葬祭扶助は1,000～2,000人台で受給実人員数のおおむね0.1～0.15％を推移してきたが、2018（同30）年度には3,691人となっている。なお、各年度の扶助人員数の合算が保護受給実人員を超えるのは、扶助を併給しているからである（表6－6）。

医療扶助の受給の推移

　図6－4から医療扶助人員数は2015（平成27）年度までは増加傾向にあることがわかる。80年代後半以降、医療扶助人員と保護受給実人員を表すグラフが接近していることから、保護受給実人員に占める医療扶助人員の割合が高くなってきているといえる。医療扶助の詳細な傾向は表6－7に表れている。

　2018（平成30）年度の医療扶助受給人員数は175万1,443人であり、保護受給実人員数に占める医療扶助受給人員数の割合は表6－7にもあるように83.5％であった。このような傾向は、90年代後半以降続いている。入院率は低下傾向にあり、また医療扶助の単給も減少傾向にある。2018（同30）年度の単給率は3.6％となっている。医療扶助率は増加しているが、医療扶助の

図6-4 医療扶助人員数の推移

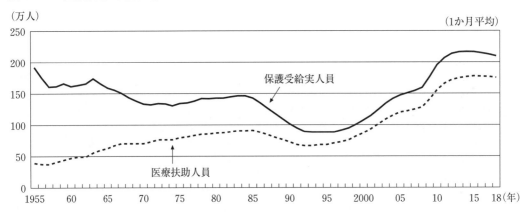

資料：図6-1に同じ

表6-7 医療扶助率と入院率の推移

（1か月平均）

年度	保護受給実人員 (A)	医療扶助人員 (B)	うち入院 (C)	うち入院外	医療扶助率 B／A	入院率 C／B	医療扶助 単給	医療扶助 単給率
	（人）	（人）	（人）	（人）	（％）	（％）	（人）	（％）
1955	1,929,408	386,054	136,781	249,273	20.0	35.4	133,482	34.6
1960	1,627,509	460,243	179,618	280,625	28.3	39.0	154,934	33.7
1965	1,598,821	616,286	148,921	467,365	38.5	24.2	125,560	20.4
1970	1,344,306	701,783	191,103	510,680	52.2	27.2	177,183	25.2
1975	1,349,230	785,084	196,932	588,153	58.2	25.1	167,181	21.3
1980	1,426,984	856,245	197,418	658,827	60.0	23.1	152,223	17.8
1985	1,431,117	909,581	191,439	718,142	63.6	21.0	136,344	15.0
1990	1,014,842	711,268	133,105	578,163	70.1	18.7	94,387	13.3
1995	882,229	679,826	123,924	555,903	77.1	18.2	90,696	13.3
2000	1,072,241	864,231	132,751	731,480	80.6	15.4	89,332	10.3
2005	1,475,838	1,207,814	131,104	1,076,710	81.8	10.9	82,968	6.9
2010	1,952,063	1,553,662	129,805	1,423,857	79.6	8.4	73,733	4.7
2015	2,163,685	1,775,997	116,279	1,659,718	82.1	6.5	66,492	3.7
2018	2,096,838	1,751,443	111,127	1,640,316	83.5	6.3	62,368	3.6

資料：図6-1に同じ

みの受給者数は減少しており、これは入院率の低下と考え合わせると、病院
ではなく在宅で医療扶助と他の扶助を併給して生活している者が増加してい
ると考えられる（表6-7）。

(2) 保護の開始、廃止

保護の開始、廃止の推移

　保護の開始と廃止の世帯数については、1985（昭和60）年度から1992（平

表6－8　保護の開始、廃止の世帯数の推移

（1か月平均）

年度	保護受給世帯数	保護開始世帯数	保護廃止世帯数	保護開始世帯率	保護廃止世帯率
	（世帯）	（世帯）	（世帯）	（％）	（％）
1951	699,662	30,613	25,680	4.4	3.7
1955	661,036	22,668	22,871	3.4	3.5
1960	611,456	19,027	19,033	3.1	3.1
1965	643,905	19,780	18,807	3.1	2.9
1970	658,277	18,178	18,059	2.8	2.7
1975	707,514	16,975	16,120	2.4	2.3
1980	746,997	16,333	15,861	2.2	2.1
1985	780,507	14,659	16,027	1.9	2.1
1990	623,755	9,709	11,778	1.6	1.9
1995	601,925	11,746	11,132	2.0	1.8
2000	751,303	16,722	12,528	2.2	1.7
2005	1,041,508	18,187	14,874	1.7	1.4
2010	1,410,049	25,964	16,479	1.8	1.2
2015	1,629,743	18,456	17,399	1.1	1.1
2018	1,637,422	16,713	16,880	1.0	1.0

資料：厚生労働省「生活保護動態調査」「福祉行政報告例」「被保護者調査」より作成

成4）年度までは保護廃止が保護開始を上回っていたが、それ以降は保護開始が多い傾向となっている。2000（同12）年度以降では、保護受給世帯は増加しているが、新規の受給世帯の占める割合は2018（同30）年度で1.0％である。ここ数年は、継続して受給する世帯が大半を占めており、保護廃止率は1.0％となっている（表6－8）。

保護の開始、廃止の理由

表6－9の保護開始世帯の理由のうち、1990年代までは70～80％が傷病によるものであったが、2000（平成12）年前後から傷病によらない理由で保護が開始されている世帯の割合が高くなっており、50％を超えている。2018（同30）年には76.6％が傷病によらない理由で保護が開始されている。

表6－10の保護廃止理由のうち、1996（平成8）年までは世帯主あるいは世帯員の傷病の治癒によるものが約30％を占めており、死亡・失踪によるものが約20～30％であった。2000（同12）年以降は増減はあるものの、傷病の治癒によるものの割合は低下し、2018（同30）年には保護廃止理由の0.5％となった。死亡・失踪は1980（昭和55）年以降上昇しており、2018（平成30）年には47.7％を占めるようになっている。保護開始理由と考え合わせると、傷病による貧困とその解消による貧困からの脱出という図式はあまりみられなくなっている。むしろ、死亡による保護の廃止の割合の上昇と高齢者世帯の受給割合の上昇を考えると、いったん受給すると、死亡するまで受給し続

表6－9　保護開始世帯の理由の推移

（各年9月、2015年以降は1か月平均）

年	総数（世帯）	傷病による			傷病によらない					傷病による割合（%）	傷病によらない割合（%）
		総数	世帯主の傷病	世帯員の傷病	総数	働いていた者の離別・死亡等	働きによる収入の減少等	手持現金の減少・喪失等	その他		
1960	18,208	10,342	6,542	3,800	7,866	794	2,022	392	4,658	56.8	43.2
1965	18,990	13,092	9,684	3,408	5,898	930	1,614	500	2,854	68.9	31.1
1970	16,435	13,297	11,265	2,032	3,138	931	744	419	1,044	80.9	19.1
1975	15,431	11,593	10,401	1,192	3,838	1,293	1,021	553	971	75.1	24.9
1980	15,115	10,637	9,687	950	4,478	1,789	1,211	579	899	70.4	29.6
1985	12,240	8,836	8,373	463	3,404	1,291	847	864	402	72.2	27.8
1990	7,942	6,420	6,254	166	1,522	576	278	467	201	80.8	19.2
1995	10,048	7,843	7,630	213	2,205	589	685	758	173	78.1	21.9
2000	14,681	6,347	6,118	229	8,334	832	2,046	2,099	3,357	43.2	56.8
2005	15,662	6,704	6,465	239	8,958	737	2,315	3,051	2,855	42.8	57.2
2010	24,088	6,733	6,378	355	17,355	1,002	6,140	7,013	3,200	28.0	72.0
2015	16,747	4,216	4,017	199	12,533	615	2,993	6,474	2,451	25.2	74.8
2018	14,909	3,492	3,347	145	11,419	482	2,401	6,474	2,062	23.4	76.6

注　：「手持現金」には、「社会保障給付金」「仕送り」「貯金」が含まれている。「その他」には、「急迫保護で医療扶助単給」「要介護状態」が含まれている。

資料：表6－8に同じ

ける傾向にあるといえる。

　生活保護の動向は、一つには経済情勢と関連づけて考えられやすい。確かに神武景気（1954［昭和29］～57［同32］年）から平成景気（1986［昭和61］～91［平成3］年）に至るまでの景況は、保護受給世帯・人員数の増減と関係があると考えられる。しかし、1990（平成2）年のバブル崩壊以降の不況期においては、保護受給世帯・人員数は減少あるいは横ばいである。また、2002（同14）年2月以降のイザナギ景気を超える戦後最長の好況期において保護受給世帯・人員数は再び増加に転じていることから、最近では好況が保護受給世帯・人員数の減少にはつながらなくなっている。さらに、日本経済は2007（同19）年秋以降に景気後退期に入った。そして、2008（同20）年9月のアメリカのリーマン・ブラザーズ破綻（リーマンショック）以降、世界的な金融危機から雇用情勢は急速に悪化したが、2009（同21）年春には輸出や生産の回復により雇用情勢の改善もみられた。「平成26年版　労働経済の分析」（『労働経済白書』）によると、有効求人倍率は2013（同25）年11月には6年1か月ぶりに1倍を超えた[*3]。

　このように、近年においては経済状況と生活保護の動向とを単純に結びつけることは難しい。もう一つには、社会保障制度の変化との関連である。新たな制度の創設や生活保護制度の見直しなどが考えられるが、この要因のみ

*3
有効求人倍率は、2015（平成27）年3月で1.15倍であったが、正社員の有効求人倍率は0.71倍であった。もっとも、同白書によるとこの正社員の数値は、統計を取り始めた2004（同16）年11月以降、過去最高の水準であった。

表 6 － 10　保護廃止世帯の理由の推移

（各年 9 月、2015年以降は 1 か月平均）

保護廃止世帯（世帯）

年	総数	傷病治癒総計	世帯主の傷病の治癒	世帯員の傷病の治癒	死亡・失踪	働きによる収入の増加・取得	稼働以外の収入増	その他
1975	13,419	3,199	2,860	339	2,555	2,888	1,566	3,211
1980	12,823	3,068	2,808	260	2,394	2,528	1,604	3,229
1985	13,246	3,560	3,361	199	2,417	2,435	1,818	3,016
1990	9,509	2,759	2,671	88	2,435	1,565	1,062	1,688
1995	8,773	2,560	2,523	37	2,975	968	748	1,522
2000	9,958	1,111	1,090	21	2,989	994	661	4,203
2005	11,757	2,047	2,028	19	4,588	1,585	797	2,740
2010	13,070	755	751	4	5,760	1,995	953	3,607
2015	14,609	116	112	5	6,314	2,710	754	4,716
2018	14,107	71	67	4	6,728	2,420	688	4,201

構成比　割合（％）

年	総数	傷病治癒総計	世帯主の傷病の治癒	世帯員の傷病の治癒	死亡・失踪	働きによる収入の増加・取得	稼働以外の収入増	その他
1975	100.0	23.8	21.3	2.5	19.0	21.5	11.7	23.9
1980	100.0	23.9	21.9	2.0	18.7	19.7	12.5	25.2
1985	100.0	26.9	25.4	1.5	18.2	18.4	13.7	22.8
1990	100.0	29.0	28.1	0.9	25.6	16.5	11.2	17.8
1995	100.0	29.2	28.8	0.4	33.9	11.0	8.5	17.3
2000	100.0	11.2	10.9	0.2	30.0	10.0	6.6	42.2
2005	100.0	17.4	17.2	0.2	39.0	13.5	6.8	23.3
2010	100.0	5.8	5.7	0.0	44.1	15.3	7.3	27.6
2015	100.0	0.8	0.8	0.0	43.2	18.6	5.2	32.3
2018	100.0	0.5	0.5	0.0	47.7	17.2	4.9	29.8

注　：「稼働以外の収入増」には、「働き手の転入」「社会保障給付金の増加」「仕送りの増加」が含まれている。「その他」には、「親類・縁者の引取り」「施設入所」「医療費の他法負担」が含まれている。
資料：表 6 － 8 に同じ

では1992（同 4 ）年以降の大幅な保護受給者数の増加を説明するのは困難である。さらに、社会的な動向と関連づけて、生活保護の動向を分析する見方もできる。たとえば、2008（同20）年12月末から翌年の年始にかけて、派遣労働者や期間労働者の解雇に伴う生活困難に対する「年越し派遣村」*4が実施された。この支援により、『平成21年版 厚生労働白書』によると生活保護相談による保護決定が272件あったという。これらの複数の要素を視野に入れることが必要であろう。

＊ 4　年越し派遣村
労働組合やNPO団体が中心となり、2008（平成20）年12月31日～2009（同21）年 1 月 5 日までの間、東京都千代田区の日比谷公園で生活困窮者に支援を行った。

2．生活保護費の動向と財源

⑴　生活保護費の動向

受給額の推移

　表6－11は、1人1か月当たりの平均扶助受給額の推移である。この表では平均扶助受給額と、1975（昭和50）年度を100としたときの平均扶助受給額の伸び率を指数で表している。扶助別の推移をみると、住宅扶助と教育扶助、介護扶助については増加傾向にあるが、生活扶助と医療扶助は減少している。2001（平成13）年度以降、1人1か月当たりの平均扶助受給額は減少傾向にあるが、保護受給者数の増加から次にみる表6－12にあるように扶助総額は増加している。1975（昭和50）年度を100としてそれぞれの受給額の伸び率をみると、特に住宅扶助の伸びが著しいことがわかる。家賃が大幅に値上がりしていることがその背景にあるといえる。また、生活扶助、教育扶助、医療扶助においても1975（同50）年度から考えると2～3倍の伸び率となっている。

扶助費の推移

　扶助総額は増加傾向にある。生活扶助の扶助額も増加しているが、2015（平成27）年度の総額に占める割合は32.4%であり、横ばいが続いている。一方

表6－11　1人1か月当たり平均扶助受給額の推移

年度	総数（円）	生活扶助	住宅扶助	教育扶助	介護扶助	医療扶助	指数総数 (75年＝100)	生活扶助	住宅扶助	教育扶助	医療扶助
1965	7,091	2,930	642	777	－	10,003	16.8	17.5	22.1	22.0	23.0
1970	16,958	6,443	1,361	1,374	－	19,864	40.1	38.6	46.8	39.0	45.7
1975	42,317	16,703	2,910	3,527	－	43,432	100.0	100.0	100.0	100.0	100.0
1980	68,386	26,769	5,781	4,756	－	65,778	161.6	160.3	198.7	134.8	151.5
1985	88,700	35,509	8,548	5,530	－	77,549	209.6	212.6	293.7	156.8	178.6
1990	108,231	41,217	11,709	6,113	－	86,454	255.8	246.8	402.4	173.3	199.1
1995	143,167	51,044	16,626	6,759	－	108,104	338.3	305.6	571.3	191.6	248.9
2000	150,719	56,644	20,293	7,179	17,866	103,280	356.2	339.1	697.4	203.5	237.8
2005	146,481	53,604	22,835	7,240	23,889	92,940	346.2	320.9	784.7	205.3	214.0
2010	142,141	54,469	25,468	10,679	24,063	84,217	335.9	326.1	875.2	327.9	193.9
2015	142,415	51,768	27,106	11,161	21,001	83,449	336.5	309.9	931.5	342.7	192.1

注　：指数は1975年を100%として算出
資料：厚生労働省「生活保護費国庫負担金事業実績報告」等
出典：厚生統計協会『国民の福祉の動向』『国民の福祉と介護の動向』各年より作成

表6-12　扶助総額と1か月平均扶助費の推移

年度	扶助総額（年額）（百万円）	1か月平均扶助額（百万円）						
		総額	生活扶助	住宅扶助	教育扶助	介護扶助	医療扶助	その他扶助
1965	134,983	11,249	4,213	467	337	－	6,164	68
1970	271,319	22,609	7,365	875	362	－	13,940	67
1975	676,413	56,368	19,374	2,051	745	－	34,098	100
1980	1,155,310	96,276	33,497	5,011	1,235	－	56,322	211
1985	1,502,711	125,226	44,799	8,272	1,396	－	70,537	222
1990	1,292,778	107,732	36,667	8,549	830	－	61,492	194
1995	1,484,894	123,741	38,802	10,626	596	－	73,492	225
2000	1,939,283	161,607	53,417	16,724	696	1,194	89,258	318
2005	2,594,193	216,183	70,780	27,266	983	3,920	112,254	981
2010	3,329,629	277,469	96,265	41,634	1,660	5,492	130,845	1,574
2015	3,697,704	308,142	99,770	49,932	1,586	6,930	148,204	1,719
構成割合（％）								
1965	－	100.0	37.5	4.2	3.0	－	54.8	0.6
1970	－	100.0	32.6	3.9	1.6	－	61.7	0.3
1975	－	100.0	34.4	3.6	1.3	－	60.5	0.2
1980	－	100.0	34.8	5.2	1.3	－	58.5	0.2
1985	－	100.0	35.8	6.6	1.1	－	56.3	0.2
1990	－	100.0	34.0	7.9	0.8	－	57.1	0.2
1995	－	100.0	31.4	8.6	0.5	－	59.4	0.2
2000	－	100.0	33.1	10.3	0.4	0.7	55.2	0.2
2005	－	100.0	32.7	12.6	0.5	1.8	51.9	0.5
2010	－	100.0	34.7	15.0	0.6	2.0	47.2	0.6
2015	－	100.0	32.4	16.2	0.5	2.2	48.1	0.6

資料：厚生労働省「生活保護費国庫負担金事業実績報告」等
出典：表6-11に同じ

で、住宅扶助は16.2％であり、1980年代と比較するとおよそ2.5倍になっている。教育扶助は0.5％であり、1995年度以降横ばいである。介護扶助は2000（同12）年度の開始から現在まで増加傾向にある。医療扶助の総額に占める割合はおおよそ50％となっており、扶助総額の半分を占めている（表6-12）。

(2)　財源

費用負担区分

　生活保護にかかわる費用について、国は生活保護法第75条に基づき、市町村および都道府県が支弁した保護費、保護施設事務費、委託事務費（以下「保護費等」）の4分の3を負担している。国の保護費等の負担割合は、1989（平成元）年度からは現行通りだが、1985（昭和60）年度から1988（同63）年度までは10分の7、それ以前は10分の8であった。

社会保障給付費に占める生活保護費

　社会保障給付費の総額は、1990（平成２）年度には約47兆4,000億円であったが、2017（同29）年度には約120兆円にのぼっている（図６−５）。2017（同29）年度の社会保障給付費は、「医療」が約39兆円（32.8％）、「年金」が約55兆円（45.6％）、「福祉その他」が約26兆円（21.6％）であった。「年金」の占める割合が特に1989（平成元）年度以降、おおよそ50％を占めていることが特徴的である。

　表６−13の制度別社会保障給付費の割合をみると、社会保障給付費に占める生活保護費の割合は、1970（昭和45）年度には7.8％であったが、1980（同55）年度には4.7％となり、1995（平成７）年度には2.3％となった。2000（同12）年度以降は2.5〜3.0％を推移し、2017（同29）年度は3.1％であった。

図６−５　社会保障給付費の推移

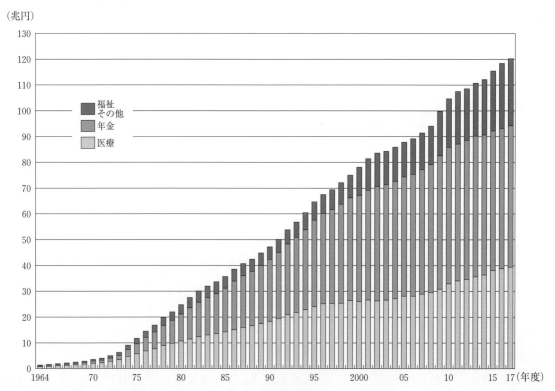

資料：国立社会保障・人口問題研究所「社会保障給付費」「社会保障費用統計」各年より作成

表6－13　制度別社会保障給付費の割合の推移

(単位：％)

	1970年度	1975年度	1980年度	1985年度	1990年度	1995年度	2000年度	2005年度	2010年度	2015年度	2017年度
総計	100.0	100.0	100.0	100.0	100.0	100.0	100.0	100.0	100.0	100.0	100.0
医療保険	50.4	41.7	37.7	25.6	24.7	22.9	18.9	18.5	18.1	18.0	17.5
高齢者医療	－	－	－	11.4	12.3	13.2	13.3	12.1	11.1	12.0	12.3
介護保険	－	－	－	－	－	－	4.2	6.5	7.1	8.0	8.2
年金保険	13.4	24.6	33.8	40.5	45.6	47.9	50.0	50.8	49.0	46.2	45.4
雇用保険等	4.6	6.7	4.4	3.4	2.5	3.4	3.4	1.7	2.3	1.6	1.6
業務災害補償	3.9	2.8	2.5	2.5	2.0	1.6	1.3	1.1	0.9	0.8	0.8
家族手当	0.1	1.6	1.4	1.3	0.9	0.8	0.9	1.3	2.9	2.4	2.3
生活保護	**7.8**	**5.7**	**4.7**	**4.2**	**2.7**	**2.3**	**2.5**	**2.9**	**3.2**	**3.2**	**3.1**
社会福祉	3.7	6.2	5.7	3.5	3.5	4.0	2.8	3.1	3.3	5.9	7.0
公衆衛生	5.1	2.9	2.1	1.7	1.4	0.9	0.7	0.6	1.3	1.5	1.5
恩給	9.1	6.9	6.9	5.3	3.9	2.6	1.8	1.2	0.7	0.3	0.2
戦争犠牲者援護	1.9	0.9	0.8	0.6	0.5	0.3	0.2	0.2	0.1	0.1	0.1

注1：高齢者医療には2005年度までは医療を含む老人保健事業すべてが含まれている。
注2：家族手当は、児童手当（2010年度は子ども手当を含む）のほか、社会福祉中の児童扶養手当および特別児童扶養手当等を含む。
注3：雇用保険等は雇用保険の総額と船員保険の失業・雇用対策等の給付（2010年1月より雇用保険に移行）を含む。
資料：図6－5に同じ

【参考文献】
・厚生労働統計協会編『国民の福祉と介護の動向』厚生労働統計協会　各年
・厚生労働省『平成21年版 厚生労働白書』ぎょうせい　2009年
・厚生労働省『平成26年版 労働経済白書』ぎょうせい　2014年
・国立社会保障・人口問題研究所『平成29年度 社会保障費用統計』2019年
・内閣府『平成21年版 経済財政白書』国立印刷局　2009年

生活保護制度における
専門職とソーシャルワーク

●本章のねらい

> 福祉事務所で生活保護制度の具体的な運用実施に携わる職員については、社会福祉法第15条で「指導監督を行う所員」「現業を行う所員」と規定されており、それらの所員はともに「社会福祉主事でなければならない」とされている。
> 本章では、「社会福祉主事」であることとされる「指導監督を行う所員」「現業を行う所員」の、生活保護制度運用における役割とソーシャルワークの実際について理解していく。

●プロローグ　専門職の役割を担う「社会福祉主事」の資格は機能しているか

　筆者は、文科系の4年生大学を卒業しておらず、「社会福祉主事」の資格をもっていなかったので、「社会福祉主事」資格取得のための通信課程を受講・修了すると、すぐに福祉事務所に配属されることとなった。希望がかなってとてもうれしかったことをよく覚えている。

　第3章で学んだように、福祉事務所が都道府県や市、ごく一部の町村など、地方自治体にある以上、業務に携わる職員は地方公務員であり、横浜市などの少数の自治体が福祉職採用を行っていることを除き、多くの自治体は一般行政職員を、「指導監督を行う所員」「現業を行う所員」として福祉事務所に配属している。筆者が勤務した福祉事務所でも、誰一人として大学等で社会保障や社会福祉を学んだ者はいなかった。

　こうした職員配置の状況では、生活保護制度のソーシャルワークに携わる職員を専門職としての「ソーシャルワーカー」と考えることは、困難な状況にあるといえる。

　加えて、生活保護制度は、イギリス、ニュージーランド、アメリカなどほとんどの国が、生活保障のための金銭給付担当者、自立助長ソーシャルワーク担当者、不正受給対応担当者を、きちんと別のセクションに分けていることに対して、わが国ではそれらの3つの業務すべてを、「現業を行う所員」が一手に担う制度とされていて、生活保護制度の利用者と「現業を行う所員」の間には難しい側面が生じ、ソーシャルワークを困難なものにしている側面

がある。たとえば、ソーシャルワークに携わりつつ、他方で、不正受給に目を光らせることは、「現業を行う所員」にとってはジレンマである。制度利用者との関係では絶対的な権力者となるからである。

　しかし本章では、生活保護制度の制度的・構造的問題に踏み込むことはせず、生活保護制度に関して、「よりきちんとした」制度運用を担うことができるよう、専門職とその役割について、整理して理解しやすいように述べていきたい。

1．専門職（現業員・査察指導員）の役割

⑴　現業員・査察指導員とは

社会福祉法上の現業員・査察指導員に関する規定

　社会福祉法第15条では、福祉事務所の組織を次のように規定している。

社会福祉法第15条（組織）

　福祉に関する事務所には、長及び少なくとも次の所員を置かなければならない。ただし、所の長が、その職務の遂行に支障がない場合において、自ら現業事務の指導監督を行うときは、第１号の所員を置くことを要しない。

1．指導監督を行う所員
2．現業を行う所員
3．事務を行う所員

2　所の長は、都道府県知事又は市町村長（特別区の区長を含む。以下同じ。）の指揮監督を受けて、所務を掌理する。

3　指導監督を行う所員は、所の長の指揮監督を受けて、現業事務の指導監督をつかさどる。

4　現業を行う所員は、所の長の指揮監督を受けて、援護、育成又は更生の措置を要する者等の家庭を訪問し、又は訪問しないで、これらの者に面接し、本人の資産、環境等を調査し、保護その他の措置の必要の有無及びその種類を判断し、本人に対し生活指導を行う等の事務をつかさどる。

5　事務を行う所員は、所の長の指揮監督を受けて、所の庶務をつかさどる。

6　第１項第１号及び第２号の所員は、社会福祉主事でなければならない。

　下線で表示した箇所が、福祉事務所における生活保護制度の運用実施に携わる専門職としての、指導監督を行う職員（これを「査察指導員」という）と現業を行う所員（これを「現業員」という）に関する規定であり、それらの専門職は「社会福祉主事でなければならない」と規定している。

生活保護法上の補助機関の規定

　生活保護法第19条では、生活保護制度にかかわる業務の実施機関を福祉事務所と規定し、具体的な同制度の運用実施に携わる事務について、第21条で次のように規定している。

> **生活保護法第21条（補助機関）**
> 　社会福祉法に定める社会福祉主事は、この法律の施行について、都道府県知事又は市町村長の事務の執行を補助するものとする。

　ここで、「事務の執行を補助する」とは、社会福祉主事の資格をもつ査察指導員や現業員が、具体的な生活保護制度の運用実施の事務やソーシャルワークに携わることを意味している。

(2)　専門職の実際の役割

現業員の役割

　第4章で触れたように、生活保護法には「最低限度の生活の保障」と「自立を助長する」という2つの目的がある。

　生活保護制度の運用やソーシャルワークに携わる現業員は、この2つの目的を実現するために、社会福祉法第15条第4項において、「所の長の指揮監督を受けて、援護、育成又は更生の措置」を行い、「家庭を訪問し、又は訪問しないで、これらの者に面接し、本人の資産、環境等を調査」して、「保護その他の措置の必要の有無及びその種類を判断し」、そして「本人に対し生活指導を行う等の事務をつかさどる」といった役割を担うことが規定されている。

　また、社会福祉法第17条では、現業員と査察指導員の職務専従を規定しているが、本来の職務に支障のない限り、他の社会福祉または保健医療に関する事務を行えることとされている。

査察指導員の役割

　社会福祉法第15条第3項では、査察指導員の行う業務や役割を、「所の長の指揮監督を受けて、現業事務の指導監督をつかさどる」と規定している。このことから、社会福祉主事である査察指導員が福祉事務所に置かれることの法の本来的な意味は、現業員の行う事務の「スーパーバイザー」としての業務や役割を担うことであると考えられる。

　具体的には、現業員が生活保護法の目的や理念、厚生労働省からの各種の通知類、都道府県別の運用事例集等に沿った業務を行うことを、スーパービジョンの教育的・管理的・支持的機能を通して支えていくこととされている。

⑶　現業員・査察指導員の配置状況

保護受給世帯の急増と現業員の不足

　保護受給世帯は1995（平成7）年度ごろから急増に転じて、2015（同27）年度には162万9,743世帯（受給者数も216万3,685人）となり、現行制度の発足以来かつて経験したことのない増加を続け、この約20年間で約100万世帯増加している。なお、保護受給者は、2020（令和2）年6月時点では、205万人を超えている。

　2000（平成12）年までの社会福祉事業法では、福祉事務所の現業員の定数について、都市部では保護受給世帯80について1人と「法定数」が示されていたが、2000（同12）年以降は、社会福祉法で「標準数」を規定するだけとなり、より一層、現業員の不足は深刻な状況にある。

　現業員の定数について社会福祉法第16条では「標準数」として、次のように規定している。

社会福祉法第16条（所員の定数）

　所員の定数は、条例で定める。ただし、現業を行う所員の数は、各事務所につき、それぞれ次の各号に掲げる数を標準として定めるものとする。

1. 都道府県の設置する事務所にあつては、生活保護法の適用を受ける被保護世帯（以下「被保護世帯」という。）の数が390以下であるときは、6とし、被保護世帯の数が65を増すごとに、これに1を加えた数
2. 市の設置する事務所にあつては、被保護世帯の数が240以下であるときは、3とし、被保護世帯数が80を増すごとに、これに1を加えた数
3. 町村の設置する事務所にあつては、被保護世帯の数が160以下であるときは、2とし、被保護世帯数が80を増すごとに、これに1を加えた数

　このような社会福祉法の現業員配置の「標準数」が示されているにもかかわらず、実際には市部福祉事務所では、現業員1人が100以上の保護受給世帯を担当している状況が一般化し、保護受給世帯300について1人の現業員の配置状況になっているところもある。

現業員の不足数の推移

　厚生労働省社会・援護局監査資料によれば、現業員の社会福祉法に定められた「標準数」からの不足人数は、2000（平成12）年度以降上昇し続けている。1990年代半ば以降、保護受給世帯が急増するなかで、各地方自治体の現業員配置が、社会福祉法の「標準数」に追いついていない現状が明らかになっている（表7－1）。

表 7 - 1　現業員の不足人数

	配置標準数	配置人員	不足人員	充足率
1999年度	–	–	212人	–
2004年度	12,743人	11,372人	1,371人	89.2%
2009年度	15,560人	13,881人	1,679人	89.2%
2016年度	20,115人	18,183人	1,932人	90.4%

資料：厚生労働省社会・援護局監査資料（各年度）
　　　厚生労働省「平成21年福祉事務所現況調査」「平成28年福祉事務所人員体制調査」

現業員の経験年数の短期化

　表 7 - 1 と同じ資料によれば、1998（平成10）年度以降は現業員経験年数の短期化が顕著で、現業員経験 1 年未満の者が約 4 人に 1 人の割合になっている（表 7 - 2）。また、現業員経験のない査察指導員の割合も18.1%になっている。

　このような現業員の配置数の不足と、経験年数の短期化という現状からは、現業員が「専門職としての役割を果たすための前提条件を欠いている状況にある」という危惧を抱かざるを得ない。また、査察指導員の18.1%が現業員の経験がないなかで、スーパービジョンの実施は困難なことであろう。さらに、自治体職員が福祉事務所の現業員への異動を希望しないため「なり手がいない状況」であり、自治体によっては新規採用職員を配置している場合がある。このようなことは生存権を保障する生活保護制度の足元が「揺らいでいる状況」にあるといえる。

表 7 - 2　現業経験 1 年未満の現業員および査察指導員の割合

（単位：%）

年度	1983年度	1988年度	1993年度	1998年度	2004年度	2009年度	2016年度
現業員	18.9	19.4	21.8	22.0	23.8	25.4	23.6
査察指導員	23.5	26.5	26.6	27.0	23.8	26.3	25.3

資料：表 7 - 1 に同じ

⑷　社会福祉主事資格

社会福祉主事の資格要件

　社会福祉法第19条では資格について、次頁のように規定している。

　なお、任用の条件としては、大学等で厚生労働大臣の指定する社会福祉に関する科目を修めて卒業した者や、都道府県知事の指定する養成機関または講習会の課程を修了した者、社会福祉士の資格保持者などとなっている。

> **社会福祉法第19条（資格等）**
>
> 　社会福祉主事は、都道府県知事又は市町村長の補助機関である職員とし、年齢20年以上の者であつて、人格が高潔で、思慮が円熟し、社会福祉の増進に熱意があり、かつ、次の各号のいずれかに該当するもののうちから任用しなければならない。

いわゆる「3科目主事」とは

　この「大学等で厚生労働大臣の指定する社会福祉に関する科目を修めて卒業した者」とは、社会福祉概論、社会福祉援助技術論、社会保障論、公的扶助論などの34科目が定められ、そのうち3科目以上を履修して地方公務員となった者に、社会福祉主事の任用資格を与えるというものである。こうしたことから、一般的にこの資格は「3科目主事」といわれている。

　また、「厚生労働大臣の指定する養成機関」は、専門学校を中心に32校33課程（2020［令和2］年4月1日現在）が厚生労働大臣の指定を受けており、そのほかに、都道府県の行う「講習会」も実施されている。

表7-3　福祉事務所の職員と職務

所員等	職務
所長	・都道府県知事・市町村長（特別区長を含む）の指揮監督を受け、所務を掌理する
査察指導員	・所長の指揮監督を受け、現業事務の指導監督を行う（社会福祉主事であること）
現業員	・所長の指揮監督を受け、援護・育成・更生の措置を要する者等の家庭を訪問または訪問しないで、面接し、本人の資産・環境等を調査し、保護その他の措置の必要の有無およびその種類を判断し、本人に対し生活指導を行う等の事務を行う（社会福祉主事であること）
老人福祉指導主事	・老人福祉法第6条に基づき、現業員に対する指導監督を行うため査察指導員を補職する（社会福祉主事であること）
身体障害者福祉司	・身体障害者福祉法第11条の2に基づき、身体障害者福祉司は都道府県の身体障害者更生相談所に必置、市および町村の福祉事務所では任意配置 ・身体障害者福祉の業務を行う、現業員に対する指導監督を行うため査察指導員を補職する ・社会福祉主事で当該分野の2年以上の経験者、社会福祉士等であること
知的障害者福祉司	・知的障害者福祉法第13条に基づき、知的障害者福祉司は都道府県の知的障害者更生相談所に必置、市および町村の福祉事務所では任意配置 ・知的障害者福祉の業務を行う、現業員に対する指導監督を行うため査察指導員を補職する ・社会福祉主事で当該分野の2年以上の経験者、社会福祉士等であること
家庭児童福祉主事および家庭相談員	・児童福祉事業従事2年以上等の社会福祉主事から任用される ・家庭児童相談室業務（子育て全般、不登校、児童虐待、非行等の相談）を行っている
児童・母子担当職員母子・父子自立支援員	・家庭児童相談室で担当する家庭児童福祉に関する業務以外の、保育・母子保護・助産、および母子及び父子並びに寡婦福祉法に基づく業務を行っている
女性相談員	・婦人相談員のこと（売春防止法、DV防止法に基づく業務を行っている）
事務員	・所長の指揮監督を受け、所の庶務を行う

資料：社会福祉法、社会福祉六法等の関連法令から作成

(5)　福祉事務所の職員

　福祉事務所の所員は、現業員や査察指導員のほか、所の長、その他の専門職も含めて、表7-3の職員によって構成されている。

2．支援過程と現業員の業務

(1)　相談・受理面接（インテーク）

　何らかの理由で生活に困窮した人が福祉事務所の窓口を訪れる。大変な迷いやためらいの末の選択であったかもしれない。その不安感の大きさは、福祉事務所の窓口を担当する現業員の状況とは対極的なのかもしれない。

　まずは、面接相談員はきちんと自己紹介することから相談を始めなければならない。そして、その業務はあくまで法にのっとって実施されなければならない。現在、福祉事務所の窓口で、生活保護制度の利用申請を受理しようとしない「水際作戦」がマスメディア等で取りざたされているが、このことは制度上あってはならない違法な行為である。

　生活保護制度が申請主義の原則をとっている以上、その申請権を具体的に保障することが、この段階での支援過程で最も大切なことである。窓口を訪れた人の相談内容に、経済的困窮に関係することが少しでも垣間見られた場合、その段階で生活保護制度についての説明を行い、制度利用に際しての社会的なスティグマ[*1]に配慮して、生活保護制度の申請をいつであっても受理することが自分たちの業務の中心であることを伝える。そのことが福祉事務所の窓口を訪れる人の不安感を軽減する何よりの支援となる。

　また、生活保護制度以外の他法・他施策の説明など必要な案内をきちんと行い、それら他の制度等の利用については、あくまで、相談者自身の制度利用に関する自己決定を支援する。

(2)　事前評価（アセスメント）

　生活保護制度の申請書が受理されると、申請書等は面接相談員から地区担当員[*2]へと引き継がれ、保護の補足性の原理に基づいた資力調査（ミーンズ・テスト）が行われる。

　この段階で、1週間以内に申請者宅等を訪問して、生活保護法第28条の「報告、調査及び検診」、同法第29条の「資料の提供等」などの法的根拠から、申請者の預貯金や生命保険、債券や不動産、その他の利用し得るすべての資

*1　スティグマ
汚名の烙印という意味。社会福祉では福祉を受けることへの偏見、差別的な意味で使われることが多い。

*2
ソーシャルワーカーである現業員は、福祉事務所内では一般的に「面接相談員」か「地区担当員」として配属される。本章p.133「面接相談員の役割」参照。

産、労働能力等の有無の確認、他の法律・制度による給付を受けられるかどうか、親族関係における扶養の可能性等を調査する。

以上の資力調査によって、地区担当員は生活保護の要否判定や、生活保護費の程度の決定を行い、生活保護の開始または却下の決定を申請時から14日以内に通知する。なお、30日を過ぎても通知のない場合には申請が却下されたものとして（みなし却下）、申請者は不服申立てを行うことができる。

このような厳格な資力調査の実施は、生活保護制度の社会保障制度としての側面に不可欠とされ、他方で、その調査を実施する地区担当員が生活保護制度の社会福祉的側面としてのソーシャルワークをも兼職する。社会福祉的な意味合いでの事前評価（アセスメント）と、社会保障制度における資力調査の両立は、生活保護制度の利用者にとっても、地区担当員にとっても二律背反な関係になっている。

(3) 支援の計画（プランニング）

実際の福祉事務所では、この支援計画の決定の過程を「援助方針の樹立」と表現している。具体的には、最低限度の文化的な生活を保障し、自立を助長する働きかけの方針を決定する。

本来のソーシャルワークにおける支援計画の決定に際しては、要保護者本人の参加が不可欠であるが、生活保護制度では資力調査の実施に際して、保護の要否やその程度の決定過程で、福祉事務所側に挙証責任があるため、要保護者はどうしても受け身の立場に立たされ、「援助方針」の決定に際して制度の申請者・保護受給者の参加を得ることは実際にはなかなか困難である。

また、最低限度の文化的な生活の保障については、具体的には生活保護基準によって計られるものの、自立を助長する働きかけについては、その内容の決定に際して要保護者の個別性が前提にあり、類型化された基準が個々の人たちに適合するのかどうかは個別の判断を必要とされる。加えて、福祉事務所の現業員がプランニングの段階で、関係諸機関との連携を図ることも、必要なことであっても実際には難しい場合が少なくない。

この過程では、たとえば、要保護者の多くは複雑に絡み合ったいくつもの問題を抱えているのではないかなどという見方の偏りや、すべての制度の利用者に何らかの生活課題が存在しているという考え方への偏りに注意したい。

それらの見方や考え方の先には、貧困状況に至った理由を要保護者の個人の側に求めるような傾向が生じ易いからである。つまり、申請者や保護受給者を、すぐに「社会的自立が必要な対象」と考えてしまうような傾向に注意しなければならない。あくまで生活保護制度の利用の必要性は経済的困窮に

対応するものであって、経済的困窮の原因は、社会的な理由によってもたらされているという現実をきちんと認識していなければならない[*3]。

*3
貧困階層の実態・生み出される背景については、第 1 章に記述してあるので熟読してほしい。

⑷　支援の実施（インターベンション）

　福祉事務所の地区担当員は、保護申請時と保護受給後に、利用者の自宅を定期的に、または必要に応じて訪問することとされている。

　それらの訪問に際しては、訪問目的を明確にしたうえで実施することが必要だとされる。たとえば、生活保護制度の利用に際しては、利用者の健康状態や通院状況、求職活動の状況などの生活の実際の確認、さらに最近では、地域・近隣との社会的な関係性までもが、福祉事務所の地区担当員の支援の内容とされる場合もある。しかし、福祉事務所の地区担当員等が 2 〜 3 年という短期間に配置替えされる現状では、"その場しのぎ"の対応となることが多い。

　他方で、保護受給者の約 8 割が単身生活という状況で、たとえば、実際には入院・転院や通院時に支援の必要なこともある。引越しや施設入所、保護受給者が亡くなった後の部屋の片付けを行うこともある。

⑸　モニタリング評価、事後評価（エバリュエーション）

　本来的な支援、ソーシャルワークの過程における事後評価は、利用者の状況と支援のあり方をめぐって常に行われるモニタリング評価、支援の一定の終結に際しての事後評価（エバリュエーション）ということであって、あくまで、支援計画とその実施の"効果"を利用者とともに振り返ることを意味している。

　ところが、生活保護制度に関係するソーシャルワークの事後評価は少し違った形で行われることが少なくない。これは、地区担当員の平均在職年数が 2 〜 3 年であるために、モニタリング評価や支援の一定の終結に際しての事後評価は、別の地区担当員がかかわるという事態が起きるからである。

　このような状況では、系統的なモニタリング評価・事後評価の実施は困難になるため、具体的な対応が必要とされる。たとえば、地区担当員は担当地域の交替や福祉事務所以外への異動に際して、担当期間の要約記録を作成して、制度の利用に伴うさまざまな事柄を引き継げるような対応が必要である。この要約記録の作成時に、実質的に事後評価が行われているといえなくもない。また、生活保護制度の運用実施に伴うさまざまな問題について、「ケース検討・診断会議」[*4]で支援計画の事後評価が福祉事務所全体で行われることも必要である。

*4　ケース検討・診断会議
福祉事務所内で査察指導員や現業員によって行われるカンファレンス。

⑹ 支援の終結（ターミネーション）とアフターケア

　支援の終結とは生活保護の「廃止」であるが、現状は、「死亡・失踪」と理由不明な「その他」だけで約80%を占めている。これでは、制度利用の終結後のアフターケアの出番さえない。「就労収入の増加」「傷病の治癒」等の本来的と思われる生活保護の「廃止」は約18%に過ぎない[*5]。

　また、高齢者世帯が老齢基礎年金[*6]だけでは生活費等が不足するために生活保護を受給する際に、金銭に限らない生活上のさまざまな支援が必要になったとき（具体的には、介護保険制度や成年後見制度の利用など）、その利用支援を生活保護の担当現業員が担うことは慎重に行われるべきである。選別的な色彩の強い生活保護制度の枠内での支援では、社会的スティグマが生じることもあろうし、介護保険制度や成年後見制度の利用支援は、本来的には、生活保護の受給の有無にかかわらず、高齢者福祉を担当するソーシャルワーカーによって、分け隔てなく一般施策として担われることの方が、より自然で、ノーマライズされたソーシャルインクルージョンとなるからである。

　生活保護制度の枠内での支援として行われる"社会生活自立""日常生活自立"などの自立を助長する支援のあり方は、実際には生活保護制度の利用者という枠内で行われること自体によって、社会的スティグマを生み、ソーシャルエクスクルージョンに陥る可能性を常にもっている。

3．ソーシャルワークの内容

⑴　相談と助言・受理面接

相談と助言

　生活保護法の条文のうち唯一の自治事務部分は、「相談及び助言」として以下の通りに規定されている。

生活保護法第27条の2（相談及び助言）
　保護の実施機関は、（中略）被保護者就労支援事業を行うほか、要保護者から求めがあつたときは、要保護者の自立を助長するために、要保護者からの相談に応じ、必要な助言をすることができる。

　ここでは「要保護者」とされていることに注意したい。他の条文とは異なり「被保護者」とはされていない。福祉事務所の現業員が「相談に応じ、必

* 5
第6章p.117の表6-10参照。

* 6
2020（令和2）年度現在、満額支給で年額78万1,700円、月額6万5,141円。

要な助言をする」対象は、生活保護制度の利用前の「被保護者」ではない者
も含んでいるのである。この条文の規定は、ソーシャルワークの規定ととら
えることも可能ではあるが、実際には、在職年数も短期化し、社会福祉法の規
定する現業員配置の標準数を大きく上回る担当数という状況にあって、福祉
事務所のソーシャルワークの力は十分に発揮されることが難しい状況にある。

実施責任

生活保護法第19条は保護の機関および実施について、生活保護の「実施機
関」として福祉事務所を位置づけている。福祉事務所はその所管区域内に居
住する要保護者、居住地がない、または明らかでない者で所管区域内に現在
地のある者の保護を実施することとされている。また、居住地が明らかな場
合にも急迫した状況にあるときには、現在地を管轄する福祉事務所が職権で
保護を実施することとされている。

申請時の書類

生活保護の申請に際しては、保護申請書、収入・無収入申告書、資産申告
書の3つの書類が福祉事務所にそろえられている。

しかし、特別の事情がある場合、福祉事務所側の用意している申請様式書
類を用いての申請でなくても、便箋等に氏名、住所、連絡先、申請の意思を
明記した形で提出することで有効な申請となる。また、添付書類のすべてが
そろっていなくても有効な申請となる。

生活保護制度の利用申請では、前記した3つの書類のほかにも、資力調査
に関係する同意書、医療保険証、年金手帳、記帳済みの預貯金通帳の写し等
を提出するように言われることが普通である。

面接相談員の役割

生活保護の申請の窓口を担当する現業員を「面接相談員」というが、福祉
事務所によっては専任の面接相談員を置かずに、地区担当員が輪番で面接相
談を行っているところもある。

生活保護制度の運用では、この最初の申請の場面が非常に重要な鍵を握っ
ているといえる。生活に困窮したときに、福祉事務所の窓口に自ら決めて足
を運ぶこと自体が大変なことであり、福祉事務所の窓口で生活保護の申請の
意思を示すことはなお大変なことである。

生活保護の申請に際しての面接相談員の支援過程では、何よりも生活保護
の申請権を侵害することのないようにすることが大切である。福祉事務所の
窓口で生活保護に関係する相談を受ける際には、まず、相談室に案内して、
申請書等を提示し、申請手続きを済ませることをきちんと保障したうえで、そ
の後の具体的な支援過程としての相談の業務に入っていかなければならない。

また、資力調査での金融機関等調査に際して、保護の申請ということを関係先に教えてしまうことは、相談者の具体的な対応において、秘密・プライバシー保持の観点からも問題のある事務取扱いが行われることになる。インフォームド・コンセントをきちんと行ったうえでのかかわりが必要である。

(2)　調査

訪問調査

地区担当員は生活保護の申請から1週間以内に申請者宅などを訪問して、保護の要否判定、扶助の種類と金額、保護費の支給方法を決定し、14日以内に申請者に書面で通知しなければならない。ただし、扶養義務者の資産、収入の調査等に日時を要する場合などには、30日まで延ばすことができる。

わが国の生活保護制度では申請に際して必ず訪問調査を実施することになっているが、十分な配慮をもってしてもスティグマ付与の余地をもっていることに注意したい。

他方で、訪問調査によって、たとえば畳の損傷がひどいことなどに気づき、一時扶助の支給によって修理を行うことにつなげることなどもある。

なお、諸外国の公的扶助制度として、たとえば、イギリス、ニュージーランド、アメリカでは訪問調査は行われていない。

立入調査[7]と検診命令

地区担当員は、保護の決定実施に必要があると認めるときは、申請者の家に立入り必要な事項を調査すること、また、稼働能力等の医学的な判定のために、指定する医師や歯科医師の検診を受けることを命じることができる旨が、生活保護法第28条に規定されている。

あくまで「必要があると認めるときは」と規定されているが、実際の保護申請時には必ず訪問調査が実施される。これらの立入り調査や検診命令に従わないときは、保護の申請を却下したり、保護の変更、停止や廃止することができるとされている。

他方で、同条には「立入調査の権限は、犯罪捜査のために認められたものと解してはならない」とも規定され、資力調査に伴うさまざまな調査活動を、犯罪捜査のように行うことへの警鐘として受け取らなければならない。

資料の提供等

地区担当員は、保護の決定実施に必要な場合には、申請者とその扶養義務者の資産や収入の状況について官公署や日本年金機構、共済組合に書類の閲覧や資料提供を求めることができ、銀行や信託会社、雇主その他の関係人に報告を求めることができると生活保護法第29条に規定されている。

[7]
立入調査に際しては身分を示す証票を携帯し、関係人の請求に対しては呈示しなければならない。

　この扶養調査については一律な調査の実施ではなく、個々の親族関係に即した「扶養の期待可能性」をまず検討する。扶養の可能性のある場合には、該当親族にあてて「扶養のお願い」という文書を送付する。しかし、このことはあくまで福祉事務所からの打診に過ぎないのであって、扶養の実施について福祉事務所から強制するような性格のものではない。

課税調査

　保護受給者の所得確認のために課税台帳との突合を年に1回調査することになっている。この突合を現業員が行う業務とするのかどうかは意見の分かれるところであり、査察指導員が行うこととされている福祉事務所もある。その業務分担の意見の分岐は、保護受給者のソーシャルワークを担う地区担当員が、収入・無収入申告書を徴収しているのに、他方で課税台帳との突合調査を行うことは、申請内容を疑う側面のあることを問題とするものである。

(3)　保護申請者への通知

　地区担当員は、生活保護の申請に際して、生活保護受給の要否を判定し、扶助の種類と金額、保護費の支給方法を決定して、14日以内に申請者に書面で通知する（生活保護法第24条）。

　ただし、生活保護の受給を必要とする人が急迫した状態にあるときには、自らすみやかに職権で保護を開始しなければならないこととされている（生活保護法第25条）。

(4)　保護受給中の指導

指導と指示

　生活保護法第27条は指導および指示として下記の通りに規定している。

生活保護法第27条（指導及び指示）
1　保護の実施機関は、被保護者に対して、生活の維持、向上その他保護の目的達成に必要な指導又は指示をすることができる。
2　前項の指導又は指示は、被保護者の自由を尊重し、必要の最少限度に止めなければならない。
3　第1項の規定は、被保護者の意に反して、指導又は指示を強制し得るものと解釈してはならない。

　上記の通り、地区担当員は保護受給者の生活の維持、向上その他の保護の目的達成に必要な指導および指示をすることができるとされている。

　同条第2項で「被保護者の自由を尊重し、必要の最少限度に止めなければ

ならない」、第3項で「被保護者の意に反して、指導又は指示を強制し得るものと解釈してはならない」と規定していることや、生活保護法第28条第1項の「報告、調査及び検診」について、同条第4項で「立入調査の権限は、犯罪捜査のために認められたものと解してはならない」と規定していることは、地区担当員の立場が保護受給者に対して、「強制力」をもったり、「犯罪捜査」を行っているように考えてしまうといった、決して対等とはいえない関係にあることを考慮しているからである。

指導と指示の方法

地区担当員の行う指導・指示は、通常の行政指導等として行われるものと、生活保護法第27条第1項に基づくものがある。前者の指導・指示には特段の強制力はないが、後者の法に基づく指導・指示には法的な強制力がある。

後者の法に基づく指導・指示は、まず口頭で行われ、さらに文書による指導・指示が行われる。保護受給者が、前記の決定や指導・指示に従わないときには、弁明の機会を経て保護の変更、停止や廃止が行われることがある。

定期訪問と訪問格付

地区担当員は保護受給世帯に対して、定期的に訪問して生活実態を把握しているが、厚生労働省では次のように訪問頻度を示している。

① 居宅（家庭）訪問：少なくとも1年に2回以上
② 入院患者：少なくとも1年に1回以上、本人と主治医に面接して病状を確認する
③ 施設入所者：少なくとも1年に1回以上

また、福祉事務所においても保護受給世帯の状況に応じて4段階に「訪問格付」をして、1か月に1回～6か月に1回の訪問回数の基準を設けている。

なお、必要に応じて、定期訪問のほかに随時訪問も行うこととされている。

その他の事務

保護受給者が未成年者、または成年後見制度の利用が必要と思われる場合で、親権者や後見人の職務を行う人がいないときは、後見人の選任を家庭裁判所に請求するための事務を行う。

また、「不実の申請や不正な手段」で生活保護を受給したり、他人に受給させたりしたときは、保護費の全部または一部をその者から徴収するための事務を行うことや、加えて罰則の適用に関する事務を行う。

⑸　保護の停止・廃止

保護受給者への通知

　地区担当員は、生活保護の受給が必要なくなったときや、保護受給者の義務違反に際して、保護の停止や廃止を決定し書面で通知する。生活保護法第26条、第62条には下記の通り規定されている。

生活保護法第26条（保護の停止及び廃止）

　保護の実施機関は、被保護者が保護を必要としなくなつたときは、速やかに、保護の停止又は廃止を決定し、書面をもつて、これを被保護者に通知しなければならない。第28条第5項又は第62条第3項の規定により保護の停止又は廃止をするときも、同様とする。

生活保護法第62条（指示等に従う義務）

1　被保護者は、保護の実施機関が、第30条第1項ただし書の規定により、被保護者を救護施設、更生施設、日常生活支援住居施設若しくはその他の適当な施設に入所させ、若しくはこれらの施設に入所を委託し、若しくは私人の家庭に養護を委託して保護を行うことを決定したとき、又は第27条の規定により、被保護者に対し、必要な指導又は指示をしたときは、これに従わなければならない。

2　保護施設を利用する被保護者は、第46条の規定により定められたその保護施設の管理規程に従わなければならない。

3　保護の実施機関は、被保護者が前2項の規定による義務に違反したときは、保護の変更、停止又は廃止をすることができる。

4　保護の実施機関は、前項の規定により保護の変更、停止又は廃止の処分をする場合には、当該被保護者に対して弁明の機会を与えなければならない。この場合においては、あらかじめ、当該処分をしようとする理由、弁明をすべき日時及び場所を通知しなければならない。

5　第3項の規定による処分については、行政手続法第3章（第12条及び第14条を除く。）の規定は、適用しない。

　この第62条第4項の規定による保護の変更や停止、廃止の処分の決定に際して、どのような場合に変更なのか、停止なのか、廃止なのかの具体的な基準は設定されていないため、「ケース検討・診断会議」等で個別に決定されることになっている。

保護停止中の支援

　地区担当員は保護の停止中であっても、保護受給世帯の生活に関する状況を把握して、必要な場合は生活の維持向上のための助言や指導・指示を行うこともある。

この場合の助言や指導・指示による地区担当員のかかわりは、保護停止の理由によって大きく変わってくる。

　たとえば、前記した生活保護法第62条第4項に基づく処分による停止では、地区担当員のかかわりは、指導・指示した内容に向けて保護受給者にその実行を迫る方向になる。また、就労収入の増加でしばらく様子をみる意味合いでの保護停止中の場合には、より一層の生活の安定に向けた支援になるであろう。このように生活保護制度における支援は、常に金銭と切り離せないという特徴をもっている。

⑹　ソーシャルワーカー（地区担当員）による相談援助の問題点と方向性

保護受給者とソーシャルワーカーの関係

　地区担当員は保護受給者の収入・資力調査を行うが、この調査は支援過程やソーシャルワークとは切っても切り離せない関係にあり、支援にあたっては保護受給者との関係で、相互の対等性を確保することが大変難しいということがいえる。

　こうした保護受給者と地区担当員相互の「対等性の確保が難しい」状況で、「最低限度の生活の保障」を行うための金銭給付も同じ地区担当員が行うために、地区担当員の支援過程とソーシャルワークにおいては、しばしば、相談援助関係の基本である相互の対等性が損なわれることが起こり得る。地区担当員は自分の相談援助において、保護受給者との関係における自身の支援者主体に片寄りがちな「立場性」に、常に留意して自覚的に業務に向かうことが必要とされる。

生活保護におけるソーシャルワークの方向性

　わが国の生活保護制度は、「最低限度の生活の保障」を行うための金銭給付と、「自立を助長する」ためのソーシャルワークの双方を地区担当員が行う制度となっている。このような保護受給者と地区担当員とのあまりに対等性を欠く関係性を打開するために、イギリス、ニュージーランド、アメリカなどの社会扶助制度の運用のように、申請を受理して「最低限度の生活の保障」を行うための金銭給付を担当する部署、調査や制度の適正な運用を担当する部署、「自立を助長する」ためのソーシャルワークを担当する部署と、役割分担をはっきりと分けて行うよう、制度と運用のあり方を考えることも今後の方向性の一つであろう。

　また、生活保護制度のもつ選別主義的な性格から、生活保護を受給していることで、まるで、自動的に「支援を必要としている者」というとらえ方を

されることがあるが、経済的困窮状況にあることで、必ず支援の必要性があるという理解は一概に正しいとはいえないことに注意したい。

　以上、ソーシャルワーカー（地区担当員）の支援過程とソーシャルワークについてみてきたが、その業務を通していつも基本に据えていなければならないことは、第一に、人間の生きることの尊厳を守るということであり、第二に、生活保護制度は最終的なセーフティネットとしての役割を担っていることの確認である。生活保護制度が不適用となったとき、人は社会的に排除されるのだということをいつも心して業務に携わらなければならない。

４．他職種との連携とネットワーキング

⑴　関係機関・他職種との連携の必要性

　生活保護のソーシャルワーク実践において、関係機関・他職種との連携を必要とする理由はさまざまである。保護受給者の生活問題の多様化に応じた連携の必要性、生活保護法第4条の保護の補足性の原理の「他法・他施策の優先」からの要請などが理由とされることが多い。

　しかし、支援過程とソーシャルワークのなかでの主体は、「あくまで支援者側ではなく、受給者側である」ことを基本としなければならない。さらに、生活保護を受給しているということをもって、直接的に支援を必要としていると決めつけてしまうことには問題があることも前節で述べた。

　生活保護制度の支援に際しては、現業員側からは一定の規範的なニーズ判断を行う傾向があり（＝生活保護の受給からの脱却）、他方で、保護受給者側の感得されるニーズや表明されるニーズの内容は、この現業員側からの規範的なニーズ判断や、社会における生活保護の受給にかかわるスティグマの影響から自由ではあり得ないということがある。よって、こうした関係性に対する丁寧な理解が求められる。

　たとえば、年金の金額が生活するのに十分でなく、生活保護基準額と年金額との差額分の生活保護費の支給を受けている人と、年金の受給権がなく生活するに際してその全額を生活保護費の支給によっている人の、前者が年金保険料を支払ってきて、後者は支払ってこなかったことを比較して、後者への生活保護費の支給額を減額するべきであるというような主張がある。このような前者と後者を比較したニーズの考え方は、生活保護の基準額が「最低限度の生活の保障」を行うための金額であり、その金額を割り切ることがあったら「最低限度の生活の保障」を下回ってしまうこと、これまでの生活の過

程のなかでも年金保険料を支払うことが困難な状況にあったという場合が少なくないということを考えなければならない。

　こうした生活保護の支援過程は、金銭の給付だけで十分な場合もあり得ることを前提として、本来的には、保護受給者側からの要請に際して初めて関係機関・他職種との連携を必要とすることを確認したい。この場合も、複数の関係機関・他職種の人たちとの関係で、生活保護の受給に伴うスティグマを考慮することが不可欠である。

　加えて、保護受給者と現業員の対等性が損なわれやすいという関係性を補うため、関係機関および他職種との関係のなかで、保護受給者をエンパワーしていく支援が必要とされている。

⑵　行政という立場とネットワーキング

　これまでの行政の立場は、たとえば野宿生活を強いられている人たちへの支援に際して、「NPO等の活用を…」というような、生活保護の決定実施に際して措置権をもった立場から、「上から」のものの見方で「活用」という言い方をしてきた経過がある。

　憲法第25条の「生存権の保障」が、実際には、生活保護制度とその運用をめぐって餓死者を生み出してしまうというような状況にある。また、広がる格差や貧困状況のなかで、今も4,000人近い人たちが野宿生活を強いられていることや、非正規雇用のなかで東京都内だけで4,000人ともいわれるネットカフェ難民や、ワーキングプアの生活状況を強いられている人たちへの、セーフティネットとしての生活保護制度の機能と役割が発揮されず、生活保護制度の唯一の実施機関としての福祉事務所の機能と役割が実際の社会状況に追いついていない現状がある。第6章でも述べているが、2010（平成22）年4月に厚生労働省は、生活保護制度の捕捉率を32.1%と発表した[*8]。生活保護制度を利用することの必要な経済的状況にある人・世帯のうち、実に67.9%が生活保護制度の利用に至っていないということである。本来、福祉事務所が生活保護制度で「最低限度の生活の保障」を行うべき人・世帯は、現状の3倍以上も存在するということである。

　こうした状況のなかで、今後は福祉事務所と現業員には関係機関や他職種とのネットワーキングを展開していくことが今以上に必要とされている。保護受給者との関係だけではなく、実際に経済的困窮状況にあっても、生活保護の受給に至らない人は多くいる。生活保護制度における低い捕捉率のことを考えると、生活保護の受給が必要な生活状況にある人たちがきちんと生活保護を受給できるような「実施機関」へと転換していかなければならない。

＊8
第6章 p.107の通り、調査により数値が異なる。捕捉率32.1%は国民生活基礎調査に基づく推計である。

　社会保障制度の根底を支える、セーフティネットとして機能と役割をもつ生活保護制度の運用に際して、現業員の配置が一般事務職の短期間の配置であったり、制度の捕捉率が極端に低いこと、「水際作戦」といわれる保護申請をなかなか受理しないような現状など、見過ごすことのできない事態が起きている。

　現行生活保護法の制定当時の厚生省官僚である小山進次郎が著した『生活保護法の解釈と運用』という著作を頼りに、現行生活保護制度の「最低限度の生活の保障」を行うことを担う「社会保障的」側面と、「自立を助長する」ことを担う「社会福祉的」側面の双方を、現業員の業務展開によって行おうとすることの現実的な難しさを考えなければならない時期にきているのではないだろうか。

【参考文献】
・志水幸監・大澤史伸編『社会福祉士国家試験完全対策2012 必修事項と範例問題Ⅲ』みらい　2011年
・川上昌子編『新版 公的扶助論』光生館　2007年
・福祉臨床シリーズ編集委員会編・伊藤秀一責任編集『臨床に必要な公的扶助－公的扶助論』（福祉臨床シリーズ 5）弘文堂　2006年
・小山進次郎『改訂増補 生活保護法の解釈と運用』全国社会福祉協議会　2004年

第8章

自立支援プログラムによる ソーシャルワーク

● 本章のねらい

　本章では、「生活保護制度の在り方に関する専門委員会報告書」によって導入された自立支援プログラムについて、その導入の経緯や背景、プログラムが目指すものを学ぶと同時に、プログラムと実際の支援活動とのつながりを理解してほしい。また、事例については、本章と同時に第13章第2節の「就労支援プログラムを活用した支援」に一度目を通したうえで学びに入るとより理解が深まるだろう。

● プロローグ　自立支援プログラムを活用して短期間で就労した事例

　Aさん（55歳、男性）は30年程前から日雇建設作業員として働いてきたが、数年前から体力が衰え、体調も崩しがちであった。1年前には全く仕事ができなくなり路上での生活を余儀なくされたが、X県Y市内の無料低額宿泊所に誘われて入所し、生活保護を受給して療養生活を送っていた。

　3か月前に医師より「高血圧の服薬は必要ですが、体力を使う仕事以外であれば普通に仕事もできますよ」と言われた。それを生活保護担当のBワーカーに報告したところ「ハローワークを利用して積極的に求職活動を行ってください」と言われ求職活動を始めた。しかし、なかなか就職先は決まらず、今後の方針をBワーカーと話し合うことになった。

　Bワーカーは、Y市作成の自立支援プログラムの「その他世帯における身体的阻害要因・社会的阻害要因」に沿って、Aさんの阻害要因をアセスメントした。その結果、以前のような体力はないことを除いて身体的に大きな阻害要因はないこと、社会的な阻害要因として過去の職歴は日雇が長く、年金の支払い等もされていないことを把握した。Aさんは就労について「雇ってくれるところがあればどんな仕事でもしたい」と希望を述べた。そこで、体調を維持し体力もあまり使わない仕事に就いて経済的自立に近づけることを目標に、就労支援プログラムへの参加をすすめた。Aさんも了解したので、福祉事務所内のC就労支援員を紹介した。

　C就労支援員のインテーク面接で、就職活動が進まない理由を「就職活動の方法がわからない」「自分にできる仕事がわからない」ことをあげた。ま

た、Bワーカーから「求職活動をするように」と言われても、「ハローワークでの就職活動はしたこともなく困っていた」と話し、それでも履歴書は近所の文房具店で購入し、「見本を見ながら書いてみた」と伝えた。

　そこで、C就労支援員はハローワークのD就職支援ナビゲーターに状況を説明し、Aさんへの支援を一緒に実施することを依頼した。C就労支援員はAさんとハローワークに同行して、パソコンでの検索方法を説明しながらできそうな仕事を一緒に検討し、就職活動に必要な履歴書の書き方や面接の受け方の練習などを行った。また、D就職支援ナビゲーターからは最新の求人情報を得ることができた。

　C就労支援員とD就職支援ナビゲーターの支援を受けるようになって1か月後、Aさんは電車で30分のところにある倉庫内の荷物の仕分け作業員(パート)として採用された。「Bワーカーから仕事を探すように言われたときは元の仕事はできないし、どうやって仕事を探せばいいのかわからなかった。もう仕事はできないと半ばあきらめていたけれど、みなさんが丁寧に教えてくれたので、もう一度仕事に就けるかもしれないと思いがんばれた」とうれしそうな顔をしていた。

1．自立支援プログラムの位置づけと意義

(1)　プログラム導入の位置づけ

プログラム導入の背景

　福祉事務所は、保護受給者の最低生活を保障するとともに、自立に向けての支援を行っている。しかし、近年、保護受給世帯のなかには、経済的問題に限らず、多様な生活問題を抱えていることが指摘されている。具体的には、アルコール・薬物等の依存症、精神疾患等による社会的入院、DV（ドメスティック・バイオレンス）、児童虐待、多重債務、ホームレス、地域生活のなかで孤立している高齢者・障害者等である。そのため、自立に向けた支援が困難になり、結果として十分な支援が行われず、保護期間の長期化などが課題となっている。

　加えて、実施体制上の問題として、自立に向けた支援を行う担当職員に経験年数の浅い職員が多く配置されている現状もあり、十分な支援が行えていないことも指摘されている。

　また、2000（平成12）年の社会福祉基礎構造改革によって、社会福祉全体

の考え方の変化や体制の見直しが行われ、生活保護も制度そのものの見直しが必要とされていた。

　これらの問題に対処するために、2003（平成15）年8月、社会保障審議会福祉部会に「生活保護制度の在り方に関する専門委員会」が設置され、生活保護制度に関する見直しのための議論がなされ、2004（同16）年12月に最終報告書（以下「報告書」）がまとめられた。

プログラムの方向性

　この「報告書」において、生活保護制度の基本的な方向性を「利用しやすく自立しやすい制度へ」と位置づけ、「生活保護制度の在り方を、国民の生活困窮の実態を受けとめ、その最低生活保障を行うだけでなく、生活困窮者の自立・就労を支援する観点から見直すこと」が重要であるとした。そして、今後の生活保護制度には、保護受給世帯が安定した生活を再建し、地域社会への参加や労働市場への「再挑戦」を可能とするための「バネ」としての機能をもたせることが重要だと述べている。

プログラムの導入

　近年の保護受給世帯が、多様な生活問題を抱えている現状において「報告書」では、生活保護制度が行っている自立に向けた支援における問題点を次のように分析している。

①　現在の生活保護の制度や運用のあり方で生活困窮者を十分に支えられているか

②　経済的な給付だけでは保護受給世帯の抱えるさまざまな問題への対応に限界があるのではないか

③　自立・就労を支援し、保護の長期化を防ぐための取り組みが十分であるか

④　組織的対応を標榜しつつも、結果的に担当職員個人の努力や経験等に依存しやすくなっている実施体制に困難があるのではないか

　こうした問題点を改善して、生活保護制度を「最後のセーフティネット」として適切なものとするためには、以下の3点を可能にし、経済的給付に加えて効果的な自立・就労支援策を実施する制度とすることが必要であると述べている。

①　保護受給世帯が抱えるさまざまな問題に的確に対処し、これを解決するための「多様な対応」

②　保護の長期化を防ぎ、保護受給世帯の自立を容易にするための「早期の対応」

③　担当職員個人の経験や努力に依存せず、効率的で一貫した組織的取り

組みを推進するための「システム的な対応」

　そして、保護受給者と直接接している地方自治体が、保護受給世帯の現状や地域の社会資源をふまえて、自立・就労支援のために活用できる「自立支援プログラム」を地域に合わせて独自に策定し、これに基づいて支援を実施すべきであるとした。

(2)　プログラム実施の体制

　自立支援プログラムを推進するための体制について、「報告書」では次のように述べている。

地方自治体の役割

　福祉事務所は、担当職員の配置不足や経験不足がみられ、組織としての支援が十分でない状況にある。したがって、自立支援プログラムの策定・実施にあたっては、「個別の自立支援メニューを所管する他の部局」や「ハローワーク、保健所、医療機関等の関係機関」と調整・連携を深め、❶就労支援、カウンセリング、多重債務問題、日常生活支援等に関する経験や専門知識を有する人材の活用、❷社会福祉法人、民間事業者等や、民生委員、社会福祉協議会等との協力強化およびアウトソーシング（外部委託）の推進、❸救護施設などの社会福祉施設との連携等、地域のさまざまな社会資源を活用することによって、地域の独自性を生かした実施体制を構築することの必要性を指摘している。

国の役割

　国は、地方自治体の取り組みを支援する必要がある。支援するにあたって必要な観点は以下の通りである。

①　就労支援については、雇用の場の確保のほか、労働行政や保育・母子福祉施策等の他の社会福祉行政・低所得者対策との連携の強化を図ることと、特にハローワークが福祉事務所からの要請に基づき体系的に就労支援を実施すること。

②　保護受給世帯の類型ごとに整備することが望ましい支援メニュー等、自立支援プログラム策定のための指針を示す。

③　モデルとなる地方自治体の取り組みを支援し、その成果を全国的に普及していく。また、自立支援プログラムの実施のために自治体として必要となる体制について検証する。

④　補助金等を使いやすいものとし、実施体制強化の視点に立った財政的な支援を行う。

⑶　「自立」の考え方

　「自立支援」というときの「自立」とはどのような状態なのだろうか。社会福祉法、生活保護法および「報告書」での「自立」の考え方をみることにする。

社会福祉法での考え方

　社会福祉法第3条では、福祉サービスの基本理念として、「福祉サービスは、個人の尊厳の保持を旨とし、その内容は、福祉サービスの利用者が心身ともに健やかに育成され、又はその有する能力に応じ自立した日常生活を営むことができるように支援するものとして、良質かつ適切なものでなければならない」と謳（うた）っている。つまり、ここでいう「自立」とは、「利用者が心身ともに健やかに育成され、又はその有する能力に応じ自立した日常生活を営むこと」であると定義されている。

生活保護法での考え方

　それでは、もともと生活保護制度では「自立」をどのようにとらえてきたのだろうか。生活保護法第1条で、法の目的として最低生活の保障とともに「自立の助長」が定められている。この「自立」について、この法律の制定過程に深くかかわった小山進次郎は、その人の内在的な可能性を発見して、それを助長育成することを「自立」であると述べている。つまり、生活保護制度での「自立」とは、経済的自立を超えて広く社会的な自立として考えられていたといえる。

「報告書」での考え方

　では、自立支援プログラムの導入を提示した「報告書」では、「自立」をどのように考えているのだろうか。

　まず、「自立支援」とは、先に述べた社会福祉法第3条でいう基本理念を意味するとしたうえで、次のように述べている。

　「就労による経済的自立のための支援（就労自立支援）のみならず、それぞれの被保護者の能力やその抱える問題等に応じ、身体や精神の健康を回復・維持し、自分で自分の健康・生活管理を行うなど日常生活において自立した生活を送るための支援（日常生活自立支援）や、社会的つながりを回復・維持するなど社会生活における自立の支援（社会生活自立支援）をも含むものである」

　つまり、生活保護制度における「自立」とは、❶就労自立＝就労による経済的自立を図る、❷日常生活自立＝自分で自らの健康や生活管理を行う、❸社会生活自立＝社会的なつながりを回復・維持するの3つが考えられるということである。

2．プログラムの策定と支援過程

⑴　保護受給者の状況把握

　自立支援プログラムを策定するにあたっては、地域の保護受給世帯全体の状況を把握するとともに、保護受給者の状況やその自立阻害要因を把握する必要がある。

　「平成17年度における自立支援プログラムの基本方針について」（平成17年3月31日社援発第0331003号）では、プログラム策定の際、「被保護世帯を年齢別、世帯構成別、自立阻害要因別等に類型化」し、「必要と考えられる自立支援の方向性を明確」にすることとしている。そのために、保護受給者の実態調査を行って状況を把握しようとした自治体もあった。

⑵　個別支援プログラムの策定

プログラムの整備

　類型ごとに示された自立支援の方向性に沿って、具体的な支援の内容、実施の手順等を記したものを「個別支援プログラム」として策定していく。その際、その地域の保護受給者の抱えている自立に向けてのさまざまな課題に対応できるように、幅広いプログラムを策定する必要がある。つまり、就労自立の支援、社会生活自立の支援、日常生活自立の支援、それぞれに関する個別支援プログラムを整備するということである。

　厚生労働省は、例として「社会参加活動プログラム」「日常生活意欲向上プログラム」「高齢者健康維持・向上プログラム」「精神障害者退院促進支援事業活用プログラム」「元ホームレス等居宅生活支援プログラム」「多重債務者等対策プログラム」などをあげた。このような具体的かつ個別の生活課題に対応したプログラムづくりに、全国に先駆けて取り組んだ自治体の一つが板橋区であり、16種類のプログラムを策定したことが報告された。

　2005（平成17）年度以降、各自治体での自立支援プログラムの策定は進められているが、厚生労働省は、2009（同21）年3月に全福祉事務所に対して『生活保護自立支援プログラム事例集』を配布し、多様な課題を抱える保護受給世帯に対応した、より一層幅広い自立支援プログラムの策定および実施を呼びかけた。

プログラム策定の留意点

　個別支援プログラムの策定にあたっては、活用できる他法他施策（障害者

福祉施策、介護保険等高齢者関係施策、母子保健施策、雇用施策、保健施策等）、関係機関（保健所、精神保健福祉センター、ハローワーク等）、その他の地域の社会資源を積極的に活用することが大切である。

プログラム実施の留意点

　個別支援プログラムを実施するにあたっては、他の福祉事務所の例を積極的に参考にし、専門的知識を有する者を非常勤職員や嘱託職員として雇用するなど工夫が必要である。また、地域の適切な社会資源（民生委員、社会福祉協議会、社会福祉法人、民間事業者等）へのアウトソーシング（外部委託）などを行って、充実した取り組みにしていく必要がある。

　就労支援プログラムに取り組む多くの自治体では、就労支援に関する専門的知識を有する者を「就労支援員」「就労支援専門員」「就労支援相談員」などの名称で非常勤・嘱託職員として雇用している。冒頭の導入事例では、C就労支援員がこれにあたる。

⑶　プログラムに基づいた支援過程

　自立支援プログラムに基づいた支援の流れは以下の通りである。
①　インテーク・アセスメント：保護受給世帯の抱えている自立阻害要因等の現状を把握する。
②　プランニング：個々の状況に合わせた個別支援プログラムへの参加を促す。なお、プログラムへの参加は本人の同意が原則である。
③　インターベンション：個別支援プログラムに沿って、本人が取り組む。
④　モニタリング：個別支援プログラムの取り組み状況の評価をする。
⑤　再アセスメント：取り組みの結果、生活課題を解決した場合、あるいはプログラム内容が不適切な場合は①に戻り、新たな課題に取り組む。
⑥　①〜⑤を繰り返すことで、生活課題を解決し健康で自立した生活を送る。

　なお、④の結果、取り組み状況が不十分で、改善の必要があると考えられる場合は、プログラムへの参加等を文書により指導・指示する。それでも改善が認められず、稼働能力の活用等、保護の要件を満たしていないと判断される場合には、必要な手続きを経て、保護の変更や停止、廃止となる。

3．プログラムによるソーシャルワーク実践

　2015（平成27）年4月に生活困窮者自立支援法が施行されたことに伴い、生活保護法による自立支援は、地域の実情に応じて両制度に基づく事業を一

体的に行い、個々のニーズやステージに応じたきめ細やかな支援策を実施することが求められている。

(1) 就労自立支援プログラム

生活保護受給者等就労自立促進事業

　ハローワークに専門の担当者を配置し、福祉事務所と連携して保護受給者の個々の状況やニーズに対応した就労支援を行う取り組みは、2005（平成17）年４月から「生活保護受給者等就労支援事業」として始まった。その後、2011（同23）年度からは事業名称を「『福祉から就労』支援事業」と変更したのち、就労支援をさらに強化するためにこの事業を発展的に解消し、2013（同25）年度からは新たに「生活保護受給者等就労自立促進事業」が実施されている（図８－１）。この事業は、ハローワークと地方公共団体（福祉事務所等）が一体となった就労支援を目指すもので、地方公共団体へのハローワークの常設窓口の設置や定期的な巡回相談の実施等によるワンストップ型の就労支援体制を全福祉事務所に設置することとしている。常設窓口は、2019（同31）年４月１日現在209か所に設置されている。

　　この事業の対象者は就職困難または生活困窮者であり、具体的には生活保

図８－１　生活保護受給者等就労自立促進事業

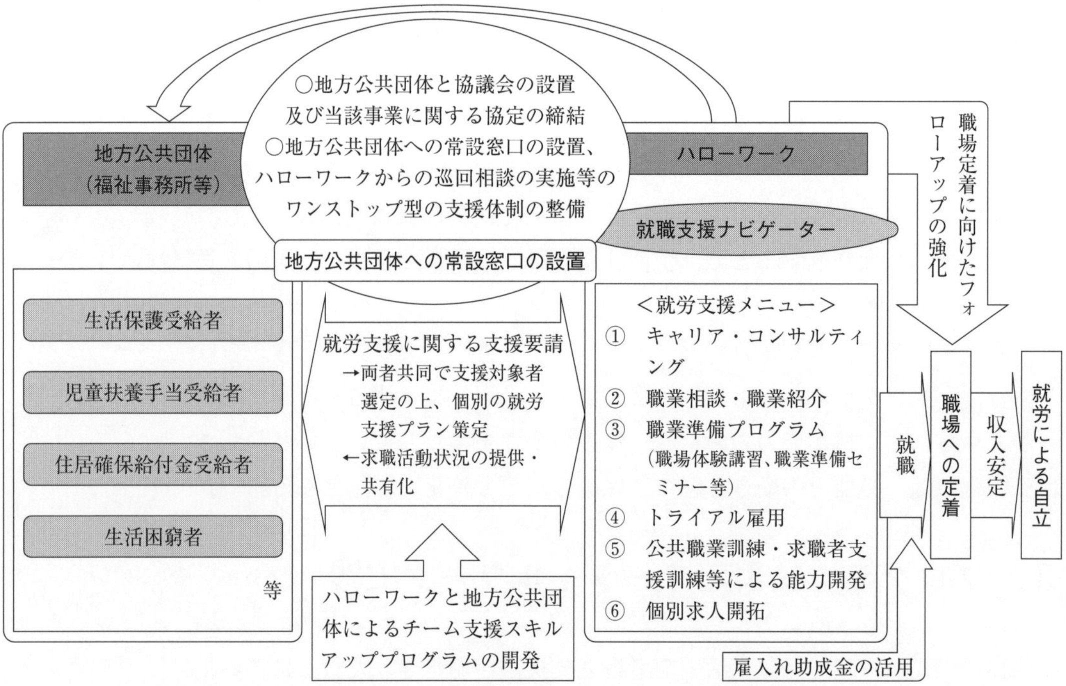

出典：厚生労働省職業安定局「全国厚生労働関係部局局長会議〜厚生分科会〜」資料（平成29年１月）

護受給者、児童扶養手当受給者、住居確保給付金受給者等であるが、特に保護受給者については、相談・申請段階の者等や受給後早期段階の者を重点的に集中支援することを目指している。ハローワークの就職支援ナビゲーターは、地方公共団体からの就労に関する支援要請を受けて、共同で個別の就労支援プランを策定し、就労支援メニューに沿って（❶キャリア・コンサルティング、❷職業相談・職業紹介、❸職業準備プログラム、❹トライアル雇用、❺公的職業訓練等による能力開発、❻個別求人開拓）支援が行われ、求職活動状況は地方公共団体と情報を共有している。

被保護者就労支援事業

　2015（平成27）年4月改正の生活保護法には「被保護者就労支援事業」が追加され、第55条の7第1項に「保護の実施機関は、就労の支援に関する問題につき、被保護者からの相談に応じ、必要な情報の提供及び助言を行う事業（以下「被保護者就労支援事業」という）を実施するものとする」と規定された。

　これは従来行われてきた各自治体の「生活保護受給者等就労自立促進事業」や「就労意欲喚起等支援事業」「日常・社会生活及び就労自立総合支援事業」等を法律上に位置づけたものである。また、保護受給者に対して、生活困窮者自立支援法による自立相談支援事業*1の就労支援と同等の支援を行えるように制度化したものである。

*1　自立相談支援事業
第9章p.161参照。

　実施主体は福祉事務所を設置する地方公共団体であるが、同条の第2項で本事業を委託することができるとしており、生活困窮者自立支援法の自立相談支援事業を委託されている法人や団体が、全部または一部を実施していることが多い。

　なお、本事業を保護受給者に実施する場合は、自立支援プログラムに位置づけたうえで、就労支援プログラムを策定することになっている。

　この事業での就労支援は、❶就労に向けた個別支援（就労に関する相談・助言、履歴書の書き方、面接の受け方等の支援、個別の求人開拓や定着支援等）、❷稼働能力判定会議等の開催（稼働能力や適正職種の検討、就労支援プログラムの選定等にあたり、複数の専門的な知見を有する者で構成する稼働能力判定会議等を開催）、❸就労支援の連携体制の構築（地域における保護受給者の就労支援体制に関する課題の共有や関係機関の連携強化、個別求人開拓等を円滑に進めるため、ハローワーク等の行政機関、社会福祉法人等関係団体や企業が参画する就労支援の連携体制を構築）を行うこととされている。

被保護者就労準備支援事業

　この事業は、従来実施されていた「就労意欲喚起等支援事業」「日常・社会生活及び就労自立総合支援事業」等を再編するとともに、生活困窮者自立支援法に基づく就労準備支援事業と同等の支援を行えるよう制度化したものである。2015（平成27）年4月から実施されているが、2018（同30）年度において、実施自治体は約30％程度にとどまっている[*2]。

　この事業は、就労意欲が低い者や基本的な生活習慣に課題を有する者など、就労に向けた課題をより多く抱える保護受給者を対象としている。生活面や健康面、家庭環境、学歴、病歴等さまざまな就労阻害要因を有することで、自尊感情や自己有用感を喪失し、次のステップに向かうことが困難になっている状況にあることをふまえ、個々人の課題に応じた丁寧な支援を行うこととしている。

　2017（平成29）年度からは、この事業のメニューとして、福祉専門職との連携による就労支援も行われている（図8－2）。この事業は、就労意欲が極端に低い者や社会とのかかわりに極度の不安を抱える者など、従来の支援では一般就労につなげることが困難である者を対象としており、就労準備支援担当者による支援に加え、障害者等の支援により蓄積された一般就労への移行支援等の専門的な就労支援のノウハウを活用した効果的な就労準備支援を目指すものである。

　冒頭の導入事例では、福祉事務所に雇用されているC就労支援員が、いくつか就労阻害要因を抱えているAさんに、履歴書の書き方や面接の受け方、求職職種の絞り込みなどの支援を行い、そのような支援を通じてAさんの就労意欲も喚起していた。

就労自立支援の促進のための取り組み

　生活保護法の改正により、2014（平成26）年7月から、保護受給中の収入を仮想的に積み立てたものが保護廃止時に一括支給される「就労自立給付金」[*3]が創設された。2018（同30）年10月からは、より効果的・効率的なインセンティブとするための改正が行われた。この改正では、積立期間の有無によらない最低給付額を設定する（単身世帯2万円、複数世帯3万円）等が行われ、就労や増収によって保護が廃止となった者が申請すれば一定額以上を原則受給できるようになった。

＊2
その要因として、小規模な地方自治体では対象者が少ないこと、就労体験等に活用できる社会資源が限られること、自治体の事業の実施に向けたノウハウがないこと等が報告されている。

＊3　就労自立給付金
第5章p.102も参照。

図8－2　福祉専門職との連携による就労支援

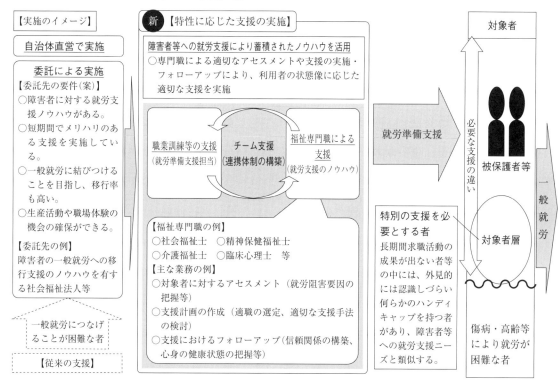

出典：厚生労働省「全国厚生労働関係部局長会議（労働分科会）資料」（平成29年1月）を一部改変

(2)　日常生活自立支援プログラム・社会生活自立支援プログラム

　自立支援プログラムへの取り組みは、就労支援プログラム、特に「生活保護受給者等就労支援事業（現 生活保護受給者等就労自立促進事業）」活用プログラムの導入が積極的に行われ、引き続き、自治体独自の就労支援プログラムの策定が強化されてきた。導入後、数年間は日常生活自立支援プログラムと社会生活自立支援プログラムの策定・実施が遅れていたが、生活困窮者自立支援法の制定によって、日常生活自立と社会生活自立から段階的に支援することで、就労自立支援に向けた支援が行われている。一方で、就労が困難な保護受給者に対する社会的自立の支援や居住の安定確保支援などの充実も求められている。

　前項で述べた「被保護者就労準備支援事業」は、生活リズムが崩れている等、就労に向けた準備が必要な者への準備段階として、日常生活自立、社会生活自立、就労自立に関する支援を、総合的・段階的に実施するものである。このような総合的・段階的な支援に先駆的に取り組んでいる福祉事務所の一

つが釧路市福祉事務所である。「釧路チャレンジ」と称した取り組みは、「自尊感情の回復」と「社会的なつながりの回復」を基本理念とした「日常生活自立」「社会生活自立」「就労自立」の三段階での支援体制の構築と多くのプログラムの開発が行われている。また、先駆的な自立支援プログラムの推進のなかで、生活保護を受給しながら自立を図る自立観の提起に至っている。

　ほかにも、早くから就労支援専門員を配置してきた横浜市（中区）福祉事務所での取り組みの一つに、「横浜市就労準備支援事業」がある。この事業は、就労経験が少なく、直ちに求職活動を行うことが困難な保護受給者に対して、社会参加や職場体験を通じた就労意欲の喚起や一般就労に向けた基礎能力形成が行われている。この事業に参加することで、生活習慣が改善し、意欲や自信を回復する様子が報告されている。

⑶　自立支援プログラムの今後の課題

　2004（平成16）年に「報告書」が提出された以降、幅広い自立観に基づいた各自治体での取り組みが進められてきた。2019（同31）年2月に出された厚生労働省社会・援護局「生活保護受給者に対する就労支援のあり方に関する研究会報告書」において、これまでの自立支援プログラムの実施のうち、就労支援については、一般就労による経済的自立を目標とした支援を行ってきた結果、一定の効果を上げたことが報告されている。そして、今後の就労支援の強化のあり方として、本人の課題や意向に応じた「一般就労」のみならず、「多様な働き方」に向けた支援の必要性を指摘している。

　多様かつ複雑な生活問題を抱えている多くの保護受給者が、その問題を改善したり、問題を抱えながら自立することは容易なことではない。だからこそ、きめ細やかな自立支援の必要があり、それを自立支援プログラムとそれを促進するためのさまざまな事業や施策によって実施してきたといえよう。さらに、生活困窮者自立支援法制定後は、両制度での一体的な、かつ本人のステージに応じた日常生活自立から社会生活自立、そして就労自立に向かう総合的な支援として行われている。

　しかし、当然のことながら、就労支援の成果は、受給者本人の意欲や能力、活動状況によってのみ得られるものではなく、雇用情勢と大きく関連する。そして、何よりも、公的扶助制度としての生活保障があってはじめて機能するものである。

　自立支援プログラムは、「就労自立」につながるためのものではなく、公的扶助制度としての自立支援として行われなければならない。就労支援のより一層の強化が制度利用の抑制として機能するのではなく、保護受給者の生

活自立のために機能することを期待したい。

【参考文献】
・川上昌子編『新版 公的扶助論』光生館　2007年
・川上昌子他「生活保護受給者の就労支援プログラムに関する考察−千葉県Ａ市生活保護世帯自立支援事業に係る実態調査から−」淑徳大学社会福祉学会『淑徳社会福祉研究第13・第14号合併号』2007年
・厚生労働省「社会・援護局関係主管課長会議資料」2020年3月4日
・釧路市福祉部生活福祉事務所編集委員会『希望をもって生きる第2版−自立支援プログラムから生活困窮者支援へ釧路チャレンジ−』全国コミュニティライフサポートセンター　2016年
・社会福祉士養成講座編集委員会編『低所得者に対する支援と生活保護制度 第4版』（新・社会福祉士養成講座16）中央法規出版　2016年
・生活保護自立支援の手引き編集委員会編『生活保護自立支援の手引き』中央法規出版　2008年
・生活保護制度の在り方に関する専門委員会「生活保護制度の在り方に関する専門委員会 報告書」　2006年
・布川日佐史編『生活保護自立支援プログラムの活用①−策定と援助』山吹書店　2006年

第 9 章

生活困窮者自立支援制度

●本章のねらい

　雇用保険や年金が受けられない低所得者にとっては、最後のセーフティネットである生活保護しかなかった。しかし、生活保護の受給は条件が厳しいため、生活保護を受ける前に利用できる支援策としてできたのが、生活困窮者自立支援制度である。本章ではこの制度の概要をみたうえで、自治体の具体的な取り組み事例や利点、課題について学んでいきたい。

●プロローグ　仕事を失い家賃を滞納したAさんの支援

　ひとり暮らしのAさん（40歳、男性）は高校卒業後、中小企業の事務員として正社員で就職したものの、仕事にうまくなじめずにいた。また、リーマンショックによる不況のなかで、会社の経営が傾き、Aさんは解雇になった。その後、就職活動するも正社員としての就職先は見つからず、アルバイトをしてきたが、人間関係がうまくつくれず、次第に精神的にも不安定になり、アルバイトもできなくなった。預貯金も減り、家賃を滞納した。故郷に帰ろうと何度も考えたが、田舎で仕事を見つけることも難しく、両親も70歳代の高齢で少ない年金で生活しており、頼ることもできない。

　すると、大家から社会福祉協議会が運営している生活困窮者自立支援制度の窓口を紹介された。Aさんがそこに相談に行くと、フードバンクによる1週間分の食料を受け取ると同時に、住居確保給付金の申請をすることになった。これは就職活動をすることが要件となっているため、ハローワークで就労先を探した。しかし、就職先は見つからなかった。その間、相談支援員は残された預貯金で生活費をどうやりくりするかをアドバイスした。その後、Aさんは就労支援員から紹介を受けた会社の社員として採用されることになった。当初就労の不安が強かったAさんであったが、就労支援員の励ましやアドバイスを受けながら仕事を続けられている。

1．生活困窮者自立支援制度成立の背景

(1) 生活困窮者問題の広がり

日本は、1970年代に「一億総中流」時代といわれ、平等な社会だと思われてきた。しかし、2000年代半ばには「格差社会」や貧困問題が大きな社会問題として浮上し、平等意識を支えてきた正規労働者の安定雇用が徐々に崩れ始めた。そして、全労働者に占める非正規労働者の割合は1985（昭和60）年の16.4%（655万人）から2019（令和元）年の38.3%（2,165万人）まで増加している[*1]。

非正規労働者の多くは、不安定な雇用で賃金は低い。「ワーキングプア」の目安とされる年収200万円未満の給与所得者は2000（平成12）年の18.4%から2018（同30）年の21.8%まで増加している[*2]。それに伴い、ホームレス（野宿）の人や「経済・生活問題」を理由とした自殺者等も増加した。また、将来、生活困窮者のリスクが高いとされている高校中退者は4.8万人、中高不登校は17.2万人（2018［同30］年度）[*3]、若年無業者[*4]は56万人（2019［令和元］年平均）[*5]、ひきこもりとなっている人は15～39歳の「若年ひきこもり」は54.1万人（2016［平成28］年）[*6]、40～64歳の「中高年ひきこもり」は61.3万人（2018［同30］年）[*7]、合わせて115万人に上る。さらに、厚生労働省の資料によると、2010（同22）年の大卒者の貧困率が7.7%、高卒者では14.7%、高校中退者を含む中卒者では28.2%であった[*8]。特に、2008年のリーマンショックに伴う「派遣切り」[*9]問題に対する東京日比谷公園での「年越し派遣村」[*10]の取り組みは、広く生活困窮者対策の必要性を世に知らしめた。

一方、厚生労働省の資料によると、福祉事務所来訪者のうち生活保護に至らない者は、高齢者等も含め年間約40万人（2011［平成23］年）に及ぶと推計されている[*11]。保護受給者も1995（同7）年の88万人（60万世帯）から2020（令和2）年6月の205万人（163万世帯）まで増加している[*12]。保護受給者の8割近くは高齢者や傷病・障害者世帯であるが、稼働年齢層を多く含むとされる「その他世帯」が、2004（平成16）年の9万4,148世帯（保護受給世帯の9.4%）から2020（令和2）年の24万4,154世帯（15.0%）へと増加している。そのため、生活保護の受給前の就労支援策のあり方が問われるようになっているのである。

＊1
総務省「労働力調査（詳細集計）」

＊2
国税庁「民間給与実態統計調査」

＊3
文部科学省「平成30年度児童生徒の問題行動・不登校等生徒指導上の諸課題に関する調査結果について」

＊4　若年無業者
15～34歳の非労働力人口のうち、家事も通学もしていない者。

＊5
総務省「労働力調査（基本集計）令和元年平均（速報）結果の概要」

＊6
内閣府「若者の生活に関する調査報告書」

＊7
内閣府「平成30年度生活状況に関する調査」

＊8
厚生労働省「生活困窮者自立促進支援モデル事業担当者連絡会議資料」平成25年8月2日

＊9　派遣切り
期間付きの雇用であった派遣労働者の契約更新をしないことにより、実質的に大量解雇が行われた問題。

＊10　年越し派遣村
第6章p.117参照。

＊11
＊8と同じ。

＊12
厚生労働省「被保護者調査」（概数）

⑵　生活困窮者の生活支援の在り方に関する特別部会の設置

　このような状況のなかで、2012（平成24）年 4 月に厚生労働省の社会保障審議会に、生活困窮者対策と生活保護制度の見直しについて総合的に取り組むことを目的に、「生活困窮者の生活支援の在り方に関する特別部会」が設置され、2013（同25）年 1 月に最終報告書が提出された。この報告書に基づいて、生活困窮者自立支援法案および生活保護法改正法案が同年 5 月に国会に提出された。一度、審議未了で廃案になったが、同年12月に成立した。

　また、2018［同28］年 6 月に法改正され、❶自立相談支援事業等の利用勧奨の努力義務、❷関係機関間の情報共有を行う支援会議の設置、❸自立相談支援事業・就労準備支援事業・家計改善支援事業の一体的実施の促進、❹都道府県による市等に対する研修等の支援を行う事業の創設、❺子どもの学習支援事業の強化等が規定された。

2．生活困窮者自立支援制度の対象

　生活困窮者自立支援制度が対象とする「生活困窮者」はどのような人であろうか。生活困窮者自立支援法（以下「法」）の第 3 条では、「この法律において『生活困窮者』とは、就労の状況、心身の状況、地域社会との関係性その他の事情により、現に経済的に困窮し、最低限度の生活を維持することができなくなるおそれのある者をいう」とされている。つまり、経済的に大変困っているが、最低限度の生活ができなくなる手前、すなわち貧しいが生活保護が利用できない人を想定しているといえる。

　具体的には、厚生労働省は「生活困窮者自立支援の対象となり得る者」として、福祉事務所来訪者のうち生活保護に至らない者、ホームレス、経済・生活問題を原因とする自殺者、離職期間 1 年以上の長期失業者、ひきこもり状態にある人、スクールソーシャルワーカーが支援している子ども、税や各種料金の滞納者、多重債務者、さまざまな要因が複合して生活に困窮している高齢者や高齢期に至る前の中高年齢層等をあげている*13。

　ここで重要な点は以下の 4 点である。第一に、子どもから高齢者まで、福祉の問題のみならず仕事、学校、借金、税など、対応する生活問題に制限がないこと。第二に、いわゆる「制度の狭間」に置かれた人々を対象としていること。第三に、複数の問題を抱え、情報入手や手続きが困難なため制度につながりにくい人々を対象としていること。第四に、現在経済的に困窮している人のみならず、社会的孤立にある人々も対象としていること。なぜなら、

*13
厚生労働省「第 7 回社会保障審議会生活困窮者自立支援及び生活保護部会資料」平成29年 9 月21日

*14 「8050」問題
中年（50歳）のひきこ
もりの人が、高齢（80
歳）の親の年金に頼っ
て生活する問題。その
親が高齢のため亡くな
ると収入が途絶える。

「8050」問題*14のように社会的孤立は近い将来の生活困窮をもたらすからで
ある。つまり、生活困窮者自立支援制度が対象としているのは、ありとあら
ゆる生活の困り事なのである。

3．生活困窮者自立支援制度の概要

(1) 生活困窮者自立支援法の目的

　生活困窮者自立支援法の目的は、第1条に「生活困窮者自立相談支援事業
の実施、生活困窮者住居確保給付金の支給その他の生活困窮者に対する自立
の支援に関する措置を講ずることにより、生活困窮者の自立の促進を図るこ
とを目的とする」と規定されている。具体的な位置づけを言えば、第一のセー
フティネットである年金や雇用保険などの社会保険で生活保障がなされない
場合に、すぐに最後の第三のセーフティネットである生活保護を利用するこ
とがないように、その間に第二のセーフティネットを設けることにある。第
二のセーフティネットとしては、「求職者支援制度」*15があるが、条件が厳し
く利用できない人も多い。また、2013（平成25）年の生活保護法の改正によ
り、生活保護基準の引き下げや利用条件の厳格化によって生活保護を利用で
きなくなる人が増える。そのなかで、第二のセーフティネットを強化する制
度として本法が位置づけられたのである（図9－1）。

*15 求職者支援制度
雇用保険を受給できな
い求職者に対し、職業
訓練を提供すると同時
に、その期間中に職業
訓練受講給付金（10万
円）を支給する制度。
所得・資産要件として、
本人収入8万円以下、
世帯収入25万円以下、
世帯金融資産300万円
未満であること等が条
件となっている。第11
章p.199も参照。

図9－1　生活困窮者対策の位置づけ

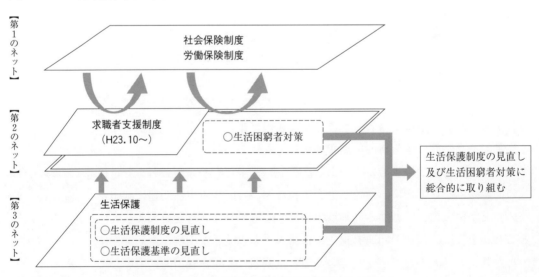

出典：厚生労働省「新たな生活困窮者自立支援制度に関する説明会資料」（平成25年12月10日）

⑵　生活困窮者自立支援法の事業内容

　この法律に規定されている具体的な事業としては、福祉事務所を設置する自治体*16が実施しなければならない「必須事業」と、自治体で実施するか否かの選択ができる「任意事業」がある。

① 　必須事業

　必須事業には、次の2つの事業がある。

　1つ目は、法第3条第2項に規定されている「生活困窮者自立相談支援事業」である。これは、就労の支援その他の自立に関する問題につき、生活困窮者および生活困窮者の家族その他の関係者からの相談に応じ、必要な情報の提供および助言をし、並びに関係機関との連絡調整を行う事業である。

　2つ目は、法第3条第3項に規定されている「生活困窮者住居確保給付金」である。これは、離職等の事由により、資産および所得が一定水準以下で経済的に困窮し、居住する住宅の所有権や使用する権利等を失い、家賃を支払うことが困難になった者のうち、就職を容易にするため住居を確保する必要があると認められる者に対し、有期（原則、3か月で延長あり）で家賃相当の給付金を支給する事業である。

② 　任意事業

　次に、福祉事務所設置自治体の任意事業には、大きく次の4つがある（法第7条）。1つ目は「生活困窮者就労準備支援事業」である。これは、雇用による就業が著しく困難で、資産および収入が一定水準以下の生活困窮者に対し、一定期間、就労に必要な知識および能力の向上のために必要な訓練を行う事業である。

　2つ目は「生活困窮者家計改善支援事業」である。これは、生活困窮者に対し、収入、支出その他家計の状況を適切に把握することおよび家計の改善の意欲を高めることを支援するとともに生活に必要な資金の貸し付け、つまり、緊急小口資金*17や総合支援資金*18等のあっせんを行う事業である。なお、具体的な支援を担う「家計改善支援員」が養成されている。

　3つ目は「生活困窮者一時生活支援事業」である。これは、住居をもたず、資産および収入が一定水準以下の生活困窮者に対し、一定期間、宿泊場所の供与、食事の提供その他日常生活を営むのに必要な便宜を供与する事業である。

　4つ目は「子どもの学習・生活支援事業」であり、生活困窮世帯の子どもに対して学習の援助をしたり、子どもの生活習慣・育成環境の改善に関する助言、教育および就労（進路選択等）に関する相談を行う事業である。

*16
福祉事務所を設置していない多くの町村は、郡部を管轄している都道府県の福祉事務所が実施する。

*17　緊急小口資金
第11章p.188参照。

*18　総合支援資金
第11章p.188参照。

なお、法第16条には、雇用による就業を継続して行うことが困難な生活困窮者に対し、就労の機会を提供するとともに、就労に必要な知識および能力の向上のために必要な訓練その他の便宜を供与する「生活困窮者就労訓練事業」、いわゆる「中間的就労」[*19]を担う事業者の都道府県による認定について規定されている。これは中間的就労を悪用して、生活困窮者が搾取されるなどの問題を予防するためのものである。

2019（令和元）年度の任意事業の全国の実施率は、就労準備支援事業で54%（492自治体）、家計改善支援事業で53%（同483）、一時生活支援事業で32%（同294）、子どもの学習・生活支援事業で62%（同565）であった[*20]。

費用負担

生活困窮者自立支援法の事業に関する基本的な費用については、❶自立相談支援事業と住居確保給付金は4分の3が国庫負担[*21]、❷就労準備支援事業と一時生活支援事業は3分の2が国庫補助[*22]、❸家計改善支援事業、子どもの学習・生活支援事業、その他の生活困窮者の自立の促進に必要な事業は2分の1が国庫補助されることになっている。ただし、2018（平成30）年の改正で自立相談支援事業と就労準備支援事業との緊密な連携が確保されている場合には、家計改善事業の国庫補助が3分の2になった。残りの費用については、都道府県、市および福祉事務所を設置する町村が負担する。

(3)　自立相談支援機関の役割

自立相談支援の役割

先に、自立相談支援事業について簡単に説明したが、この事業は生活困窮者自立支援事業の要となる事業であるので、自立相談支援機関の役割について詳しく説明する。自立相談支援機関の実施する自立相談支援事業は、生活困窮者支援において次のような役割がある。

第一に、貧困状態に至る前の段階から早期に支援を行うことである。多くの人は貧困であることを話すことは恥ずかしいと思い相談には来ない。そのため、貧困状態が耐えられないほど悪化してから相談に来ることになる。しかし、その間に病状が悪化したり、家族関係が崩壊したりすることも多く、支援をしても回復することが難しくなる。そのために、相談を待つだけでなく、積極的に相談につなげるためのアウトリーチ[*23]が求められる。

第二に、こうして自立相談支援機関が相談窓口になって、生活困窮者からの相談を受け、❶生活困窮者の抱えている課題を評価・分析（アセスメント）し、そのニーズを把握し、❷そのニーズに応じた支援が計画的かつ継続的に行われるよう、自立支援計画を策定し、❸その計画に基づいて各種支援が包

＊19　中間的就労
直ちに一般就労を目指すことが困難な人に対して、支援付きの就業の機会の提供などを行う事業をいう。

＊20
厚生労働省「生活困窮者自立支援法等に基づく各事業の平成30年度事業実績調査集計結果」

＊21　国庫負担
義務的経費とされ、国が必ず支払わなければならない費用負担のこと。

＊22　国庫補助
裁量的経費とされ、国が規定の範囲内で支払うことができる費用負担のこと。

＊23　アウトリーチ
支援が必要であるにもかかわらず支援につながっていない人に対して、家庭訪問等を通して積極的に働きかけることをいう。

図9-2　生活困窮者自立相談支援事業による支援の概要

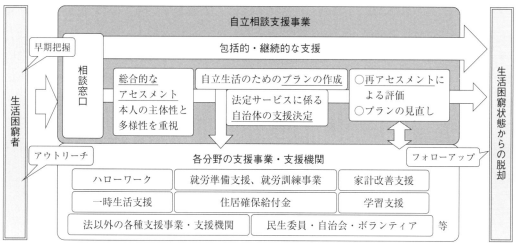

出典：図9-1に同じを一部改変

括的に行われるよう、関係機関との連絡調整の実施等の業務を行う（図9-2）。つまり、自立相談支援機関にはさまざまな支援のコーディネーターとしての役割がある。とりわけ、生活困窮者自立支援事業に位置づけられる支援を利用するにはこの自立相談支援機関でプランを作成することが要件とされており、ゲートキーパーとしての役割もある。さらに、複合的な困難を抱えた人々に対応するには、伴走型支援[24]の役割も求められる。そこでは、「断らない相談」をし、「まるごと支援」をする。もちろんすぐに解決しない問題もあるが、それでも本人に寄り添い、支えとなるよう奥田知志のいう「存在の支援」をすることが期待される。

*24　伴走型支援
幅広く相談を受けとめながら、本人・世帯の暮らし全体を捉え、本人に寄り添いながら継続的にかかわる支援をいう。

自立相談支援機関の実施体制

　これらの事業を行うために、次の3つの支援員を配置することとされている。第一に、「主任相談支援員」であり、❶相談業務全般のマネジメント、他の支援員の指導・育成、❷困難ケースへの対応など高度な相談支援、❸社会資源の開拓・連携を行う。第二に、「相談支援員」であり、生活困窮者への相談支援として、❶アセスメント、プラン作成、❷社会資源の活用を含む包括的な支援の実施、❸相談記録の管理や訪問支援などのアウトリーチを行う。第三に、「就労支援員」であり、生活困窮者への就労支援として、❶ハローワークや協力企業などとの連携、❷能力開発、職業訓練、就職支援、無料職業紹介、求人開拓などを行う。

　実際に、これらの支援員をどのように配置するのかは自治体ごとに異なっている。なお、自治体行政が自立支援事業を直接運営（直営）する自治体は

＊25
厚生労働省「生活困窮者自立支援法等に基づく各事業の平成30年度事業実績調査集計結果」

31.7%、民間に委託している自治体は58.6%、直営と委託を組み合わせている自治体は9.7%であった。このように委託が多いが、そのうち77.7%が社会福祉協議会、ついでNPO法人が12.0%、社団法人・財団法人が10.8%と続く（2019［令和元］年度）＊25。また、その自立相談支援機関も、役所内の生活保護窓口と隣接して設置、役所内でも生活保護窓口とは離れたところに設置、福祉センター等の公的施設に設置、民間建物に設置するなどさまざまである。ただし、直営か委託か、役所内にあるのかないのかによって、利用者のサービスの利用の仕方や受ける支援にも違いが出ることに注意をしなければならない。

4．特徴ある自治体の取り組み

　次に、生活困窮者自立支援制度の取り組みのなかから、特徴のある事例を3つ取り上げておきたい。

　第一に、滋賀県野洲市の総合相談支援体制である。野洲市では、障害や病気、借金、就職難など複数の課題をもつ生活困窮者に、ワンストップで相談を受けられる「市民生活相談課」を設置している。また、各担当の課で得られる社会保険料や住民税、保育料、上下水道料、市営住宅家賃、学校給食費等の滞納情報を「市民生活相談課」で集約し、そこから生活困窮者の早期把握・早期支援につなげている。保険料や税の滞納情報から素早く生活困窮者の相談支援につなげるアウトリーチが可能となっていることに大きな特徴がある。

　第二に、大阪府豊中市の地域福祉ネットワークである。豊中市社会福祉協議会では、地域における生活問題の発見から相談、見守り、他の支援についてのつなぎの機能を担う「コミュニティ・ソーシャルワーカー」（CSW）を生活圏域ごとに配置している。これにより、制度の狭間や複数の福祉課題を同時に抱えているために、既存の制度では対応が困難な問題に対応している。特に、小学校区に地域福祉拠点として「福祉なんでも相談窓口」があり、身近な地域からCSWを通して専門的な相談支援にもつなげていく体制が組まれていることに特徴がある。

＊26
詳細については、釧路市福祉部生活福祉事務所編集委員会『希望をもって生きる－生活保護の常識を覆す釧路チャレンジ』全国コミュニティライフサポートセンター（2009年）を参照。

　第三に、北海道釧路市での就労支援である。地域のNPOや企業等の事業者と協力して、保護受給者や生活困窮者の社会生活自立や就職へのステップアップのために、公園管理、介護施設や作業所などでの有償・無償のボランティア活動やインターンシップに取り組んでいる＊26。この事業は中間的就労の先駆的な事業として注目されている。

　以上のように、行政と地域がネットワークを組んで、生活困窮者の発見から支援に結びつけ、生活困窮者の社会参加と就労支援につなげていくことが求められている。

5．生活困窮者自立支援制度の利点と課題

　以下では、生活困窮者自立支援制度の利点と課題について指摘しておきたい。

　まず、生活困窮者自立支援制度の利点として、次の4点があげられる。第一に、第二のセーフティネットとして、この制度を通じてさまざまな支援が受けられるようになることである。第二に、複数の問題を抱え、制度の狭間に置かれた生活困窮者への総合的な支援が可能となることである。第三に、中間的就労のような幅の広い就労支援策が可能になることである。第四に、これまでは財政的・組織的な基盤の弱いNPO等の民間団体が生活困窮者支援を行ってきたが、行政からこれらの事業を受託することによって安定した支援ができるようになることである。

　一方、課題としては、次の4点があげられる。第一に、自立相談支援事業が民間委託されることにより、福祉事務所の相談支援機能やケースワーク機能が低下する可能性があることである。第二に、自立相談支援事業を担う職員には、高齢者や障害者、若者等の分野を問わず生活問題に精通し、それらに対応する制度を理解し、運用できる高い専門能力が求められるが、このような職員の養成・確保が難しいことである。第三に、中間的就労として最低賃金も支払われない就労支援策により、労働者の搾取や地域の労働条件を悪化させるおそれがあることである。第四に、生活困窮に対応する金銭給付が位置づけられていないことである。これらの課題が生じないように配慮しながら、この制度の利点を伸ばしていけるような国の制度の改善と、各自治体の取り組みが求められよう。

　最後に、2020（令和2）年に新型コロナウイルスがもたらした生活困窮とその対策について記しておきたい。新型コロナウイルスは多くの人に大きな影響を与えたが、特に飲食店やフリーランス、非正規労働者、外国人労働者などに大幅な賃金低下や失業、そして生活困難をもたらした。

　このような問題に対しては、生活困窮者自立相談支援機関による支援と同時に、緊急小口資金や総合支援資金、住居確保給付金等の受給要件の緩和や給付期間の延長といった措置が行われている。これらの支援がこれまでよりも容易に受けやすくなったことで、逆に生活保護の利用は減っている状況が

ある。

　しかし、これらの給付は現在給付延長がなされているが、期限が設けられており、将来的な安心をもたらすものではない。また、緊急小口資金や総合支援資金は貸付、つまり借金であり、今後その利用者に借金返済の重い負担が課せられることになる。

　コロナ禍は、生活困窮者支援の重要性を再認識させるのと同時に、その支援のあり方について大きな課題を突きつけているといえよう。

【参考文献】
・埋橋孝文・同志社大学社会福祉教育・研究支援センター編『貧困と生活困窮者支援－ソーシャルワークの新展開－』法律文化社　2018年
・埋橋孝文・同志社大学社会福祉教育・研究支援センター編『貧困と就労自立支援再考－経済給付とサービス給付－』法律文化社　2019年
・大阪府社会福祉協議会編『社会福祉法人だからできた誰も制度の谷間に落とさない福祉－経済的援助と総合生活相談で行う社会貢献事業－』ミネルヴァ書房　2013年
・岡部卓編『生活困窮者自立支援－支援の考え方・制度解説・支援方法－』中央法規出版　2018年
・奥田知志・稲月正・垣田裕介・堤圭史郎『生活困窮者への伴走型支援－経済的困窮と社会的孤立に対するトータルサポート－』明石書店　2014年
・鏑木奈津子『詳説　生活困窮者自立支援制度と地域共生－政策から読み解く支援論－』中央法規出版　2020年
・五石敬路・岩間伸之・西岡正次・有田朗編『生活困窮者支援で社会を変える』法律文化社　2017年
・駒村康平・田中聡一郎編『検証・新しいセーフティネット－生活困窮者自立支援制度と埼玉県アスポート事業の挑戦－』新泉社　2019年
・宮本太郎編『生活保障の戦略－教育・雇用・社会保障をつなぐ－』岩波書店　2013年
・厚生労働省「生活困窮者自立促進支援モデル事業担当者連絡会議資料」2013年8月2日
・厚生労働省「新たな生活困窮者自立支援制度に関する質疑応答集」2013年5月20日
・厚生労働省「全国福祉事務所長会議資料」2014年5月20日

第10章

ホームレスの生活と
ソーシャルワーク

●本章のねらい

　バブル経済が崩壊した後、野宿生活を送る人々（ホームレス）が全国的に急増し、ピーク時には全国で３万人近くのホームレスが確認された。住居という人間にとって最も基本的な生活基盤を失ったホームレスの人々は、最も極限的な貧困状態に置かれているといえる。
　そこで本章では、ホームレスが野宿生活に至る経過と生活実態、ホームレスに対する支援策、そして支援の実際を学んでいく。

●プロローグ　Aさんがホームレスになった理由

　Aさん（66歳）は九州地方に生まれ、中学校を卒業後就職のため大阪に出てきた。電化製品の部品工場に勤務し、32歳で結婚。２人の子どもをもうけた。しかし、バブル経済崩壊後の平成６年に会社が倒産。仕事を失い妻とも離婚し、以後は家族とも連絡をとっていない。

　失業後は、別の工場で臨時工の仕事などを転々としてきたが、それも続かなくなり、平成８年ごろからは、大阪市西成区のあいりん地区で建設日雇労働に従事するようになる。早朝に寄せ場に行き、その日の仕事を探し、道路やビルの建設現場での作業に従事して１万2,000円程度の日給をもらう。そのお金で簡易宿泊所（ドヤ）に宿泊し、翌朝また寄せ場で仕事を探すといった生活を続けていた。時には、長期間にわたる仕事に従事するため、作業員宿舎（飯場）で過ごすこともあった。

　しかし、平成18年ごろから持病の腰痛が悪化し、日雇労働に従事できなくなる。長期化する不況の影響で、寄せ場に行っても仕事を得られなくなり、まして腰痛のあるAさんにはなかなか仕事が回ってこない。そして、このころから野宿生活を送るようになる。

　野宿になった最初のころは、ビルの軒下にダンボールを敷き、毛布をかぶって寝ていた。しかし、雨や風にさらされるため、野宿生活を始めて半年ほどで、大阪市内の公園にテントを張って生活するようになる。野宿生活のなかで困ったことは、入浴や洗濯ができないことだった。夏場は汗をかくため特

に困った。食事が十分にとれないことも辛かった。コンビニが廃棄する賞味期限切れの弁当や、支援団体の炊き出しなどで何とか食いつないでいた。公園で野宿を始めて3か月ほど経ったころからは、ほかのホームレスに教えてもらったアルミ缶回収の仕事を始めるようになり、自転車で遠方まで空き缶を集めて回った。この収入が月に3万円ほどになったので、何とかぎりぎりの生活を送ることはできたが、それでもアパートなどに入居するための費用を蓄えるには至らなかった。

　公園での野宿生活を始めて1年ほど経ったころ、市が行っているホームレス巡回相談員と出会い、ホームレスの就労を支援する自立支援センターの存在を知る。Aさんは自立支援センターに入所し、当面の衣食住の心配はなくなった。ただし、求職活動をするにも腰痛があるため重労働はできない。センターに入所して3か月ほどで、ビル清掃のパートの仕事を見つけ就職。貯めたお金で大阪市内のアパートに入居し、現在は、6万円程度の賃金と生活保護を受給して暮らしている。

1．ホームレスの現状と生活

(1) ホームレス数と基本属性

　全国のホームレス数を、国が同一の調査方法で把握したのは、2003（平成15）年からである。それ以前にも全国のホームレス数を把握しようとした調査はあったが、調査方法や時期は自治体によって異なっており、すべての市区町村が報告したわけでもなかった。

　そのことをふまえたうえで、これまでのホームレス数の推移をみてみると、表10－1のようになる。1990年代前半からホームレス数は増加し、2003（平成15）年ごろにピークを迎える。2003（同15）年に2万5,296人のホームレスが確認されて以降は減少傾向にあり、2020（令和2）年の全国のホームレス数は3,992人である。その大部分は都市部に集中している。「5大都市」といわれる東京23区、横浜市、川崎市、名古屋市、大阪市の合計は2,511人であり、全体の6割を占めている。

　ところで、寝場所が一定であるとは限らないホームレスの数を正確に把握することは困難であり、国が公表しているホームレス数は、最小限の数字とみるべきである。実際、東京都の5区において、行政が把握していない深夜のホームレス数をカウントすると、公式発表の2.8倍のホームレス数が確認

表10－1　ホームレス数の推移

単位：（人）

	全国	うち「5大都市」
1999年	20,451	17,174
2001年	24,090	17,081
2003年	25,296	15,617
2007年	18,564	10,532
2008年	16,018	8,975
2009年	15,759	8,858
2010年	13,124	7,524
2011年	10,890	6,302
2012年	9,576	5,812
2013年	8,265	5,109
2014年	7,508	4,640
2015年	6,541	4,123
2016年	6,235	3,946
2017年	5,534	3,508
2018年	4,977	3,093
2019年	4,555	2,898
2020年	3,992	2,511

注1：「5大都市」は東京23区、横浜市、川崎市、名古屋市、大阪市
注2：2001年までは一部の市区町村のみが報告。2003年以降は全市区町村が報告
資料：1999年、2001年：厚生労働省「全国のホームレスの状況について」
　　　2003年以降：厚生労働省「ホームレスの実態に関する全国調査」各年

されたという民間グループの調査結果[*1]もある。

　ホームレスの野宿場所は、2020（令和2）年の調査によると、「都市公園」が24.2%、「河川」が25.6%、「道路」が19.9%、「駅舎」が5.6%、「その他の施設」が24.7%となっている。

　次に、ホームレスの基本属性を、2016（平成28）年に行われた「ホームレスの実態に関する全国調査」（以下「生活実態調査」）の結果からみてみよう。同調査は、東京23区、政令指定都市および30人以上のホームレスが確認された30都市で、計1,435人のホームレスを対象に行われた個別面接調査である。

　性別は96.2%が男性で、圧倒的多数を占めている。年齢は「55～59歳」が13.0%、「60～64歳」が22.9%、「65～69歳」が23.1%、「70歳以上」が19.7%と、高齢層に集中している。なお、平均年齢は61.5歳である。諸外国では、女性や若年者、家族でのホームレスも少なくないのに対して、わが国のホームレスは中高年男性に集中していることが特徴的である。

*1
土肥真人・杉田早苗・河西奈緒・北畠拓也「『社会と自然の結節点としての公園』というビジョン―東京五輪・パラ五輪を巡るふたつの動き」『都市問題』2016年　第107巻　第12号　pp.77～89

⑵　野宿生活の現状

　では、ホームレスはどのような生活問題を抱えているのであろうか。ここでも生活実態調査の結果からみてみよう。

　第一に、野宿生活のなかでの困りごととして多くあげられているのは、「食べ物が十分にないので困っている」（37.8％）、「入浴、洗濯などができなくて、清潔に保つことができず困っている」（30.8％）、「雨や寒さをしのげず困っている」（30.2％）などである（複数回答）。

　第二に、健康状態については、「普通」が42.0％、「良い」が26.9％、「悪い」が27.1％である。また、「悪い」と答えた人の対処方法としては、「通院」が25.8％、「市販薬」が13.3％に対して、「何もしていない」が60.9％と多くを占めている。

　第三に、仕事と収入の状況については、「現在収入のある仕事をしていますか」との質問に対して、55.6％の人が「している」と答えている。ホームレスは仕事をせずに怠けているとのイメージをもたれやすいが、半数以上の人が何らかの仕事をしているのである。ただし、その仕事の内容としては、アルミ缶や段ボール、粗大ゴミ、本などを集めて現金に換える「廃品回収」（70.8％）がほとんどである。そのため十分な収入が得られているとは言いがたく、1か月当たりの仕事による収入は「1～3万円」が30.7％、「3～5万円」が33.6％、「5～10万円」が18.5％である。日々の食事や日用品など、生きていくための最低限の費用は賄えたとしても、アパートなどに入居するための敷金・礼金といった、まとまった金銭を蓄えることはできないのが現状である。

⑶　ホームレスの生活実態に関する近年の変化

　次に、ホームレスの生活実態に関する近年の変化についてみてみよう。生活実態調査は、これまでに、2003（平成15）年、2007（同19）年、2012（同24）年、2016（同28）年の4回行われたが、このうち2003年と2016年の結果を比較すると、この10年余りにおける主な変化として、次の3点があげられる。

　第一に、野宿期間の長期化である。野宿生活をするようになってからの期間が5年以上の人の比率は、2003年には24.0％だったのが、2016年には55.1％に増加している。

　第二に、高齢化である。平均年齢は、2003年の55.9歳から2016年には61.5歳に上昇した。また、65歳以上の人の比率も、2003年には15.1％だったのが、

2016年には42.8％に増加している。

　第三に、就労自立する意欲の低いホームレスの割合の増加である。今後の生活について、2003年には49.7％の人が「きちんと就職して働きたい」と答えていたが、2016年に「アパートに住み、就職して自活したい」または「寮付の仕事で自活したい」と答えた人の比率は、計24.6％だった。また、「今のままでよい」と答えた人の比率は、2003年の13.1％から、2016年には35.3％に増加した。このことから、ホームレスの就労意欲が低下しているとの評価もある。これらの変化に関しては、後で詳しく述べる。

⑷　野宿生活に至った背景

　ホームレスはなぜ野宿生活に至っているのであろうか。生活実態調査によれば、その理由として多くの人が回答しているのは、「仕事が減った」（26.8％）、「倒産・失業」（26.1％）、「人間関係がうまくいかなくて、仕事を辞めた」（17.1％）、「病気・けが・高齢で仕事ができなくなった」（16.9％）といったものであり、仕事を失って野宿になったと答えている人が多い。すなわち、ホームレス問題には失業問題が大きく関連しているといえる。

　しかし、失業者がすべてホームレスになるわけではない。なぜホームレスは、失業したことによって野宿生活にまで追い込まれているのであろうか。「失業」と「野宿」の結びつきを考えるうえでは、ホームレスがどのような仕事を失ったのか、つまり、野宿になる前の仕事をみる必要がある。表10－2は、ホームレスが野宿になる直前に従事していた職業の割合を示したもの

表10－2　野宿になる直前の仕事

（単位：％）

職種（上位5つ）	
建設・採掘従事者	48.2
生産工程従事者	13.0
運搬・清掃・包装等従事者	8.9
サービス職業従事者	7.9
販売従事者	4.1
従業上の地位（上位5つ）	
常勤職員・従業員（正社員）	40.4
日雇	26.7
臨時・パート・アルバイト	24.1
自営・家族従業者	4.7
経営者・会社役員	2.1

資料：厚生労働省「ホームレスの実態に関する全国調査報告書
　　　（生活実態調査）の結果」2016年

である。職種としては、「建設・採掘従事者」（48.2％）の割合が高い。また、次いで「生産工程従事者」（13.0％）も多く、野宿になる直前の職種として、建設業・製造業関連の現場作業者が多いことがわかる。また、その職業に従事していた際の従業上の地位（雇用形態）としては、「正社員」（40.4％）が最も多いものの、「日雇」（26.7％）、「臨時・パート・アルバイト」（24.1％）といった非正規雇用も半数を占めている。つまり、ホームレスが野宿になる直前に従事していた典型的な仕事は建設業・製造業の不安定雇用である。特に、建設日雇労働者の存在は、ホームレス問題を理解するうえで重要である。

　建設日雇労働者とは、ビルや道路などの建設現場において1日単位か1か月以内の期限で雇用されて働く労働者である。建設現場の日雇仕事は、東京の山谷、大阪の釜ヶ崎（あいりん地区）、横浜の寿町、名古屋の笹島などに代表される「寄せ場」と呼ばれる場所で探すことが多い。寄せ場には、早朝に日雇の仕事を求める労働者と、労働者を求める業者が集まり、その場で仕事の紹介を受ける。仕事を得ることのできた労働者は、業者とともに現場に行き、1日働いて日当を受け取る。これを日々繰り返すのが典型的な日雇労働者である。また、大きな寄せ場の付近には、簡易宿泊所（ドヤ）と呼ばれる旅館がある。比較的低額な料金で宿泊することができ、寄せ場で仕事を探す日雇労働者に利用される。日雇労働者は、日当のなかから食事をし、宿泊代を支払い、また翌朝寄せ場で仕事を探すというサイクルを繰り返すことになる。

　しかし、景気の悪化などによって建設の仕事が減ったり、高齢や傷病といった理由で働くことができなくなると、日雇労働に従事することが困難になる。日雇労働に従事することができなくなると日当が得られなくなり、簡易宿泊所の宿泊料金が支払えなくなる。数日間であれば蓄えを取り崩してしのぐことができるとしても、仕事のない状態が長期化すると、簡易宿泊所に宿泊することができなくなる。ここで、「失業」と「野宿」が結びつくことになるのである。近年は減少傾向にあるものの、ホームレスの33.2％が、寄せ場での労働を経験している。

　また、失業と野宿を結びつけるもう一つの要因として、職業と住居の一体化がある。表10－3は、ホームレスが野宿になる直前に住んでいた居住場所の割合を示したものである。「民間賃貸住宅」（39.5％）が最も多いものの、「勤め先の住宅や寮」（17.3％）や「飯場・作業者宿舎」（12.5％）も多い。なお、「民間賃貸住宅」のなかには、勤め先の会社が借り上げたマンション等も含まれていると考えられるため、実態としては「勤め先の住宅や寮」の割合はより高いことが予想される。

表10－3　野宿直前の住居

(単位：%)

住居（上位5つ）	
民間賃貸住宅（アパート・マンション）	39.5
勤め先の住宅や寮	17.3
飯場・作業者宿舎（飯場など現場に仮設された宿舎）	12.5
持家（一戸建て、マンションなど）	9.0
簡易宿泊所（ドヤ）	6.6

資料：表10－2に同じ

　いわゆる住み込みの職場の場合、仕事を失うと同時に住居を失うことになる。当面は蓄えによってつなぐことができても、次の仕事が見つからない状態が長引くと、野宿に追い込まれることもあり得る。このような職業と住居の一体化は、失業と野宿との結びつきを強める。

　以上のように、ホームレス問題の主要な背景には、景気動向などの影響による失業問題がある。ともすれば、ホームレスは「自由を求めて野宿生活を選んだ」とか「怠惰な生活を送っていたために野宿生活になった」といったイメージをもたれることもあるが、社会的な構造のもとで生み出される社会問題としてホームレス問題をとらえる視点が必要である。

2．ホームレス対策の動向

　すでにみたように、ホームレス数はバブル経済が崩壊した1990年代前半から増加しはじめた。1990年代の後半になると国がホームレスへの支援策を整備しはじめるようになり、2002（平成14）年に「ホームレスの自立の支援等に関する特別措置法」が制定されたことによって一つの画期を迎えることとなった。本節では、近年のホームレス対策の経緯と施策の概要を学ぶ。

(1)　国による対策の始まり

　従来、ホームレスに対する公的な支援は、生活保護法による保護と「法外援護」によって行われてきた。法外援護とは、ホームレスを多く抱える自治体が実施する宿泊場所や食料の提供といった独自策である。しかし、1990年代半ばにホームレス数が急増したことによって、自治体レベルでの対応は困難であり、国レベルでの対応が必要であるとの認識が広がった。これを背景に、1999（平成11）年2月に「ホームレス問題連絡会議」が設置された。

　同会議は、関係する中央省庁とホームレスを多く抱える関係自治体によっ

て構成され、関係行政機関が連携を図り、ホームレス問題への総合的な取り組みを一層推進することを目的に設置された。4回の会議を経て、1999（平成11）年5月に、「ホームレス問題に対する当面の対応策について」（以下「当面の対応策」）を発表した。

「当面の対応策」は、ホームレスを次の3つのタイプに分類し、タイプごとの対応策を体系化することを目指した。つまり、❶就労する意欲はあるが仕事がなく失業状態にある者（タイプ1）に対しては就労による自立を支援し、❷医療、福祉等の援護が必要な者（タイプ2）に対しては福祉等の援護による自立を支援し、❸社会生活を拒否する者（タイプ3）に対しては社会的自立を支援しつつ、施設管理者による退去指導を行うというものである。特に、タイプ1に対する就労支援については、ホームレスが一定期間自立支援センターに入所しながら、ハローワークとの連携のもとで職業相談・斡旋等を行う自立支援事業を実施することを打ち出した。

その後、「当面の対応策」のなかで重要な柱となっている自立支援事業のあり方に焦点を当てて研究することを目的に、「ホームレスの自立支援方策に関する研究会」が1999（平成11）年7月に設置された。同研究会は、学識経験者によって構成され、9回の会議を経て、2000（同12）年3月に報告書「ホームレスの自立支援方策について」を発表した。

同報告書は、「当面の対応策」によって示された自立支援事業の拠点となる自立支援センターの職員体制や利用期間など詳細な運営体制を提起した。同報告書をふまえ、2000（平成12）年度より自立支援事業がスタートし、全国の大都市部を中心に自立支援センターが開設されることとなった。

(2)　ホームレス自立支援法の概要

2002（平成14）年8月には、ホームレスの自立の支援、ホームレスとなることを防止するための支援等についての国の責務を明確化し、ホームレス問題を解決することを目的として、「ホームレスの自立の支援等に関する特別措置法」（以下「ホームレス自立支援法」）が公布・施行された（平成14年8月7日、法律第105号）。ホームレス自立支援法は、わが国で最初のホームレス問題に特化した独自立法である。

なお、ホームレス自立支援法は、10年間の時限立法として制定された。期限切れを控えた2012（平成24）年に有効期間が5年延長され、2017（同29）年にはさらに10年間延長する法改正がなされた。以下、ホームレス自立支援法のポイントを整理する。

定義

第2条は、ホームレスを「都市公園、河川、道路、駅舎その他の施設を故なく起居の場所とし、日常生活を営んでいる者」と定義している。ヨーロッパなど諸外国では、適切な居住場所が確保できていない人を広く含めてホームレスと呼ぶのに対し、この定義は、野宿生活を送っている人に限定した狭い概念でホームレスをとらえているとの指摘もある。

施策の目標

第3条第1項は、ホームレスの自立の支援等に関する施策の目標として、次の3点をあげている。

① 自立の意思があるホームレスの自立

安定した雇用の場の確保、就業機会の確保、安定した居住場所の確保、保健および医療の確保、生活相談・指導。

② ホームレスとなることを余儀なくされるおそれのある者がホームレスとなることの防止

就業機会の確保、生活相談・指導、その他の生活支援。

③ その他の施策によるホームレス問題の解決

宿泊場所の一時的提供、必要な日用品の支給・緊急援助、生活保護法による保護、ホームレスの人権擁護、地域の生活環境の改善・安全の確保等。

また同条第2項は、これらのなかでも、ホームレスの自立のためには就業の機会が確保されることが最も重要であるとしている。

ホームレス、国、地方公共団体、国民の役割

ホームレス自身が自らの自立に努めること（第4条）、国が総合的な施策を策定し実施すること（第5条）、地方公共団体がその実情に応じた施策を策定し実施すること（第6条）、国民がホームレス問題への理解を深め、国・地方公共団体の施策に協力し、ホームレスの自立支援に努めること（第7条）をそれぞれ求めている。

基本方針と実施計画

ホームレス自立支援法では、自立支援策の計画的な推進を、国・地方公共団体に求めている。厚生労働大臣および国土交通大臣に対しては、第8条第1項で、ホームレスの自立の支援等に関する基本方針の策定を義務づけている。同条第2項では、基本方針に次の事項を盛り込むものとしている。

① ホームレスの就業機会の確保、安定した居住場所の確保、保健・医療の確保、生活相談・指導

② ホームレス自立支援事業等

③ ホームレスとなるおそれのある者に対する生活支援

④　緊急援助、生活保護法による保護、ホームレスの人権擁護、地域の生活環境の改善・安全の確保

⑤　民間団体との連携

⑥　その他ホームレスの自立支援に関する基本的事項

なお、基本方針の策定にあたっては、第14条で規定されるホームレスの実態に関する全国調査の結果をふまえるものとされている。

都道府県に対しては、必要があると認められる場合には、基本方針に即して、ホームレス問題についての施策を実施するための計画（実施計画）を策定することを義務づけている。また、実施計画を策定した都道府県の区域内の市区町村に対しても、必要があると認められる場合には、実施計画を策定することを義務づけている。なお、都道府県・市区町村がこれらの実施計画を策定する場合は、地域住民やホームレス支援団体の意見を聴くように努めるものとされている。

公共施設の適正利用の確保

第11条は、都市公園などの公共施設がホームレスによって適正な利用を妨げられている場合、施設管理者が、自立支援策との連携を図りつつ適正な利用を確保するために必要な措置をとるものとしている。なお、法制定時の衆議院厚生労働委員会決議「ホームレスの自立の支援等に関する特別措置法の運用に関する件」において、「公共施設の適正利用を確保するために必要な措置をとる場合は、人権に関する国際約束の趣旨に十分配慮すること」が求められている。

民間団体の能力の活用

第12条は、国・地方公共団体がホームレス自立支援策を実施するにあたっては、民間のホームレス支援団体との緊密な連携の確保に努め、その能力の積極的な活用を図るものとしている。

(3)　基本方針の策定

前述の通り、ホームレス自立支援法第8条第1項は、国に対してホームレスの自立の支援等に関する基本方針を策定することを義務づけている。そして、同法施行後の2003（平成15）年7月に基本方針が告示され、法第8条第2項に規定された事項に関する具体的な取り組みを定めた。また、基本方針の運営期間は5年間とされており、その後、2008（同20）年、2013（同25）年、2015（同27）年、2018（同30）年に基本方針の見直しが図られている。

2008年（平成20）年の見直しでは、法第3条第1項第2号に規定される「ホームレスとなることを余儀なくされるおそれのある者」として、「日雇労働若

しくは日雇派遣労働などの不安定な就労関係にあり、かつ、定まった住居を喪失し簡易宿泊所や終夜営業店舗等に寝泊まりするなどの不安定な居住環境にある者等」を追加した。これは、当時メディアなどでも注目を集めていた、住居を失い漫画喫茶やインターネットカフェに寝泊まりする、いわゆる「ネットカフェ難民」の問題に対応したものである。

2013年（平成25）年の見直しの主なポイントは、次の3点である。第一に、一度ホームレスになり、その期間が長期化した場合、脱却が難しくなることから、できる限り野宿生活が早期の段階で巡回相談により自立支援につながるように努めるとしたこと。第二に、直ちに常用雇用による自立が困難なホームレスに対しては、NPOなどと連携しながら、軽易な作業等の就労機会の提供を通じて一般就労に向けた就労体験やトレーニングを行う「中間的就労」を行うとしたこと。第三に、自立支援センターを就労退所した者の再路上化を防ぐため、アフターケアに十分配慮すること、また、必要に応じて退所後も自立支援センターで実施している研修等を利用できるように配慮するとしたことである。

2015（平成27）年の見直しは、同年4月から生活困窮者自立支援法が施行されることを受けて行われた。生活困窮者自立支援法は、ホームレスも含めた幅広い生活困窮者を対象に包括的な支援を実施するものである（詳細は第9章参照）。従来、ホームレスへの支援施策は、法的根拠をもたない事業として行われてきたが、生活困窮者自立支援法の施行を受け、同法に基づく事業に移行することとされた。

2018（平成30）年の見直しでは、ホームレスの高齢化や野宿生活期間の長期化が進んでいることをふまえ、健康状態の悪い人が必要な医療サービスを受けることができるよう、路上やシェルター等において、保健医療職による医療的視点に基づいたきめ細かな相談や支援を実施することが盛り込まれた。また、生活困窮者自立支援法の改正によって位置づけられた地域居住支援事業[*2]などを実施することも盛り込まれた。

*2　地域居住支援事業
自立支援センター等の退所者や地域社会から孤立した状態にある者に対して、一定期間、訪問等による見守りや生活支援を行う事業。

3．ホームレス対策の概要

(1)　ホームレス自立支援施策

ホームレスの自立を支援するための国による施策は、前述した基本方針に基づき総合的に推進されている。従来、ホームレスへの自立支援施策は、法的根拠をもたない厚生労働省の事業として実施されてきたが、2015（平成27）

年の生活困窮者自立支援法の施行に伴い、社会福祉の観点から実施していた事業については、基本的に同法に基づく自立相談支援事業および一時生活支援事業等として実施されている。ホームレスに対して宿泊場所を提供し、これらの事業を提供する代表的な施設としては、自立支援センターとシェルターがある。

自立支援センター

　ホームレスに対して、自立に向けた意欲を喚起させるとともに、職業相談等を行うことにより、就労による自立を支援することを目的とした施設である。生活困窮者自立支援法との関係では、自立相談支援事業と一時生活支援事業を一体的に提供することを目的として運営されている。一般的には「自立支援センター」と呼ばれることが多いが、制度上は、2018（平成30）年に見直された基本方針以降、「生活困窮者・ホームレス自立支援センター」という名称が用いられている。

シェルター

　ホームレスに対して緊急一時的な宿泊場所を提供する施設である。施設を設置する形態だけでなく、旅館やアパート等の一室を借り上げて提供するシェルターもある。生活困窮者自立支援法との関係では、一時生活支援事業を提供することを目的として運営されている。一般的には「シェルター」と呼ばれることが多いが、制度上は、2018（平成30）年に見直された基本方針以降、「生活困窮者一時宿泊施設」という名称が用いられている。

その他の自立支援施策

　このほか、就労の観点からのホームレス自立支援施策としては、一定期間試行的に民間企業において雇用する「トライアル雇用事業」、地方公共団体や民間団体等から構成される協議会を活用して就業の機会の確保を図る「ホームレス就業支援事業」、技能の習得や資格の取得等を目的とした「日雇労働者等技能講習事業」なども行われている。

　また、ホームレスへの生活相談は、福祉事務所や自立相談支援機関によって行われているが、窓口での相談だけでなく、公園や河川敷、路上等を訪問（アウトリーチ）する巡回相談も行われている場合がある。また、生活保護法による保護もホームレスの自立支援に向けた重要な施策であるが、これについては第4節で学ぶ。

(2)　施策の利用状況

　先に紹介した2016（平成28）年の生活実態調査では、これらの制度の利用状況に関する質問も行われている。巡回相談員に会ったことがある人は89.8

%で、このうち相談したことがある人は46.9%となっている。また、シェルターについては、その存在を知っている人が70.2%で、このうち利用したことがある人は20.6%であった。さらに、自立支援センターを知っている人は73.2%で、このうち利用したことがある人は15.1%である。なお、生活保護の受給経験がある人は32.9%であった。これらの結果が示している課題として、次の2つがある。

　第一に、施策の周知をより徹底することの必要性である。シェルター、自立支援センターとも、周知率は約70%であり、残りの30%のホームレスには施策の存在そのものが知られていないことになる。もちろん、地域によってはそのような施策が存在しない所もあるが、いずれにせよ、施策の周知を図ることは不可欠である。

　第二に、施策利用後に再び野宿に戻る人が存在していることである。この調査は、現在ホームレス状態にある人に対して行われているが、半数近くのホームレスが巡回相談員への相談経験があること、また、2割程度のホームレスがシェルターや自立支援センターの利用経験があるということは、少なくともその人たちにとっては、施策の利用がホームレス状態からの脱却に結びつかなかったことを意味する。施策の利用後、再び野宿生活に戻ることのないような支援が求められている。

(3)　ホームレス対策の課題

　以上のように、ホームレス自立支援法の施行前後から、従来の枠組みとは異なる新たなホームレス対策が急速に整備されてきた。この新たなホームレス対策は就労支援を強調していることが特徴的である。ホームレス自立支援法第3条第2項が、ホームレスの自立にとっては就業の機会の確保が最も重要であると明確に述べていることはそれを象徴している。前述の通り、ホームレスが野宿に至る最大の要因は失業である。したがって、ホームレスの自立支援策の中心に就労支援が置かれることは当然のこととしてもいえる。しかし、このような就労支援の強調のもとで、「当面の対応策」が類型化した3つのタイプのうち、「福祉等の援護が必要な者」に対する施策は十分整備されてきたとはいえない。

　表10-4は、生活実態調査における今後の生活の希望に関する質問について、過去4回の調査結果を比較したものである。年度によって調査項目にばらつきがあるが、「きちんと就職して働きたい」「アパートに住み、就職して自活したい」と答えた人の比率は低下している。この結果から、ホームレスの就労意欲の低下が指摘されることもあるが、一方で、行政からの支援を受

表10－4　生活の希望

(単位：%)

	2003年	2007年	2012年	2016年
きちんと就職して働きたい	49.7	37.0	－	－
アルミ缶回収等の都市雑業的な仕事で、生活できるくらいの収入を得たい	6.7	9.1	－	－
アパートに住み、就職して自活したい	－	－	26.2	21.7
寮付の仕事で自活したい	－	－	2.3	2.9
行政からの何らかの支援を受けながら、軽い仕事をしたい^{注)}	8.6	10.9	11.9	12.8
就職することはできないので何らかの福祉を利用して生活したい	7.5	11.4	11.2	10.1
入院したい	0.7	1.0	0.7	0.3
家族の下に戻りたい	－	－	－	1.7
今のままでいい	13.1	18.3	30.5	35.3
わからない	4.7	5.6	8.1	7.0
その他	8.9	6.7	7.2	8.3

注　：2016年は、「アパートで福祉の支援を受けながら、軽い仕事をみつけたい」である。
資料：厚生労働省「ホームレスの実態に関する全国調査」2003年、2007年、2012年、2016年

けながらの生活や、何らかの福祉制度を利用しながらの生活を希望している人の比率が増加傾向にあることも見落とすことができない。つまり、就労支援を強調する政策動向のなかで、就労能力の高いホームレスは野宿生活から脱したものの、それが低いホームレスは施策が不十分ななかで路上に取り残され、そのことが統計上「就労意欲の低下」をもたらしているとみることもできるであろう。就労困難層が路上に取り残された結果、先に述べたように、高齢化や野宿期間の長期化が進んだと考えることができる。なお、「今のままでいい」と答えた人の比率が2012（平成24）年以降は大きく増加しているが、2007年調査まであった「アルミ缶回収等の都市雑業的な仕事で、生活できるくらいの収入を得たい」の項目がなくなり、それを選択していた層が「今のままでいい」と答えた人たちのなかに一定程度含まれていると推測される。

4．ホームレスへのソーシャルワーク実践

　ここでは、ホームレスに対して行われる支援の実際について、生活保護と民間支援団体の実践をみる。

(1)　ホームレスへの生活保護の適用

　前節でみた生活保護以外のホームレス対策が実施されているのは、ホームレスを多く抱える大都市部が中心であり、全国すべての地域で行われているものではない。それに対して、生活保護法による保護は、すべての地域で実施されているものである。ほとんどの都道府県で1人以上のホームレスが確認されていることを考えると、ホームレス支援において生活保護制度が果たす役割は極めて大きい。

　しかし、これまでホームレスに対する生活保護の運用は、適切に行われてきたとはいえない。たとえば、「住所がないと生活保護は受けられない」として、ホームレスへの保護の適用が行われない例もみられた。しかし、生活保護法第19条第1項第2号が、居住地がないかまたは明らかでない要保護者への現在地保護を定めていることからもわかるように、「住所がないと生活保護は受けられない」という運用は誤りである。

　ホームレスに対する生活保護の運用をめぐっては、これまでいくつかの裁判も起こされてきた。たとえばその一つに、名古屋市内で野宿生活をしていた林勝義氏が生活保護の適用を求めて争った林訴訟[*3]がある。林氏は1993（平成5）年に生活保護申請を行ったが、福祉事務所は、林氏に稼働能力があることを理由に林氏の申請を却下した。確かに林氏には稼働能力があり、また、生活保護法第4条は、稼働能力の活用を保護の要件としている。しかし、1993（同5）年は平成不況の真っただ中であり、ホームレス状態にある林氏は仕事を探しても就職することができなかった。つまり、稼働能力を活用しようとしても活用できない状態にあったといえる。それにもかかわらず、稼働能力の不活用を理由に生活扶助の適用を認めないのは不当だとして争われたのが林訴訟であった。同訴訟は、1審で原告が勝訴、2審で逆転敗訴、最高裁でも原告敗訴となった。しかし、訴訟のなかで、「稼働能力があったとしても、実際に活用できる場（＝仕事）がなければ、稼働能力を活用していないとはいえない」とする見解が明確になった。林訴訟以前の生活保護行政においては、稼働能力があることのみをもって生活保護を適用しない例が多くみられたため、林訴訟のなかで確認された解釈は画期的なものであった。

　こうした訴訟の影響もあり、国も各福祉事務所に対して、ホームレスへの生活保護の適用を適正に行うよう通知している（「ホームレスに対する生活保護の適用について」平成15年7月31日・社援保発第0731001号）。

　この通知から、ホームレスに対する生活保護の運用上の留意点を確認しよう。

＊3　林訴訟
第4章p.70参照。

① ホームレスに対する生活保護の適用にあたっては、居住地がないことや稼働能力があることのみをもって保護の要件に欠けるものではないことに留意すること。

② ホームレスの抱える問題・状況の把握にあたっては、要保護者の生活歴、職歴等の総合的な情報の収集や居宅生活を営むうえで必要となる基本的な項目の確認により、居宅生活を営むことができるか否かの点について、特に留意すること。

③ 直ちに居宅生活を送ることが困難な者については、保護施設や無料低額宿泊所等において保護を行うこと。

④ 施設入所中においては、ホームレスの状況に応じて訪問調査活動を行い、必要な指導援助が行われるよう、生活実態を的確に把握すること。

⑤ 居宅生活が可能と認められた者については、公営住宅等を活用することにより居宅において保護を行うこと。

⑥ 公営住宅への入居ができず、住宅を確保するため敷金等を必要とする場合は、一定の範囲内で敷金を支給することができること。

⑦ 居宅生活に移行した者については、再びホームレスとなることを防止し、居宅生活を継続するため必要な支援を行うこと。

⑧ 病気等により、急迫した状況にある者については、申請が無くとも保護すべきものであり、その後、保護の申請（保護の変更申請）が行われたときには、保護の要件を確認したうえで、必要な保護を行うこと。

以上のような通知があるにもかかわらず、ホームレスに対する生活保護の運用に関してはさまざまな問題が指摘される。近年特に問題となっていることの一つに、上記③にも示されている無料低額宿泊所に関する問題がある。

＊4　無料低額宿泊所
第11章p.194参照。

無料低額宿泊所＊4は、社会福祉法第2条第3項第8号に規定される第2種社会福祉事業であり、2018（平成30）年7月末時点で全国に570か所ある。入所者の多くは元ホームレスであり、入所後に生活保護を受給する。支給される生活保護費の大半を利用料として施設側に納め、本人の手元にはわずかしか残らない場合も少なくない。その反面、設備や処遇内容が劣悪な施設もあるため「生活保護費をピンはねする貧困ビジネス」と批判されることもある。

こうした施設が増える背景には、生活保護受給者の急増による地方自治体の財政負担の増大や福祉事務所のケースワーカー不足といった構造的要因もあり、早急な問題解決が求められる。

(2)　民間の支援団体による活動

　民間の支援団体は全国各地で多数活動しているが、ここでは、筆者がかかわっている名古屋市のNPO法人ささしまサポートセンターの取り組みを紹介する。

　ささしまサポートセンターは、ホームレスへの支援活動を主に医療・福祉の側面から行っている。医師、看護師、会社員、学生、主婦などのボランティアによって構成されている。活動資金は全国の支援者からの寄付金と、一部の活動に対する助成金・委託金によって賄われている。

　ささしまサポートセンターの主な取り組みとしては、次のようなものがある（2021［令和3］年1月現在）。

① 事務所での相談活動

　週3回、名古屋市内の事務所でホームレス等からの相談を受ける。相談内容としては、生活保護や年金等の受給手続き、求職活動、医療に関することなどさまざまである。

② 炊き出し時の生活・医療相談

　他の団体が実施しているホームレスへの炊き出しの場で、ボランティア医師による医療相談を行ったり、生活保護の受給などに関する生活相談を受ける。

③ 福祉事務所への同行

　②の翌日に福祉事務所に同行し、前日の相談者の生活保護申請の支援などを行う。また、生活保護以外の法外援護や自立支援センターの利用手続きの支援を行う場合もある。

④ 巡回相談

　月に2回、ボランティアが公園や河川敷などを訪問し、ホームレスに対する相談活動を行う。

⑤ 病院・施設訪問

　病院に入院しているホームレスや生活保護施設に入所しているホームレスに面会し、退院・退所後の生活場所の確保などについてのアドバイスをする。

⑥ アパート生活者の支援活動

　生活保護を受けるなどしてアパート生活に移行した人々に対する支援活動を行う。月に1回、食事会や映画会などを企画して交流する。ホームレスの多くは、家族や親族との人間関係が途絶えており、アパート生活に移行したとしても地域で孤立化するおそれがある。アパート生活に移行した後に孤立することのないようにサポートするこの取り組みは、ささしまサポートセン

ターの活動の特徴の一つである。

　このように、ささしまサポートセンターでは、ボランティア医師による医療相談などを通じてホームレスの命と健康を守ること、生活相談や生活保護の受給支援を通じてホームレスの生活再建や居住場所確保をサポートすることに加え、居場所づくりやサロン活動にも力を注いでいる。

　本章でみたように、ホームレスの人々が住居を失った最も大きな原因は失業により経済的困窮状態に陥ったことだが、生活保護を受給して住居を確保すれば問題がすべて解決するわけではない。冒頭のAさんの事例にみられるように、ホームレスの多くは家族や親族との関係が断たれ、社会的なつながりが途絶えた状態に置かれている。たとえ住居を確保しても、地域のなかで孤立するリスクが高い人々であるといえる。

　命と健康を守り、安心できる居住場所を確保することは、ホームレス支援のゴールではなく、新たな地域生活を築いていくスタート地点と考えるべきである。そのためには、誰もが排除されず、居場所をもてる地域社会づくりが求められている。このことは、ホームレス問題に限らず、すべての貧困者・生活困窮者支援に共通する支援課題であるといえよう。

【参考文献】
・稲葉剛『ハウジング・プアー「住まいの貧困」と向きあうー』山吹書店　2009年
・岩田正美『ホームレス／現代社会／福祉国家ー「生きていく場所」をめぐってー』明石書店　2000年
・小久保哲郎・安永一郎編『すぐそこにある貧困ーかき消される野宿者の尊厳ー』法律文化社　2010年
・土肥真人・杉田早苗・河西奈緒・北畠拓也「『社会と自然の結節点としての公園』というビジョン―東京五輪・パラ五輪を巡るふたつの動き」『都市問題』2016年　第107巻第12号
・藤井克彦・田巻松雄『偏見から共生へー名古屋発・ホームレス問題を考えるー』風媒社　2003年
・山田壮志郎『ホームレス支援における就労と福祉』明石書店　2009年
・山田壮志郎編『ホームレス経験者が地域で定着できる条件は何かーパネル調査からみた生活困窮者支援の課題ー』ミネルヴァ書房　2020年

第11章

貧困階層や低所得者への福祉サービス

● 本章のねらい

第5章で示したように、生活保護を受給するにはさまざまな要件があり、低所得者のすべてが生活保護を受給できるわけではない。また、生計は維持できるものの、当面の生活費や医療費、子どもの修学資金等に困っている世帯も多い。

そのような低所得者に対しての福祉サービスはいくつかあるが、本章ではそのうちの生活福祉資金貸付制度等の概要を学ぶことにしたい。

● プロローグ　生計は維持できるのだが住宅の改修費用が足りない

Aさん（70歳）と妻のBさん（70歳）は子どもが遠方で独立した生活を始めてから、ずっと二人暮らしをしてきた。生計は二人の年金で何とか維持できている状態であったが、今年に入ってAさんが脳梗塞を発症し、現在介護保険を利用している（要介護4）。Aさんの自宅は畳の部屋であり階段や風呂場の段差も多く、Aさんの転倒がいつ起こるかわからない状態にある。住宅を改修しようと考えたが、介護保険の住宅改修費の上限である20万円ではとても改修しきれなかった。しかたなく、銀行から借り入れようとしたが、高齢世帯であり銀行からは断られてしまった。

そんな状況を知った地区担当の民生委員は、Aさん夫妻に対し、生活福祉資金貸付制度の利用をすすめ、Aさん夫妻は民生委員とともに居住地の社会福祉協議会を訪ね、生活福祉資金の説明を聞くことになった。

社会福祉協議会のソーシャルワーカーは、生活福祉資金には住宅の改修などにあてることのできる福祉資金以外にも介護等に必要な資金を貸し付けできるものがあることを説明したところ、Aさん夫妻は「このような制度があるのか」と思った。Aさん夫妻は一通りの説明を聞いたところで現状を話し、ソーシャルワーカーは早速、生活福祉資金の福祉資金について申請手続きを行うこととした。

1. 生活福祉資金貸付制度

(1) 生活福祉資金貸付制度の概要

生活福祉資金貸付制度の成立まで

　生活福祉資金貸付制度は、1955（昭和30）年に「世帯更生資金貸付制度」として実施され、1990（平成2）年に「生活福祉資金貸付制度」と名称が変更されたものである。

　この制度の成り立ちを振り返ると、民生委員の存在が大きいことがわかる。1950（昭和25）年の生活保護法の改正により、それまで行政機関の補助機関（事務を執行する立場）であった民生委員が、協力機関（事務の執行に協力する立場）として変更がなされた。その背景には、GHQの打ち出した「公私分離の原則」がある。簡単にいえば、補助機関の位置づけであると公的機関のなかに取り込まれたうえでの活動となり、これを全体主義的と嫌ったGHQが、公的機関と対等の立場として民生委員を協力機関としたものである。

　その結果、民生委員の自主的な活動が注目され、特にその当時の第一の問題であった貧困への対応が変わった。貧困者に対しては行政が関与するため、貧困に陥りそうな階層に対して、防貧的な活動を行うようになったのである。そのような活動のなかで、不安定就労による低賃金、低所得である層には、その生活を立て直すために資金が必要だという意見に達し、その結果誕生したのが「世帯更生資金貸付制度」である。

生活福祉資金貸付制度の概要

　生活福祉資金貸付制度は、低所得者世帯、高齢者世帯、障害者世帯、失業者世帯を対象として、民生委員の相談援助と経済的自立、生活意欲の助長を促進することを目的とした、低金利あるいは無利子の貸付制度である。申請は市区町村社会福祉協議会を通じて行い、都道府県社会福祉協議会が運営委員の意見をふまえて貸し付けに関係する決定を行う。

　資金の内容は、2009（平成21）年10月に改正され、大枠として総合支援資金、福祉資金、教育支援資金、不動産担保型生活資金がある。総合支援資金は改正に伴い、新設されたものである。この4つの大枠のなかで、生活支援費や福祉費など、状況と対象に応じた費用が貸し付けられる。

　前述の内容をまとめると、制度利用の流れとしては次の通りになる。

①　申込みの方法

　居住地の担当民生委員または市区町村社会福祉協議会に相談して申込みをする。申込みを受けた市区町村社会福祉協議会は都道府県社会福祉協議会に書類を提出する。したがって、実施機関は都道府県社会福祉協議会となる。

②　負担割合

　貸付原資…国2/3、都道府県、指定都市1/3

　事務費…国1/2、都道府県1/2

③　貸付の利子

　連帯保証人を立てる場合は無利子、連帯保証人を立てない場合は年1.5%。ただし、緊急小口資金、教育支援資金、不動産担保型生活資金に関しては、表11-1の通り。

④　対象

・低所得者世帯…必要な資金をほかから借り受けることが困難な世帯（市町村民税非課税程度）

・高齢者世帯…日常生活上療養または介護を要する65歳以上の高齢者の属する世帯

・障害者世帯…身体障害者手帳、療育手帳、精神障害者保健福祉手帳の交付を受けた者等の属する世帯

・失業者世帯…生計中心者の失業により生計の維持が困難となった世帯

　なお、2015（平成27）年4月より、生活困窮者自立支援制度が施行され、より効果的に低所得世帯等の自立支援を図るために、生活困窮者自立支援制度と連携した貸し付けを行うこととして、その見直しが行われた。また、2016（同28）年には教育支援資金が拡充された。これは経済的な理由により学習への意欲やモチベーションが阻害されないようにするためのものである。

(2)　生活福祉資金貸付制度の現状と課題

生活福祉資金の現状と課題

　これらの資金の特徴としてまずあげられるのは、原則として所得による貸付制限がないということである。

　しかし課題もある。第一に、この制度は「貸し付け」ということである。貸し付けであるので「金銭を借り、そしてその金銭は返さなければならない」が、実際の償還率（金銭を返す率）は低調であり、その部分が焦げ付く社会福祉協議会も多い。したがって、対象者がきちんと金銭を返せるかどうかというところにインテークのポイントがある。

　第二に、自治体ごとに制度の活用について温度差があるということがあげ

表11-1　生活福祉資金貸付制度

資金の種類			貸付条件				
			貸付限度額	据置期間	償還期限	貸付利子	保証人
総合支援資金	生活支援費	・生活再建までの間に必要な生活費用	（2 人以上）月20万円以内（単身）月15万円以内 ・貸付期間：原則 3 月（最長12月）	最終貸付日から 6 月以内	据置期間経過後10年以内	保証人あり無利子 保証人なし年1.5%	原則必要 ただし、保証人なしでも貸付可
	住宅入居費	・敷金、礼金等住宅の賃貸契約を結ぶために必要な費用	40万円以内	貸付けの日（生活支援費とあわせて貸し付けている場合は、生活支援費の最終貸付日）から 6 月以内			
	一時生活再建費	・生活を再建するために一時的に必要かつ日常生活で賄うことが困難である費用　就職・転職を前提とした技能習得に要する経費　滞納している公共料金等の立て替え費用　債務整理をするために必要な経費　等	60万円以内				
福祉資金	福祉費	・生業を営むために必要な経費 ・技能習得に必要な経費とその期間中の生計を維持するために必要な経費 ・住宅の増改築、補修等と公営住宅の譲り受けに必要な経費 ・福祉用具等の購入に必要な経費 ・障害者用の自動車の購入に必要な経費 ・中国残留邦人等にかかる国民年金保険料の追納に必要な経費 ・負傷または疾病の療養に必要な経費とその療養期間中の生計を維持するために必要な経費 ・介護サービス、障害者サービス等を受けるのに必要な経費とその期間中の生計を維持するために必要な経費 ・災害を受けたことにより臨時に必要となる経費 ・冠婚葬祭に必要な経費 ・住居の移転等、給排水設備等の設置に必要な経費 ・就職、技能習得等の支度に必要な経費 ・その他日常生活上一時的に必要な経費	580万円以内 ※資金の用途に応じて上限目安額を設定	貸付けの日（分割による交付の場合には最終貸付日）から 6 月以内	据置期間経過後20年以内	保証人あり無利子 保証人なし年1.5%	原則必要 ただし、保証人なしでも貸付可
	緊急小口資金	・緊急かつ一時的に生計の維持が困難となった場合に貸し付ける少額の費用	10万円以内	貸付けの日から 2 月以内	据置期間経過後12月以内	無利子	不要

資金の種類			貸付条件				
			貸付限度額	据置期間	償還期限	貸付利子	保証人
教育支援資金	教育支援費	・低所得世帯に属する者が高等学校、大学または高等専門学校に就学するために必要な経費	（高校）月3.5万円以内 （高専）月6万円以内 （短大）月6万円以内 （大学）月6.5万円以内 ※特に必要と認める場合は、上記各上限額の1.5倍まで貸付可能	卒業後6月以内	据置期間経過後20年以内	無利子	不要 ※世帯内で連帯借受人が必要
	就学支度費	・低所得世帯に属する者が高等学校、大学または高等専門学校への入学に際し必要な経費	50万円以内				
不動産担保型生活資金	不動産担保型生活資金	・低所得の高齢者世帯に対し、一定の居住用不動産を担保として生活資金を貸し付ける資金	・土地の評価額の70％程度 ・月30万円以内 ・貸付期間 　借受人の死亡時までの期間または貸付元利金が貸付限度額に達するまでの期間	契約終了後3月以内	措置期間終了時	年3％、または長期プライムレートのいずれか低い利率	要 ※推定相続人の中から選任
	要保護世帯向け不動産担保型生活資金	・要保護の高齢者世帯に対し、一定の居住用不動産を担保として生活資金を貸し付ける資金	・土地と建物の評価額の70％程度（集合住宅の場合は50％） ・生活扶助額の1.5倍以内 ・貸付期間 　借受人の死亡時までの期間または貸付元利金が貸付限度額に達するまでの期間				不要

出典：厚生労働統計協会『国民の福祉と介護の動向2020／2021』厚生労働統計協会　pp.215〜216

られる。2008（平成20）年3月に出された厚生労働省による「これからの地域福祉のあり方に関する研究会」の報告書では、都道府県による貸付件数の最大（東京都）と最小（佐賀県）の格差が221倍あるとしている。また同報告書では、民間の金融機関と比較し、この制度を利用していないその原因について、手続きの煩雑さ、時間を要する点、PR不足などをあげ、昨今話題となっている多重債務者の抑止力として働いていないということも指摘している。

　ただし、2009（平成21）年10月の改正により、離職者や低所得者などに対してさらなる活用促進が図られるなど、弾力的かつ積極的な活用が行える体制が整えられた。この制度が経済的自立や生活意欲の助長促進、在宅福祉や社会参加を図り、その世帯の安定した生活を確保することを目的としていることが反映されたものと考える。

自立へ向けての支援として

このように考えていくと、生活福祉資金貸付制度は低所得者への経済的支援策であり、地域福祉のツールとして明確に位置づけることができる。そのため、先の報告書では「民生委員以外にも地域福祉活動の中で自立支援のツールとして活用されるよう、広く国民に積極的に制度活用のPRを行う必要がある」としている。同時に、生活保護に結びつかない生活困窮者に対し、適時に必要な資金が提供できるように、社会福祉協議会、福祉事務所、民生委員等と連携を強化する必要があるとしている。2009（平成21）年10月の改正を契機に、貸し付けるだけでなく、適切な援助指導、つまり、専門職または民生委員などがかかわりをもって支援していく制度に成長させていくことが求められる。

2．医療サービス

(1) 無料低額診療事業

制度の概要と手続き

無料低額診療事業とは、社会福祉法第2条第3項第9号の「生活困難者のために、無料又は低額な料金で診療を行う事業」であり、第2種社会福祉事業にあたる。これは、経済的に困窮している人が無料または低料金で診療を受けられる制度である。

この制度の特徴は、公的医療保険に加入していない人を含め、幅広く救済できることである。また、配偶者の扶養家族に入っていて、個人の保険証のないDV被害を受けている人もその対象となっている。しかし、都道府県や指定市、中核市の認可を受けた病院や老人保健施設でしか利用できない現状である。医療費減免の方法や程度は各施設が定めているが、低所得者らの受診割合が、施設利用者の1割を越えることがこの制度を実施できる条件となる。厚生労働省「令和元年無料低額診療事業等に係る実施状況の報告」によると、2018（平成30）年度においてこの事業を実施している施設は全国に703施設ある。

この制度の窓口は、福祉事務所や社会福祉協議会ではなく、無料低額診療事業を行っている医療機関に相談することから始まる。手続きの方法は各医療機関によって異なるが、基本的に収入の状態を示すものなどを提示し、医療ソーシャルワーカーなどと面談を行うことで実施されることがほとんどである。

医療費削減と対象拡大

　社会保障費が抑制されている昨今、この制度も現時点では縮小傾向にあるといってよい。つまり、医療費削減の対象となっているのである。その一つの例として、2001（平成13）年に厚生労働省は、「無料低額診療事業の新たな施設の認可はしないよう求める」という方針を打ち出している。その一方で、2005（同17）年には「人身取引被害者やDV被害者を積極的に無料低額診療制度の対象とする」ことを都道府県などに通達している。これは、対象となる問題が複雑化しており、個別ケースでの対応が必要であるということの表れであると考えてよい。しかし前述の通り、この制度を実施している病院・施設は全国各地にあるわけではないため格差が生じている。

⑵　入院助産制度

　児童福祉法第22条により、保健上必要であるにもかかわらず経済的な理由で出産ができない人は、一定の条件を満たせば入院助産制度が利用できる。
　一定の条件とは、生活保護世帯や非課税世帯、前年の所得税額が一定額以下の世帯などである。手続きは福祉事務所、あるいは市町村役場に申請する。印鑑や前年分の課税証明書、当年の所得が推計できる収入証明、母子手帳などが必要となる。
　現在、産科の病院が全国的に減少している傾向のなかで、この制度が適用できるのは都道府県知事が認可した指定医療機関に限られる。

3．住宅サービス

⑴　住宅確保要配慮者に対する賃貸住宅の供給の促進に関する法律

住む場所があるということ

　さまざまな社会サービスを利用するには住居が定まっていなければ不都合なことが多い。だからこそ、ホームレス対策には特別な対応が必要となる。ホームレス対策は第10章で述べているが、生活困窮者が住む場所を確保するためにはどのような方策が必要なのであろうか。その答えの一つが、2007（平成19）年に成立した「住宅確保要配慮者に対する賃貸住宅の供給の促進に関する法律」（以下「住宅セーフティネット法」）である。
　この法律は「住生活基本法」の基本理念に基づき、低所得者、被災者、高齢者、障害者、子どもを育成する家庭、その他住宅の確保に特に配慮を要する者に対して、賃貸住宅の供給を促進するものである。そもそも、「住生活

図11-1　新たな住宅セーフティネット制度

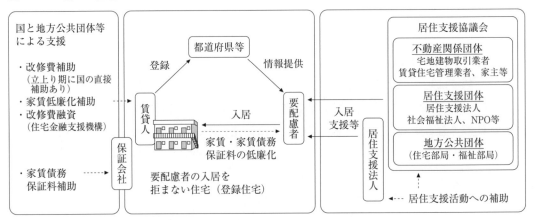

出典：厚生労働統計協会編『国民の福祉と介護の動向2020／2021』厚生労働統計協会　p.229

基本法」の基本理念とは、ライフステージやライフサイクルに応じた住環境のあり方があるというものであり、よりよい住環境を提供することに主眼が置かれている。つまり、低所得者などであっても、そのライフスタイルに応じた住宅提供を講じる手段として、このような法律があると考えた方がよい。

　なお、住宅セーフティネット法は2017（平成29）年に改正され、図11-1のような住宅セーフティネット制度の枠組みが創設された。主な内容として、賃貸人は、住宅確保要配慮者とされる高齢者や被災者、低額所得者、外国人等の入居を拒まない賃貸住宅として都道府県等に登録することができ、都道府県等はその情報を開示するとともに、賃貸人への指導を行う。また、これにより、空き家等の有効活用が課題とされている現状に対する解決策の一つにもなる。

公営住宅の有効活用

　住宅セーフティネット法には、「国及び地方公共団体は、所得の状況、心身の状況、世帯構成その他の住宅確保要配慮者の住宅の確保について配慮を必要とする事情を勘案し、既存の公的賃貸住宅の有効活用を図りつつ、公的賃貸住宅の適切な供給の促進に関し必要な施策を講ずるよう努めなければならない」とあり、いわゆる社会的弱者に対して、優先的に入居を進めるということに努めることを規定している。

(2)　公営住宅の入居要件（A県・B市の場合）

　公営住宅に入居する要件は、その地方自治体により異なるが、A県とB市の現状を紹介する。

　A県の県営住宅（空家住宅）の入居募集は、毎年4月、7月、10月、1月の年4回実施し、各月の1日〜15日の間に受け付けている。公開抽選方式で行い、当選・補欠当選・落選の決定後、当選者に対し資格審査を行い入居者の決定をしている。

　また、B市の市営住宅では入居要件を次のように示している。

①　収入に対する家賃の割合が過大である
②　自己の理由によらないで家主や貸し主などから、立ち退きを要求されている
③　婚約しているが住宅がない
④　住宅がないため、勤務場所から著しく遠隔地に居住している
⑤　住宅以外の場所に居住している
⑥　保安上危険、または衛生上有害な建物に居住している
⑦　他の世帯と同居のために生活上不便である
⑧　過密な居住環境にある
⑨　住宅がないため家族と別居している

　また、母子・父子世帯、高齢者世帯、心身障害者世帯、保護受給者世帯、配偶者から暴力を受けている被害者世帯、また配偶者から暴力を受けている被害者（単身者）については、特定目的世帯による優先入居ができる。

　さらに、公営住宅では所得制限もあり、公営住宅法第23条第1項イでは、「入居者の心身の状況又は世帯構成、区域内の住宅事情その他の事情を勘案し、特に居住の安定を図る必要がある場合として条例で定める場合　入居の際の収入の上限として政令で定める金額以下で事業主体が条例で定める金額」を超えないものとされている。

(3)　その他の住宅確保に関する法律

　前述の法規以外にも以下の法律が住宅確保について用いられるケースがある。

公営住宅法

　この法律の目的は、国および地方公共団体が協力して、健康で文化的な生活を営むに足りる住宅を整備し、これを住宅に困窮する低額所得者に対して低廉な家賃で賃貸し、または転貸することにより、国民生活の安定と社会福祉の増進に寄与することとしている。第3条では公営住宅の供給として、「地方公共団体は、常にその区域内の住宅事情に留意し、低額所得者の住宅不足を緩和するため必要があると認めるときは、公営住宅の供給を行わなければならない」と規定している。

高齢者の居住の安定確保に関する法律

　この法律の目的として、高齢者の居住の安定の確保を図り福祉の増進に寄与すること、良好な居住環境を備えた高齢者向けの賃貸住宅等の登録制度を設けることなどがあげられており、「終身建物賃貸借制度を設ける」と明記されている。また第4条では、都道府県は基本方針に基づき、区域内における「高齢者居住安定確保計画」を定めることができるとしている。

住生活基本法

　この法律の目的は、住生活の安定確保と向上の促進に関する施策についての基本理念・基本的施策を定め、国民生活の安定向上と社会福祉の増進を図ることとしている。第6条では「住宅が国民の健康で文化的な生活にとって不可欠な基盤である」としており、住宅確保要配慮者（低額所得者・被災者・高齢者・子どもを育成する家庭等）の、居住の安定確保を図ることも明記されている。また、国および地方公共団体の責務も第7条に記されている。さらに、国は、基本理念にのっとり国民の住生活の安定確保および向上の促進に関する全国計画を定めなければならないとし（第15条）、都道府県は、全国計画に即して都道府県計画を定めるものとしている（第17条）。

4．無料低額宿泊所と日常生活支援住居施設

(1)　無料低額宿泊所

無料低額宿泊所とは何か

　無料低額宿泊所は、社会福祉法第2条第3項第8号に定める第二種社会福祉事業で、「生計困難者のために、無料又は低額な料金で、簡易住宅を貸し付け、又は宿泊所その他の施設を利用させる事業」をいう[*1]。

　2000（平成12）年以降、首都圏を中心に施設数が増加し、厚生労働省の調査によると、2018（同30）年7月末現在で全国に570施設が開設され、1万7,067人が利用している[*2]。同調査によると、無料低額宿泊所の運営主体は、NPO法人が70.4%と最も多く、次いで営利法人が13.3%と多い。社会福祉法人が運営する施設は7.0%に過ぎない。

　また、所管自治体別にみると、全国570施設の約4分の1にあたる156施設が東京都であり、東京都、埼玉県、千葉県、神奈川県の1都3県内の自治体で、全体の約4分の3にあたる424施設を所管している。

　なお、無料低額宿泊所としての届出はしていないものの、類似した無届施設も数多く存在しているといわれている[*3]。

*1
既存の無料低額宿泊所の多くは、社会福祉法第2条第2項第1号に規定する「生計困難者を無料又は低額な料金で入所させて生活の扶助を行うことを目的とする施設を経営する事業」に該当するため、第1種社会福祉事業であるとする見解もある（日本弁護士連合会『無料低額宿泊所』問題に関する意見書」2010年6月18日）。

*2
厚生労働省「無料低額宿泊事業を行う施設の状況に関する調査結果について（平成30年調査）」。

*3
厚生労働省「社会福祉各法に法的位置付けのない施設に関する調査について（平成27年調査）」。

無料低額宿泊所の問題点

　無料低額宿泊所には、ホームレスをはじめ住居を失った生活困窮者が入所している。入所者の多くは生活保護を受給しており、前述の厚生労働省調査によると、入所者の約9割が保護受給者である。受給した生活保護費から、食費やサービス費などの利用料や家賃を支払う形態が多い。

　無料低額宿泊所は、住居を失った生活困窮者の住まいの確保のために一定の役割を果たしてきた一方で、提供するサービスの質に見合わない利用料を徴収している施設があるともいわれてきた。生活保護費の中から食費やサービス費を支払うと、入所者本人の手元にはわずかの金銭しか残らず、生活保護費を搾取する「貧困ビジネス」ではないかとの批判もある。

　また、居住環境についても問題点が指摘されてきた。無料低額宿泊所の居室のなかには、相部屋の居室も少なくない。前述の厚生労働省調査によれば、無料低額宿泊所570施設のうち、全室個室の施設は459施設（80.5％）で、個室と個室以外の居室が混在している施設が52施設（9.1％）、個室以外の居室のみの施設が59施設（10.4％）となっている。ただし、1つの部屋を複数人で使用しているものの間仕切り壁が天井まで達していない「簡易個室」が、個室全体の19.7％を占めている。居室面積が狭小な施設も少なくなく、7.43m^2（4畳半相当）未満の部屋が個室全体の42.6％を占めている。こうした無料低額宿泊所の居住環境は、住まいの質の面、プライバシーの面、家賃額の妥当性の面などから問題があるとされてきた。加えて、新型コロナウイルス感染拡大後は、感染予防の面からも居住環境のあり方が問題になっている。

無料低額宿泊所の規制強化

　これらの問題を解消することを目的に、2018（平成30）年に社会福祉法が改正された。改正法では、無料低額宿泊所に対して事前届出制を導入したうえで、設備や運営に関する最低基準を定め、最低基準を満たさない事業所に改善命令を行うこととした。

　具体的には、第1に、事前届出制としたことである。国、都道府県、市町村、社会福祉法人以外の者が住居の用に供するための施設を設置して第2種社会福祉事業を経営しようとするときは、社会福祉住居施設として、事業開始前に都道府県（または指定市、中核市、以下同じ）に、施設の名称や設置者の氏名、建物等の規模や構造などを届け出ることを義務づけた（社会福祉法第68条の2）。なお、本規定は、他の法律で許可や届出が必要とされている施設や事業は適用除外されている（同第74条）ため、実際に社会福祉住居施設としての届出が必要となるのは、無料低額宿泊所およびその類似施設となる。

第2に、都道府県は社会福祉住居施設の設備の規模や構造、サービス提供方法等について、厚生労働省令で定める基準を標準とした、あるいは参酌した条例を定めることにした（同第68条の5）。これまでも国や一部自治体がガイドラインを制定していたが、改正法により法的拘束力のある最低基準として定められることになった。最低基準[*4]では、無料低額宿泊所の範囲を、入居対象者を生計困難者に限定していること、入居者総数に占める保護受給者数の割合がおおむね50%以上で建物の賃貸借契約以外の利用契約を結んでいることなどとしたうえで、該当する施設が順守すべき居住環境の基準（居室は原則個室、居室面積は原則7.43m²以上、簡易個室を設置してはならない等）や、サービス提供の基準（サービス開始時に重要事項を説明する、入居者の金銭の管理は本人が行うことを原則とする等）などを定めた。

第3に、社会福祉住居施設としての届出をした施設が最低基準に適合しない場合は、都道府県が事業経営者に対して、基準に適合するために必要な措置をとるよう改善命令を行うことができることとした（同第71条）。

(2) 日常生活支援住居施設

単独での居住が困難な人への支援

ところで、前述したような問題点を抱えながらも、無料低額宿泊所が全国的に増加してきた背景には、家事や健康管理、金銭管理などの日常生活を単独で行うことが困難な生活困窮者や保護受給者の住まいが十分に確保されていなかったこともある。

家賃が高騰する大都市では住宅扶助基準内で入居できる賃貸住宅が不足し、また、保護受給者や精神疾患をもつ人、高齢者などの入居を敬遠する家主も少なくない。2009（平成21）年に10人が死亡する火災事故が発生した群馬県渋川市の高齢者施設「静養ホームたまゆら」の入所者の多くが東京都内の福祉事務所が所管する保護受給者だった例が示すように、支援を要する生活困窮者の住まいを確保することは重要な課題となっている。

こうしたことから、前述した社会福祉法の改正に合わせて生活保護法も改正され、単独での居住が困難な保護受給者に対して、サービスの質が確保された施設で日常生活上の支援を提供することを目的に、日常生活支援住居施設が創設された。

日常生活支援住居施設

具体的には、法改正により、居宅での保護が困難な場合などに入所する施設として、従来の救護施設、更生施設と並んで日常生活支援住居施設が追加された（生活保護法第30条）。

*4
「無料低額宿泊所の設備及び運営に関する基準」（令和元年8月19日、厚生労働省令第34号）。

　日常生活支援住居施設とは、「無料低額宿泊所その他の施設で、保護受給者に対する日常生活上の支援の実施に必要なものとして厚生労働省令で定める要件に該当すると都道府県（または指定市、中核市）が認めたもの」とされている。また、日常生活支援住居施設への入所に伴い必要となる事務費を委託事務費として市町村が支出することとされた（同第70条）。つまり、無料低額宿泊所のうち、省令で定める要件に該当する施設を日常生活支援住居施設と認定し、入所した保護受給者への日常生活の支援に必要な経費が委託費として支出されることになったことを意味する。

　日常生活支援住居施設の要件等を定めた省令[*5]では、同施設の対象者は、「保護の実施機関が、心身の状況や生活歴、自立した日常生活や社会生活を営むために解決すべき課題などをふまえ、日常生活支援住居施設での支援が必要と総合的に判断した者」とされ、支援の内容として、生活相談、食事提供、健康管理支援、金銭管理支援、社会との交流促進、関係機関との連絡調整などが示されている。また、日常生活支援住居施設には、入所定員15人につき１人の割合で生活支援員を置くこととされ、また、入所定員30人につき１人の割合で生活支援員の中から生活支援提供責任者を置かなければならないとされた。生活支援提供責任者は、社会福祉主事任用資格と同等以上の能力を有する者でなければならず、入所者の日常生活支援を行うにあたり、アセスメントをしたうえで個別支援計画を作成しなければならないとされている。

無料低額宿泊所および日常生活支援住居施設の課題

　以上のように、社会福祉法および生活保護法の改正によって、「貧困ビジネス」と呼ばれるような劣悪な施設を淘汰するため無料低額宿泊所の最低基準を定めると同時に、単独居住が困難な保護受給者の日常生活を支援するための受け皿が整備された。ただし、無料低額宿泊所は、あくまで一時的な居住場所であることにも留意する必要がある。

　無料低額宿泊所の最低基準では、一定以上の居室面積を確保することが定められたが、それでも最低居住面積水準には及ばない[*6]。このような居住環境が許容されるのは、無料低額宿泊所があくまで一時的な宿泊場所であるためであろう。前述の最低基準における基本方針では、無料低額宿泊所が基本的に一時的な居住の場であることが言及されており、入所者の居宅への移行を進めていくことが必要である。

　また、生活保護法に新たに規定された日常生活支援住居施設は、単独での居住が困難な人を対象としているため、一般の無料低額宿泊所に比べれば中長期的な入所を想定しているが、とはいえ、生活保護法第30条の居宅保護の

*5
「日常生活支援住居施設に関する厚生労働省令で定める要件等を定める省令」（令和２年３月27日、厚生労働省令第44号）。

*6
住生活基本計画（2016［平成28］年３月閣議決定）では、世帯人員に応じて、健康で文化的な住生活を営む基礎として必要不可欠な住宅の面積に関する水準を最低居住面積水準として定めており、単身世帯では25m²とされている。

原則が変更されたわけではない。また、日常生活支援住居施設の要件を定め
た省令の基本方針でも、同施設における支援は、可能な限り居宅生活への復
帰を念頭に置くことが求められている。すぐに居宅生活に移行することは困
難だとしても、移行が可能となるように、関係機関との連携、社会資源の活
用を進めながら日常生活を支援していくことが求められる。

5．就労支援サービス

(1)　低所得者の状況に応じた就労支援サービス

保護受給者への就労支援サービスについては第8章でみてきたが、それ以
外の低所得者や生活困窮者へのサービスは、対象者の状況に応じて次のよう
に分けられる。

一般的な職業紹介により早期に就労が可能な場合

ハローワークによる一般的な職業紹介や公共職業訓練、求職者支援制度等。

**就労への準備が一定程度整っており、個別の支援により早期の就労が可能な
場合**

生活困窮者自立支援制度の自立相談支援事業の就労支援員と、ハローワー
クの就職支援ナビゲーターで構成される就労支援チームによる「生活保護受
給者等就労自立促進事業」*7等。支援内容としては、就労支援員は対象者の
選定やハローワークへの支援要請。就職支援ナビゲーターは、キャリアコン
サルティング、履歴書の作成指導、ニーズに応じた職業紹介、個別求人開拓、
面接対策、就労後のフォローアップ等。

**就労への準備が一定程度整っており、ある程度の時間をかけて個別の支援を
行うことで就労が可能な場合**

自立相談支援事業の就労支援員による支援。支援内容としては、キャリア
コンサルティング、履歴書の作成指導、ハローワークへの同行訪問、個別求
人開拓、面接対策、就労後のフォローアップ等。

就労への移行のため柔軟な働き方を認める必要がある場合

支援付きの就労・訓練の場の提供を目的とする、生活困窮者自立支援制度
による「就労訓練事業（中間的就労）」*8等。就労支援員は就労訓練事業者の
開拓を実施する。

生活リズムが崩れている等の理由により、就労への準備が整っていない場合

自立相談支援事業の就労支援員による「就労準備支援事業」*9により、就
労に向けた準備としての基礎能力の形成支援を計画的かつ一貫して実施する。

* 7　生活保護受給者
等就労自立促進事業
第8章p.150参照。

* 8　就労訓練事業
第9章p.162参照。

* 9　就労準備支援事
業
第9章p.161参照。

198

また、就労支援員が就労準備支援事業より簡素・軽微な、ボランティアや就労体験等の場を提供することも行う。

就労意欲が希薄等の理由により、就労準備支援事業の利用にも至らない場合

自立相談支援事業の就労支援員による就労意欲の喚起、セミナーの開催等。

⑵　求職者支援制度

2011（平成23）年5月、「職業訓練の実施等による特定求職者の就職の支援に関する法律」が公布され、10月より求職者支援制度が開始された。求職者支援制度とは、雇用保険が受給できない失業者（雇用保険の適用がなかった人、加入期間が足りず雇用保険の給付を受けられなかった人、雇用保険の受給が終了した人、学卒未就職者や自営廃業者など）に対し、❶無料の職業訓練（求職者支援訓練）を実施し、❷本人収入、世帯収入および資産要件等、一定の支給要件を満たす場合は、職業訓練の受講を容易にするための給付金を支給するとともに、❸ハローワークが中心となってきめ細やかな就職支援を実施することにより、安定した「就職」を実現するための制度である。

⑶　母子家庭等就労支援事業

マザーズハローワーク・マザーズコーナー

子育てをしながら就職を希望している者に対して、キッズコーナーの設置など子ども連れでも来所しやすい環境を整備し、予約による担当者制の職業相談、地方公共団体等との連携による保育所等の情報提供、仕事と子育ての両立がしやすい求人情報の提供など、総合的かつ一貫した就職支援を行っている。2020（令和2）年6月現在、マザーズハローワークは21か所、マザーズコーナーは183か所設置されている。

母子家庭等就業・自立支援センター事業

母子家庭等就業・自立支援センター事業は、2003（平成15）年度より開始された[*10]。ハローワークにおける就業情報の提供とは別に、母子家庭の母等に対し、就業相談、就業支援講習会、就業情報の提供等、個々の家庭の事情に応じた一貫した就業支援サービスを提供している。また、母子生活支援施設と連携を図りながら、母子家庭等および寡婦の地域生活の支援や養育費の取り決めを促進するための専門相談を行っている。

母子家庭自立支援給付金及び父子家庭自立支援給付金事業

母子及び父子並びに寡婦福祉法第31条・第31条の10に規定され[*11]、母子家庭または父子家庭の自立支援を図るための施策の一つとして、「母子家庭自立支援給付金及び父子家庭自立支援給付金事業」が各都道府県・市・福祉事

*10
「母子家庭等就業・自立支援事業実施要綱」に規定されている。

*11
母子及び父子並びに寡婦福祉法第31条で「都道府県等は、配偶者のない女子で現に児童を扶養しているものの雇用の安定及び就職の促進を図るため、政令で定めるところにより、配偶者のない女子で現に児童を扶養しているもの又は事業主に対し、次に掲げる給付金を支給することができる」としている。
また、第31条の10では、「第31条の規定は、配偶者のない男子で現に児童を扶養しているものについて準用する」としている。

務所設置町村を窓口として実施され、自立支援教育訓練給付金事業と高等職業訓練促進給付金等事業がある。

自立支援教育訓練給付金事業は、母子家庭の母または父子家庭の父の主体的な能力開発を支援するため、雇用保険の教育訓練給付の受給資格を有していない人が指定教育講座を受講し、修了した場合、経費の60％（下限は1万2,001円、上限は修学年数×20万円、最大80万円）を支給する。

高等職業訓練促進給付金等事業は、母子家庭の母や父子家庭の父が就職する際に有利で生活の安定につながる資格を取得するため、1年以上養成機関等で修業する場合に、支給条件を満たせば、高等職業訓練促進給付金や高等職業訓練修了支援給付金を給付するものである。高等職業訓練促進給付金は、月額10万円（市町村民税課税世帯は7万500円）が支給され、養成機関における課程修了までの期間の最後の12か月については、月額14万円（市町村民税課税世帯は11万500円）が支給される。支給期間は修業期間の全期間（上限4年）である。高等職業訓練修了支援給付金の支給額は市民税非課税世帯5万円（市民税課税世帯2万5,000円）である。

6．法律扶助

⑴　法律扶助とは

「借金」「離婚」「相続」などの法的トラブルに巻き込まれた場合や犯罪の当事者になった場合等に、必要な情報やサービスの提供を受けられるためのものであり、経済的理由で弁護士等を利用できずに不利になることを防ぐための制度である。

2004（平成16）年6月に総合法律支援法が公布され、2006（同18）年4月に日本司法支援センター（法テラス）が設立された。これにより、財団法人法律扶助協会が行ってきた民事法律扶助事業は法テラスに引き継がれた。

法律扶助には、法テラスが行う事業と弁護士会が法テラスに委託して行われる法律援助事業がある。

⑵　法テラス

法テラスは全国の地方裁判所の本庁所在地や弁護士過疎地域などに拠点事務所がある。日本国籍を有する人だけでなく、適法に在留する外国人も対象となる。法テラスの業務は次の通りである。

情報提供業務

電話や面談での問い合わせ内容に応じて、法制度に関する情報と、相談機関・団体等に関する情報を無料で提供する。

民事法律扶助業務

無料で法律相談を行い、必要な場合に弁護士・司法書士の費用の立て替えを行う。

利用したい場合は、「法テラスに連絡して申し込む」「法テラスと契約している弁護士や司法書士に問い合わせる」「指定相談所（弁護士会などの相談所）」のなかから、都合の良い方法を選ぶことができる。利用には資産等の要件[*12]があるが、一般的な相場より低額で利用することができる。契約は、申込者と法テラス、弁護士などの３者間で結ぶ。立て替えに対する月々の償還額は5,000円〜１万円である。

2010（平成22）年１月から、生活保護受給者については、原則として法テラスへの償還が猶予され、事件終結後は償還が免除される（実質無料で利用できる）。

司法過疎対策業務

身近に法律家がいない地域の解消のために法テラスの「地域事務所」設置等を行う。

犯罪被害者支援業務

犯罪の被害者やその家族が必要な支援が受けられるように、その被害に関する刑事手続に適切に関与したり、損害や苦痛の回復・軽減を図るための法制度に関する情報を提供する。

また、DV、ストーカー、児童虐待の被害者を対象にした法律相談も行っている。

国選弁護等関連業務

国の委託に基づき、国選弁護制度[*13]を利用する事件に関して、法テラスにおいてスタッフ弁護士[*14]を含めた契約弁護士を確保し、全国的に充実した弁護活動を提供していく業務である。

少年事件（一定の重大事件等）について、裁判所の職権により弁護士を付添人として選任する国選付添制度についても法テラスの業務である。

受託業務

法テラス本来の業務の遂行に支障のない範囲で、国、地方自治体、非営利法人等から委託を受けて業務を行う。

*12
資産額等の詳細は法テラスのホームページに記載されている。

*13　国選弁護制度
刑事事件において、貧困（現金と貯金が50万円以下）のため私選弁護士を選任できない被疑者・被告人のために、国が弁護士を選任し、その費用も国が負担するという制度である。

*14
全国にある法テラスの法律事務所で働く弁護士のことをいう。

⑶ 法律援助事業

　法律援助事業とは、人権救済の観点から、法テラスによる民事法律扶助制度や国選弁護制度等の対象とならない人を対象として、弁護士費用等を援助する日本弁護士連合会の事業である。総合法律支援法に基づき、2007（平成19）年10月から法テラスに委託して実施している。

　内容は、刑事被疑者弁護援助、少年保護事件付添援助、犯罪被害者法律援助、難民認定に関する法律援助、外国人に対する法律援助、子どもに対する法律援助、精神障害者・心神喪失者等医療観察法法律援助、高齢者、障害者およびホームレスに対する法律援助である。

【参考文献】
・生活福祉資金貸付制度研究会編『長期生活支援資金貸付の手引き』筒井書房　2003年
・東京都編『2007 社会福祉の手引』東京都　2007年
・福祉士養成講座編集委員会編『公的扶助論』（新版第5版社会福祉士養成講座6）中央法規出版　2007年
・福祉臨床シリーズ編集委員会編・伊藤秀一責任編集『臨床に必要な公的扶助－公的扶助論』弘文堂　2006年
・稲葉剛『ハウジング・プアー「住まいの貧困」と向きあう－』山吹書店　2009年
・山田壮志郎『無料低額宿泊所の研究－貧困ビジネスから社会福祉事業へ－』明石書店　2016年
・母子寡婦福祉法令研究会編『総合的な展開をみせる母子家庭等施策のすべて』ぎょうせい　2004年

【参考ホームページ】
・日本司法支援センター法テラス　https：//www.houterasu.or.jp/（2020年8月20日閲覧）
・日本弁護士連合会　https：//www.nichibenren.or.jp/（2020年8月20日閲覧）

第**12**章　第　章

公的扶助制度の歴史

● 本章のねらい

> この章ではイギリスと日本の公的扶助制度の歴史を学ぶ。現在につながる公的扶
> 助制度について、イギリスは1600年ごろから、日本は明治維新以降の変遷を述べる。
> 　年号や事柄を暗記するのみではなく、救貧立法の歴史を通じて「なぜ制度がつく
> られたのか」「制度がなければ、どのような社会であったか」を想像してみよう。過
> 去の出来事が、現在の制度の意味と価値にどのような影響を与えているかを考えて
> ほしい。

● プロローグ　歴史を通して、救貧制度の価値を理解する

　序章の導入事例の鈴木花子さんが貧困になったのは、なぜだろうか。そし
て、個人の生活を国が公的扶助制度として一般財源（税金）で救済するのは
なぜだろうか。

　この課題について歴史を材料に考えてみよう。かつて貧困は自己責任で
あった。貧困になるのは怠惰の産物であり、個人の努力不足であるとされ、
罪として罰せられた。その後、人々は貧困が社会の仕組みの不具合のなかで
起きることを明らかにし、貧困を社会が救う仕組み、つまり制度をつくって
きたのである。このような歴史から、現在、貧困になったときに社会が救済
する救貧制度がある。

　救貧制度は私たちがつくり、運用していくのもまた私たちである。制度が
つくられた背景を学ぶことで、なぜその制度があるのか、制度の存在は何を
意味するのか理解することができるだろう。

　制度を生かすも殺すも、今を生きる私たち次第であるといっても過言では
ない。歴史を通じ、現在の救貧制度について考えていこう。

1. イギリスの歴史

(1) 資本主義の発達とそれに伴う社会問題としての貧困

資本主義と貧困の関係

　人間の歴史のなかに常に存在してきた衣食住の欠乏・集団からの排除を含む「貧困」は、いまなお日常的なリスクである。そして「その状態から抜け出す」、あるいは「その状態に陥らない」ために、他者に対する慈恵的行為、いわゆる「助け合い」を行いながら生活を続けてきた。一方、私たちが深く学ぶのは、そのような個人的な行為ではなく社会問題としての貧困である。

　社会福祉は、資本主義の生成とともに生まれた問題である「貧困」と、労働苦をもとにしたさまざまな問題に対応する形で生み出された法制度を中心に成立してきたと説明することができる。そのなかでも、最初に問題視されたのは「生活苦」、つまり貧困に対する法制度である。

エリザベス救貧法成立の背景

　ヨーロッパの貧民問題における一つの転換点が、1520年代〜30年代にかけてであったとされる。この時期にヨーロッパのさまざまな場所で、大規模な反乱や暴動が続出している。貧民はこうした反乱に参加し、事態を過激化させるのではないかと一般の人々から恐れられていた。また、この時期には、ヨーロッパ各地で飢餓やペストなどの疫病の流行があった。都市住民たちは、浮浪者がペストなどの疫病を運んでくるのではないかと危惧した。その結果、浮浪者や物乞い者に対する都市条例では懲罰に加えて都市から排除する方針がとられた[*1]。

　ただし、この時期における浮浪者や貧民の増加原因については、人口増加とそれに伴う実質賃金の低下が指摘されている。つまり、人口増加に見合った生産力の上昇はなく、労働力を吸収するだけの工業等の発展もなかったのである。たとえば、イギリスでは職を求めて農村部から都市に移動する人々がいた。特に首都ロンドンには地方から多くの貧民が職を求めて押し寄せ、郊外に定着したが、職が見つからなければ浮浪者となった。加えて、浮浪者は、移住貧民のみではなく、当時の労働人口の大きな部分を占めていた若い徒弟等が、何らかの理由によって親方の元を離れれば、浮浪者になる可能性もあった。

　このような状況を受けて、ヨーロッパの多くの都市は、浮浪者・貧民に対する政策の転換を図った。イギリスにおいては、1597〜98年にかけての議会

*1
1601年のエリザベス救貧法は、1530年以降の条例を集約したものといわれている。浮浪者等に対する条例の出発点となる1531年の「物乞い者と浮浪者の懲罰に関する条例」においては、当該者に対して「鞭打ちのあと出身地等に強制送還、その地での強制労働」という懲罰であった。後年の1547年法では、「V字を焼き印し2年間奴隷」となり、浮浪者等に対する懲罰は次第に残酷となった。

において委員会が設立され、浮浪者救済に関する一連の決定的な法律が制定された。これがエリザベス救貧法である。

エリザベス救貧法（Elizabethan Poor Law）（1601年）

この法律は、「犯罪者への抑圧的・残虐的な法律」と「怠け者を産業労働者にさせるための法律」といった2つの側面をもつ、治安対策的性格の強いものである。その背景には「貧困者は罪人である」とした、それまでの浮浪者対策に起因する思想がある。

この法律では、浮浪者を「治安維持に害のある者」「生産的労働に容易に就労しない者」としてとらえ、「働ける貧民」と「働けない貧民」に区別して救済を行った。

「働ける貧民」については労働させることに主眼を置き、ワークハウス（労役場）に収容して就労を強制した。身寄りのない孤児に対しては、ある年齢まで徒弟として働かせて技能を習得させた。また、働けるのに働かない「怠け者」は、「矯正院」で鞭打ちなどの刑罰を受けた。

一方、「働けない貧民」とは、高齢者や障害者、病人等、働くことが肉体的・精神的にできないとされた人々であり、彼らは救貧院に収容され衣食の提供を受けていた。彼らは「貧民は死なないでもすむ」という安定を得ると同時に、被救恤貧民であることによる汚辱の烙印（スティグマ）を受けることになった。しかもそれは、制度の運営上、可視化される必要性があった。なお、教区単位には貧民監督官が任命されていた。

上記で述べた通り、エリザベス救貧法は、労働能力があるとされた者には労働を強制し、労働能力がないとされた者には慈恵的救済を行うという施策であるといえる。

(2)　産業革命の進行と好況の影響（1700年代）

社会構造の変化が進行した時代である。1789年にフランス革命が起き、イギリスの支配者たちに政治不安を与えた。また、産業革命と同時に農業革命も進展した。こうした進展のなかで、農業労働者についてみれば彼らは窮乏化していった。また、この時期には「常雇い制度が衰退し、年ぎめという長期雇用形態から、週雇いや日雇いという短期かつ不安定な雇用形態」[1]へと変化した。それに伴い賃金も週賃金、日給へと変化した。このことが労働者の生活を一層不安定なものにしていった。こうした経済上の理由からも、政治上の観点からも貧民保護の強化が要求された。

ギルバート法（An Act for better Relief and Employment of the Poor）（1782年）

　働ける貧民に対する収容主義を廃止するとともに、雇用の斡旋をして、院外救済（居宅保護）が試みられた。また、ワークハウスを労働能力のない貧民の救済の場として活用した。

スピーナムランド制度（Speenhamland System）（1795年）

　最低必要とされるパンの量を推計し、パンの価格と家族の大きさを比較して貧民への救済の額を決定した。賃金が低い場合はその差額を、失業している場合には全額を支給する制度であり、失業者だけでなく低賃金労働者に対して手当てを支給する賃金補助制度であった。

　しかし、これらの制度は、その後の凶作や戦争、制度の不備などによって頓挫せざるを得なかった。

⑶　産業資本主義の確立と自由主義思想の影響（1790年代～1800年代）

自由主義思想家の救貧に対する考え方

　産業革命以前の中心的な労働者は熟練労働者であったが、産業革命の進行によって、中心的な労働者は未熟練労働者（女性および年少者、児童労働者を含む）へと変化した。そして、より安価な労働力である未熟練労働者を雇用し、利潤を大きくすることが可能になった。その結果、労働者は低賃金や長時間労働という劣悪な労働環境下に置かれる一方、資本家は富の蓄積をし著しい貧富の差が生まれることになった。

　他方で、自由主義思想の影響を受け、国家は政治的にも経済的にも市民生活に干渉せず、国防と治安維持の役割を担うにすぎないとする「夜警国家」の役割が強調された。つまり、劣悪な環境下にいる貧民の救済について、国家は役割をもつべきではないとする主張がなされていたのである。

マルサス『人口論』1798年

　マルサス, T.（Malthus, T.）は、農産物は土地に限りがあるのでそれほど増加しないが、人口は限りなく増加すると考え、近い将来に必ず食料に対し人口が過剰になり、飢餓が発生するだろうとした。そして、人口を抑制するのは飢餓や戦争、悪疫であり、貧民の救済は貧民の結婚や子どもの増加を奨励し、人口を増加させるだけであるとし、貧民への救済は「貧民の怠惰を助長し自立心を失わせる」として救貧法を批判した。

ベンサム

　ベンサム, J.（Bentham, J.）は、最大多数の最大幸福を実現するためには経済発展が必要であり、そのなかで最も重要なのは、自由な経済活動を行う

自立した個人であると考えた。この自立した個人とは、働ける成人男性であり、働ける成人男性以外の女性や年少者、児童や障害者は自立した個人ではないとした。自立をしていない個人は、成人男性（もしくは国王を主とする国家）の扶養家族として保護されるべき存在であると位置づけた。

(4) 新救貧法（改正救貧法）（1834年）

以上のような思想を背景に、1834年「新救貧法」が成立した。すべての者に意思と経済活動の自由、そして私有財産権が保障される社会において「貧困は怠惰の産物である」とし、自己責任を強調する一方で、貧民救済に関する国家責任を否定し、救済については社会不安の必要から行う応急的なものに限定したのである。新救貧法における被救済者は市民社会からの脱落者であり、放置すれば社会不安を引き起こしかねない「特殊な人間」としてとらえていたことが指摘できる。また、新救貧法における救済は恩恵的贈与であり、市民権を剥奪されるなど「貧困は罪である」としたエリザベス救貧法との性格の類似を指摘できる。

新救貧法の概要

貧困者を「労働能力者」と「労働無能力者」に分類して区別した。前者に対しては、劣悪な労働や労役場での強制労働が課せられ、拒む者は救済拒否をした。また、後者に対する救済の水準は、独立労働者の最低水準以下でなければならないとした。これを「劣等処遇の原則」という。

働ける貧民でどうしても救済を必要とする者はワークハウスに収容し、それを拒む者は救済しないとしたが、これを「収容主義の原則」という。しかし、貧困が自分自身の責任に帰せられない者（寡婦、子ども、病人、障害者）は院外救済を認めた。

救済は行政機関である救貧法委員会によって、全国的に統一して行う中央集権化を図ったが、これを「救貧行政水準の全国統一化の原則」という。

新救貧法は、働けると判断された貧民に対する救済の拒否であるとともに、貧困が自己責任であることを明確にした法律であったといえる。

(5) ブースのロンドン調査

1870年代に入ると、イギリスのみが繁栄をしていた時代は終わり、少数の大国による植民地支配の時代に入った。同時に資本の集積や集中が進み、さらなる貧富格差が生じた。この時期、慈善組織協会（COS）の設立、救世軍やYMCA等の宗教を思想的背景とした慈善活動が活発化する。そのような情勢のなかで、貧困は個人的罪悪ではなく、むしろ社会的罪悪ではないかと

の疑問が生まれたが、その疑問に初めて統計的に答えを導き、貧困の本質と規模を明らかにしたのがブース, C. (Booth, C.) の行った社会調査である。

調査の概要

ブースは、ロンドンにおいて貧困である人の割合を調査（1886年〜1902年の間に3回実施）し、所得の偏在を初めて明確にした。彼は労働者の生活を所得や職業的地位、住居等から総合的に判断して区分を行った。その区分のなかで、明らかに生活水準が変化するラインがあり、そのラインを「貧困線（poverty line）」とし、それを下回る生活水準の人々を貧困であるとした。さらに、そのなかでも「貧困」「極貧」を区別していた。

「貧困」とは、❶余分な物が何一つない状態。❷通常はごくわずかな必需品だけはもっているが、家族の失業や疾病、死亡などの危機に備えるための余裕が全くない状態であると定義した。また、「極貧」とは、多かれ少なかれ常に欠乏状態にあり、栄養失調で衣服も粗末な状態であると定義した。

調査の結果

ブースは、『ロンドン民衆の生活と労働』において調査結果を発表している。ロンドンの人口比で、「貧困」が22.3％、「極貧」が8.4％いることを示した。全ロンドンの人口の約3分の1が貧困であるという調査結果は、大きな社会的衝撃を与えた。

また、数量だけではなく、「極貧」であることの原因は、❶臨時的労働、❷病気または身体障害、❸不規則労働（低賃金）、❹飲酒が上位を占めた。

「貧困」であることの理由としては、❶不規則労働、❷低賃金（規則的稼動）、❸大家族、❹飲酒が上位であった。この結果から、貧困の原因は、不規則労働や低賃金といった労働問題であることが明らかになった。

また、病気や身体障害、多子といった問題も、それ自体ではなく、それがもたらす「働けない」「不十分にしか働けない」「お金が足りない」といった現象が貧困の原因であることを明らかにした。加えて、個人の道徳的堕落はわずか1割であることを示し、これまでの貧困観（個人主義的貧困観＝怠け者が貧困になる）を覆す結果を出した。

現在では、貧困とは「所得」に着目するとらえ方が最も一般的であるが、職業や住居にも着目して、総合的に貧困という状態を判断する方法は、現在でも有効であり重要な視点である。

(6) ラウントリーのヨーク市調査

ラウントリー, B. (Rowntree, B.) は、ブースの調査に影響を受け、イギリスの地方都市であるヨーク市で1899年〜1950年の間に3回の調査を行った。

特徴としては、貧困を程度によって2つに分類した点と、貧困線の算出の際に科学的な根拠に基づく手法を採用した点にある。

調査の概要

ラウントリーは、ヨーク市の人口総数の約3分の2に相当する人を対象に生活調査を行った。彼は、当時の栄養学者に従い、必要カロリー量から食費を計算した。家賃は実際の金額、家庭雑費については、多数の労働者の実際の生活から収集した資料を基礎にした。これらの金額を用いて、生活を営むために必要となる諸経費を積み上げて最低生活費を算出した。この金額を第一次貧困とし、「収入を注意深く管理し出費を切り詰めたとしても、その収入が家族の身体的能率の必要最低限を満たすのに不十分な状態」と定義した。つまり、衣食住に事欠く貧困のことである。なお、食費についてはワークハウスで提供される食費よりも低い金額であった。

また、第二次貧困を「収入と出費を注意深く管理すれば、身体的能率を維持することは可能であるが、実際には家族が貧困に苦しんでいる状態」と定義し、ヨーク市の貧困者の状態を調査・分析した。

調査の結果

『貧困－都市生活の研究（Poverty－A Study of Town Life）』（日本では『貧乏研究』と訳され出版された）において調査結果を発表している。

最低所得ぎりぎりかそれを下回る状態（第二次貧困以下の状態）で暮らしている人が、労働者階級人口の43.3%、全人口の27.8%であると示した。

そして、貧困な状態であることの原因として、❶常用の雇用ただし低所得、❷大家族（子ども5人以上）、❸主な稼得者の死亡、❹主な稼得者の疾病、❺不規則就労、❻失業であることを示した。ブースの調査と異なり、個人の道徳的理由が含まれていないことは注目する点である。ラウントリーは、飲酒などの道徳的理由は、貧困の直接的な原因とはとらえずに二次的な現象であるととらえている。

また、この調査では、貧困に至る原因として劣悪な労働環境があることを示した。加えて、劣悪な労働環境は労働者の人生上でも影響を与え、彼らの人生は貧困線上を上下に移動を繰り返すとする、ライフサイクル上の貧困を指摘した（図12－1）。

彼の調査方法をもとにつくられたマーケット・バスケット方式は、日本で最初に実施された最低生活費の算出方法と同じである。また、生活習慣にまで踏み込んで貧困をとらえようとした点に大きな特徴があり、現在でも学ぶべき視点である。しかし、生活習慣をどこまでとらえるのか、どのようにとらえるべきなのかについては議論の余地がある。何をもって貧困と判断する

図12-1　ライフサイクル上の貧困

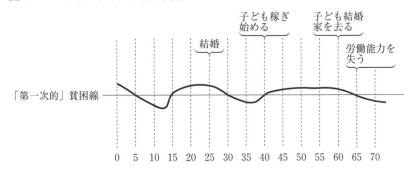

出典：B.S.ラウントリー、長沼弘毅訳『貧乏研究』ダイヤモンド社　1959年　p.152を一部改変

のかは、非常に難しい問題といえよう。

(7)　貧困対策への新たな方向

社会調査の社会的影響

　ブースとラウントリーの調査結果は「貧困の発見」と呼ばれ、イギリス社会に大きな影響を与えた。貧困の状態になる直接的な原因が、個人の道徳的堕落といった事情ではなく、極めて社会的・経済的諸条件によって起こることが明らかになったからである。貧困のとらえ方や考え方の転換は、制度や政策に影響を与え、貧困の原因の発見は「貧困への予防」が意識されるようになるきっかけをつくった。

王立救貧法委員会報告書（Report of the Royal Commission on the Poor Laws and Relief of Distress）（1909年）

　貧困の原因が社会的なものであるという認識は、新救貧法の実施に疑問を投げかけることになり、新救貧法の検討機関として1905年に設置された「王立救貧法委員会」において重要な議題であった。新救貧法を全面改正する点については異論なかったが、詳細な実施方法等については立場のさまざまな違いから意見の対立が起きた。

　多数派（チャドウィック,E.［Chadwick, E.］をはじめとする慈善組織協会出身の委員が中心）であった人々は救貧法の改良を主張し、救済におけるさまざまな法的条件を緩和して、貧困者に応じて多様化することを提案した。

　他方の少数派は、社会改良主義者であったウェッブ,B.（Webb, B.）のほか３名で構成されていた。彼らは「救貧法及び失業救済に関する勅命委員会報告書（少数派報告）」において、慈善組織協会の系統に属する人々の考え方を批判した。そして、国民の最低生活を確保する政策を新たに実施することを要求し救貧法の解体を主張した。

　結果的に、救貧法が解体されるのは1929年である。少数派報告が影響力を
もつに至ったのは、最低生活の維持は国民の社会的権利であるとする主張で
あり、その後の社会保障が国家責任によって実施される道筋をつくったので
ある。

新たな救貧制度の確立に向けて

　世界恐慌以降の社会不安や第二次世界大戦の過程における情勢の展開を通
じ、その体制の平和的維持のためには、人権問題として国民生活分野の整備
を図ることが必要不可欠であった。特に、第二次世界大戦の総力戦時体制が、
社会保障制度の拡充に大きな役割を果たしている。戦後の福祉国家の原案と
もなった「ベヴァリッジ報告」が第二次世界大戦中の1942年に示されたこと
の重さを指摘したい。

ベヴァリッジ報告「Beveridge Report」（1942年）

　正式名称は「社会保険及び関連サービス（Social Insurance and Allied
Services）」であり、「ゆりかごから墓場まで」と言われる政策体系の基礎と
なった報告書である。国民扶助と任意保険による体系を示し、「ナショナル・
ミニマム」という理念に具体的な内容を示し世界的に影響を与えた。

　つまり、国民生活上にある「5つの巨人」[*2]への戦いのうち、「欠乏（貧困）」
との戦いに主眼を置き、最終目標は、国民の最低生活（ナショナル・ミニマ
ム）を保障することである。

*2　5つの巨人
欠乏、疾病、無知、怠
惰、不潔。

　具体的な方法は、均一額の最低生活費給付、均一額の保険料拠出、リスク
と適用人口の普遍化、行政の一元化等6つの基本原則に立った社会保険を中
心とする制度を確立させることであった。

　ベヴァリッジ報告の意義は、従来の社会保険や公的扶助の継ぎはぎ的な措
置ではなく、抜本的な改革であったことである。また、社会保険の組織は社
会進歩のための包括的な政策の一部分としてのみ取り扱うこととし、社会保
障は国と個人の協力によって達成されるべきものであることを記した点に大
きな意味がある。

2．日本の歴史

(1)　恤救 規則とその成立した背景

「恤救規則」が成立した背景

　300年近い長い期間、幕藩体制のなかで生きてきた日本人にとって、明治
時代は生き方を変える大きな変化の時期であった。明治時代になり、人々は

職業選択の自由と、それに伴った移住の自由を獲得したが、実際に移住をした人々の多くは職業を求めて大都市に向かった。しかし、都市部にそのような移住者たちが就業する場は少なかった。このような社会のなかで、明治維新後初めての公的扶助制度である恤救規則は成立した。

恤救規則

　明治政府がつくった代表的な救貧制度は、1874（明治 7 ）年の「恤救規則」であり、全文が 5 条で構成されている。

　恤救規則の特徴はその前文であり、救貧の責任は「人民相互の情誼」、つまり救貧は近隣や村での相互扶助の「同情心・道徳心」で行うべきであるとしている。よって救済の対象は、「無告の窮民」と呼ばれた、相互扶助できる者がいない「極貧の者」としている。また、「詳細は内務省に伺うように」との指示が書かれており、強い中央集権的な性格をもっていたといえる。

　救済対象である「無告の窮民」とは、原則的に独身（戸籍上、ほかに誰もいない）であることが前提条件であり、加えて「障害によって労働ができない者」「70歳以上の重病あるいは老衰にて労働ができない者」「疾病により労働ができない者」「13歳以下の者」に限定されていた。つまり、自助努力ができず、なおかつ相互扶助も見込めない労働能力のない窮民を対象としている。なお、救済方法は米代を金銭給付していた。

　本規則は、貧困を個人問題とし厳しい制限を加えることで、容易には救済されない仕組みであったといえる。貧困の個人責任、労働能力の重視という点においては、エリザベス救貧法や新救貧法との類似性を指摘できる。しかしながら、非常に制限のある恤救規則のみで救貧が実施されたのではない。実際には、特別救護制度と呼ばれる特殊な貧困を対象にした救貧制度を徐々に整備し、明治から昭和までの貧民に対する救済を実施したのである。

(2)　救護法とその成立した背景

「恤救規則」の限界と社会問題

　恤救規則は前述のような性格の救貧制度であったにもかかわらず、最終的に1931（昭和 6 ）年までの57年間も、わが国の一般救護制度の柱として位置づけられた。この間、資本主義の発展とともに恤救規則のみでは対応が追いつかず、新たにいくつかの制度が検討された。

　まず、1898（明治31）年に、公的責任の明文化、救済対象の拡大化などを盛り込んだ「窮民救済法案」が提出された。また、1902（同35）年には「救貧法案」が帝国議会に提出された。しかし、貧困の社会性を否定する思想や、公的な救済は惰民を養成するだけである等の思想を背景にして、すべて成立

に至らなかった。

その一方で、政府は救貧そのものを目的とする立法ではないが、救貧と何らかの関係をもつ特別救護制度の整備を相次いで行った。行き倒れの病人や死亡者の取り扱いを定めた「行旅病人及行旅死亡人取扱法」や、災害時の救済を決めた「罹災救助基金法」等を成立させている。

しかし、第一次世界大戦後に日本国内外の政治的・社会的状況は激変する。社会問題の頻発、労働者階級の政治的成長、1918（大正7）年の米騒動、1920（同9）年の戦後恐慌、1923（同12）年の関東大震災とこれに伴う手形整理に端を発した1927（昭和2）年の金融恐慌（昭和恐慌）、1929（同4）年の世界恐慌の勃発など、不況による社会不安が増大した。このような社会環境の悪化に加え冷害や凶作の発生により、国民の生活は「動物的生活水準」といわれるほどにまでなった。農山村では子どもの身売り等が横行し社会問題化した。

飢饉に襲われた子どもたち（1934年）
出典：読売新聞社

社会事業の登場と方面委員制度

このような社会環境を受けて内務省は、1917（大正6）年に社会事業行政を担当する救護課を設置し、1919（同8）年に社会課、1920（同9）年には社会局に昇格した。地方自治体でも社会事業を担当する部署が、1918（同7）年に大阪府と大阪市に、1919（同8）年には東京府・東京市・横浜市・兵庫県等に設置された。

また、民生委員の前身である方面委員制度が、各地方自治体でスタートしている。1917（大正6）年5月の岡山県「済世顧問制度」、1918（同7）年6月の東京府慈善協会「救済委員制度」、同年10月の大阪府「方面委員制度」、1919（同8）年7月の埼玉県「福利委員制度」、1920（同9）年4月の横浜市「方面委員制度」等であり、1928（昭和3）年までに全国の道府県に設置された。

社会問題に対して方面委員が活動するなか、内務省は「一般救護に関する体系」を答申し、1929（昭和4）年に救護法案が提出され、「国民生活の不安と思想の動揺を防止すること」を目的として成立した。

救護法は成立したが、政府は財源を理由に実施しなかった。これに対し、1930（昭和5）年に方面委員ら、実際に救貧活動を行ってきた人々を中心に「救護法実施期成同盟」が結成され、救護法の早期実施を求める精力的な運

動が展開された。その結果、1932（同7）年1月から救護法は実施された。

　なお、方面委員の活動は地方自治体独自の取り組みであったが、1937（昭和12）年1月に施行された「方面委員令」によって、地方自治体の制度から国の制度へと転換されることになった。

救護法

　救護法は、国家が救貧に関し主体的に実施すると法文に明記された初めての法律である。救済等の費用について財源の負担割合を明確にし、国は市町村、道府県の負担した費用の2分の1以内を、道府県は市町村が負担した費用の4分の1以内を負担することになった。

　対象者は「65歳以上の老衰者」「13歳以下の子ども」「妊産婦」「傷病もしくは心身障害のため働くことができない者」で、貧困のために生活困難な者を対象とする制限主義をとっている。救護の機関は、救護を受ける居住地の市町村長、居住地のない者または不明な者は現在地の市町村長とした。救護機関として市町村長が救護事務を取り扱い、方面委員は名誉職として市町村長を補助した。

　救護の方法は居宅保護が原則であるが、それが困難である場合には救護施設（養老院や孤児院、病院等）への入所による救済も実施した。なお、救護施設はわが国で初めての法律に基づく社会福祉施設である。扶助の種類は4つで、生活扶助、医療扶助、助産扶助、生業扶助であった。

　救護法は恤救規則に比べると、公的救済義務の明示や対象範囲の拡大、救済方法の明確化など進歩的な側面もある。その一方で、基本的には血縁を中心とした救済を前提とし、対象者の範囲も現在の公的扶助と比べると非常に限定的である。加えて、救貧は「法の反射的利益」（法の保護する利益は、救済された場合のみ受けられる利益であり、請求することはできない利益）とされ、保護を受ける人には選挙権がなかった。

　さらに、第29条において「行動が著しく不良」「著しく怠惰」であるときは救済をしないとする「欠格条項」（資格を欠く条件）が定められていた。欠格条項の存在は制限扶助主義であることを示すだけではない。その運用において運用者の主観に頼らざるを得ない、つまり制度でありながら、運用者によって判断基準が異なるという運用上の公平性を欠くことも問題になる。

　しかしながら、施行に前後して満州事変が勃発し、わが国は戦時体制に突入したため本格的に国民を救済するものとはならなかった。

⑶　戦後の救貧立法とその成立した背景

　1945（昭和20）年8月、第二次世界大戦が終わった。敗戦後はGHQ（連合国軍総司令部）の指導のもと、荒廃した国民生活を立て直すため、日本政府は同年12月15日に「生活困窮者緊急生活援護要綱」を成立させ、生活困窮者への救済を急いだ。援護の対象となったのは、一般国内生活困窮者、失業者、戦災者、海外引揚者、在外者留守家族、傷痍軍人およびその家族ならびに軍人の遺族であって、著しく生活に困窮している者であった。

　日本の統治政策の一環として、GHQは1945（昭和20）年12月8日に「救済並びに福祉計画に関する件（SCAPIN404）」を指令し、日本政府に対し失業者や生活困窮者救済の具体的計画案の提出を求めた。それに対し、日本政府は1945（同20）年12月31日に「救済福祉に関する件」を提出したが、それは、戦前の制度を整理したものであった。

　GHQはその報告を不服とし、1946（昭和21）年2月27日に「社会救済（SCAPIN775）」を発令した。このなかで「無差別平等」「公私分離」「国家責任」「必要な保護費に制限を加えない」という救貧に関する原則を示し、この原則を含めた救済福祉計画を作成するよう指示した。

（旧）生活保護法

　（旧）生活保護法は前述の背景のなか、1946（昭和21）年9月に制定され、10月に施行された。「無差別平等」「国家責任」を原則としており、労働能力の有無を問わず、生活困窮していれば保護をすることができる一般扶助主義を採用し、保護費の国庫負担率（国は、保護費のうち10分の8を負担）を明示した。

　また、市町村が実施機関となり、補助機関として民生委員（従来の方面委員）が位置づけられた。保護の種類は生活扶助、医療扶助、助産扶助、生業扶助、葬祭扶助（埋葬）の5種類とした。

　旧生活保護法は一般扶助主義を掲げながらも、扶養義務者による扶養の最優先、怠惰や素行不良な者の排除を意図した欠格条項を残し、国家責任の原則を掲げながらも民生委員を補助機関として位置づける等、基本的には救護法と変わらない部分も有し課題を残していた。

新生活保護法制定までの経緯

　このように、旧生活保護法は問題点を含むものであったが、GHQはその問題点も承知しており、過渡的な制度であるとの認識を有していたといわれる。

　GHQは1948（昭和23）年7月に、「日本社会保障に関する調査団報告書の

件（SCAPIN5812/A）」を提出した。それに基づいて政府は、同年12月に社会保障制度審議会設置法を制定し、社会保障審議会を開催して公的扶助について検討を行い、審議会最初の勧告として1949（同24）年9月に「生活保護制度の改善強化に関する勧告」を行った。この勧告では、❶保護基準の引き上げ、❷保護請求権（不服申立て制度）の確立、❸有給専門職員の設置、❹教育扶助と住宅扶助の追加、❺民生委員を補助機関から協力機関へ移行することなどが提言された。

　そして、GHQは1949（昭和24）年11月に「社会福祉行政に関する6項目の提案」を行い、❶厚生行政地区（福祉地区）の確立、❷民間団体の公私分離（公私責任分野の明確化）、❸市の福祉行政の再編成、❹厚生省による助言と実施指導、❺有給専門職員の現任訓練の実施、❻社会福祉協議会の設置等について政府と合意をしたが、これが1951（同26）年3月に制定された社会福祉事業法の基礎となった。

　なお、日本国憲法が1946（昭和21）年11月に制定され、翌年の5月に施行されている。憲法第25条に生存権が明記されたが、旧法は憲法制定以前に施行されているため、生存権の規定は反映されていないことになる。

新生活保護法（旧法の改正）

　現行の生活保護法は、旧生活保護法の不備を認め、憲法第25条の生存権を加味して1950（昭和25）年5月に改正された法律である。

　旧法で大きな課題になっていた「欠格条項」を削除し、国民が一定の要件を満たす場合は保護を受ける権利を認めた。これは「保護請求権」と呼ばれ、保護の決定に対しての「不服申立て制度」が創設された。

　また、扶助の種類も旧法の5種類に加えて教育扶助と住宅扶助を追加し、人生の全般を支え得る制度として改正された。なお、2000（平成12）年には「介護扶助」が追加され、現在では8種類の扶助となり、最低限度の生活を保障する法律となっている。

　保護の方法は原則的には居宅保護であるが、施設保護を実施するために保護施設が拡充され、保護受給者の医療給付を確保するために「指定医療機関」を創設した。

　保護の実施機関は市町村として、有給でかつ専門職員の社会福祉主事を創設した。それまで救貧活動を実際に行ってきた民生委員を協力機関に位置づけ、有給の職員が責任を持って職務を行う体系に改正した。

　また、財源の負担割合は（旧）生活保護法と同様に、国が10分の8と多いが、1985（昭和60）年度に10分の7へ下がり、1989（平成元）年度に4分の3（10分の7.5）と上がり現在に至っている。

　このように新生活保護法の改正時は、実施機関が市町村であり、現在の「福祉事務所」ではない[*3]。

＊3
第3章参照。

【引用文献】

1）吉尾清『社会保障の原点を求めて－イギリス救貧法・貧民問題（18世紀末～19世紀半頃）の研究』関西学院大学出版会　2008年　p.32

【参考文献】

・安保則夫著、井野瀬久美惠・高田実編『イギリス労働者の貧困と救済－救貧法と工場法』明石書店　2005年
・乳原孝『「怠惰」に対する闘い－イギリス近世の貧民・矯正院・雇用』嵯峨野書院　2002年
・大場四千男「十六世紀イギリス旧救貧法の成立（五）」『北海学園大学学園論集』第156号　北海学園大学学術研究会　2013年
・金澤誠一編著『公的扶助論』高菅出版　2004年
・川上昌子編著『新版 公的扶助論』光生館　2007年
・小山路男『西洋社会事業史論』（社会福祉選書5）光生館　1978年
・菅沼隆『被占領期社会福祉分析』ミネルヴァ書房　2005年
・高田実・中野智世編『近代ヨーロッパの探究　15福祉』ミネルヴァ書房　2012年
・武田尚子『20世紀イギリスの都市労働者と生活－ロウントリーの貧困研究と調査の軌跡』ミネルヴァ書房　2014年
・日本社会事業大学救貧制度研究会編『日本の救貧制度』勁草書房　1960年
・福祉臨床シリーズ編集委員会編・伊藤秀一責任編集『臨床に必要な公的扶助－公的扶助論』（福祉臨床シリーズ5）弘文堂　2006年
・吉尾清『社会保障の原点を求めて－イギリス救貧法・貧民問題（18世紀末～19世紀半頃）の研究』関西学院大学出版会　2008年
・吉田久一『日本社会事業の歴史 新版』勁草書房　1981年
・B.S.ラウントリー（長沼弘毅訳）『貧乏研究』千城　1975年

第13章 貧困に対するソーシャルワーク実践

●本章のねらい

> 　保護受給者が抱える生活上の問題には、生活保護制度だけで解決できることと、関係機関や他の専門職を活用しなければ解決できないものがあり、多くの場合は後者である。よってソーシャルワーカーが保護受給者の自立生活に向けた支援を展開するには、経済的給付により最低生活保障をするとともに、支援にあたっては社会資源や専門職の活用が求められていることを事例から学ぶ。

1．保健・医療機関との連携

⑴　事例の概要

★本人のプロフィール
・相 談 者：Aさん（30歳・女性）　高校卒　X県Y市に居住
・家族構成：長男（8歳）、長女（5歳）とのひとり親世帯。2年前に離婚
　　　　　　するが、前夫からの養育費はない。経済的にはAさんのパート
　　　　　　収入とひとり親世帯への手当で何とか生活している。

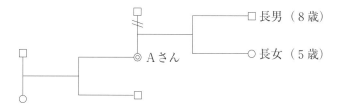

★ソーシャルワーカーのプロフィール
・所 属 機 関：X県Y市福祉事務所（生活支援課）
・職　　　　種：現業員（資格：社会福祉士）
・プロフィール：Bワーカー（32歳・男性）　社会福祉系大学を卒業後、Y
　　　　　　　　市に就職。高齢者支援課、障害者支援課に勤務後、3年前
　　　　　　　　より現職。

⑵　生活保護の申請に至る経緯

　Aさんは離婚後間もなく、離婚によるストレスなどから飲酒へと向かってしまい、飲んではいけないと思いつつも止められない状態となる。その後、知人のすすめもありY市の精神保健福祉相談に行き、Y市役所の保健師より近隣のアルコール専門の精神科病院を紹介されて受診した。

　しかし受診も不定期となってしまい、1か月以上来院しなかったので、心配した精神科病院の医療ソーシャルワーカー（以下「PSW」）が自宅に電話をするがつながらず、Y市の保健師に連絡し保護師が家庭訪問したところ、Aさんは昼間から飲酒している状態で生活も荒れていた。パート就労も休みがちになっており、家賃も滞納している。家主からは立ち退きを迫られていると話す。

　その後、PSWがAさんに連絡し、早期受診を促した。Aさんは「これから受診してもよい」と話したのですぐ受診させたところ、要入院の状態であった。また、Aさんの了解のもと、保健師はY市担当のX県児童相談所、Y市役所の子育て支援課へ連絡。長男と長女は児童相談所において一時保護を行うことになった。

⑶　インテーク・アセスメント

インテーク（受理面接）

　入院の際、生活支援課の面接担当員にPSWより連絡が入り、「Aさんの入院費用やその間の生活費について生活保護の相談をしたい」との話から、生活保護担当のBワーカーが出張面接を行った。

　Aさんより前夫とのかかわりや養育費の状況、扶養義務者の状況、預貯金や資産の状況、生活歴等の状況などを聴取したうえ、生活保護制度、権利や義務等を説明し、Aさんより申請意思があったため生活保護の申請書を受理した。

アセスメント（事前評価）

　BワーカーがAさんとPSW、保健師から聴取した内容は、次の通りである。

【生活状況等】

■生活歴

　X県にて2人きょうだいの長女として出生。すでに所帯をもつ3歳上の兄がいる。県立高校を卒業後、生命保険会社に就職したが、2年後に前夫と知り合い、妊娠を機に退職して結婚した。結婚後は専業主婦であったが、性格の不一致から2年前に離婚。その後、Y市に転入しアパートを借りて生活

駅前のショッピングセンターでパート就労をしてきた。

■扶養義務者の状況

　両親、兄とも近隣市に居住。両親は年金生活である。前夫との結婚を反対された経緯があり両親とは交流がない。兄も家庭があり援助は難しい。

■資産・預貯金・収入の状況

　活用できる資産などなく、預貯金・手持ち金は1万円、収入は勤労収入が月額6万円、児童手当2万円、児童扶養手当5万3,050円。

■住居の状況

　和室6畳・3畳、キッチン、風呂、トイレの家賃月額5万5,000円のアパート。家賃は4か月分滞納。Aさんのアルコール飲酒に伴う近所からの苦情と家賃滞納により、家主からは立ち退きを求められている。

■病状（主治医より病状確認）

　アルコール依存症のため、3か月程度の入院とアルコール治療プログラムが必要。退院後も定期的な通院と服薬が必要であり、断酒会などにも参加した方がよい。

■前夫とのかかわり

　慰謝料や養育費はもらえず、また、子は前夫とは会っていない。

■子どもの状況

　長男は小学校入学前に両親が離婚したことにより、その不安定な生活から不登校となり、あまり通学していない。長女は保育所に通っていたが、Aさんが体調を崩してしまったことから登所していない。

今後の生活設計（Aさんの希望）

　離婚後はパート収入とひとり親世帯への手当などで生活をしてきたが、家賃が滞りがちとなり、パートに行かなくてはいけないと思っているが行く気になれず、最近は休んでは昼間から飲酒してしまっている。「もうアパートには戻れないため、どこかで子どもたちと一緒に生活をしながら、飲酒を止める治療もしたい」と思っている。

要否判定

　BワーカーがAさんの生活保護受給の可否について資力調査（ミーンズ・テスト）をしたところ、最低生活費が収入認定額を上回ったので生活保護を開始する決定をした。

生活課題の分析

　BワーカーはAさんとの面接、主治医やPSW、保健師からの情報より、Aさんの生活課題を次のように分析した。

○預貯金が少なく、就労についても中断したので、生活費の捻出ができない

状況である。

○扶養義務者は近隣にいるものの、前夫との結婚に反対をされた経緯もあり頼ることはできない。

○住居は退去を求められているので、他の居住先を検討する必要がある。

○子どもたちは児童相談所に一時保護となっており、通学・通所していない。

　またＡさんの希望は次の通りである。

　・入院中にしっかりと治療をしたい。

　・治療が済んだら子どもたちと一緒に生活をしたい。

　・今後のためにも両親・兄との関係を修復していきたい。

⑷　プランニング（支援計画の作成）

カンファレンス（支援会議）

　Ａさんはアルコール治療のため入院した。アルコール治療のプログラムも中盤となったころ、病院のPSWよりＢワーカーに「Ａさんの治療も順調に進んでいるので、今後の生活のことについてカンファレンスをしたい」と連絡が入った。そこで、Ｂワーカー、児童相談所の児童福祉司、児童心理司、Ｙ市の保健師と子育て支援課の職員とともに病院を訪問し、Ａさん、PSWも交えながら話し合いが行われた。

　子育て支援課の職員から「母子生活支援施設に空きがあり、退院と同時に入所が可能である」ことが伝えられると、Ａさんは最初は難色を示したが、「病状のこともあり、退院後すぐにアパートなどにて生活することに不安感があるため、施設入所について考えたい」と話してくれた。

　その結果をもとに、Ａさんの退院後の生活についての「支援計画」を次のように作成した。

短期的支援計画

○当面はアルコール治療のプログラムに専念し、退院を目指していく。

○子どもたちと３人で生活できるように、退院後、スムーズに母子生活支援施設へ入所できるよう調整する。

○母子生活支援施設入所後、子どもたちが通学・通所できるよう、関係機関との調整を図る。

中期的支援計画

○主治医などから病状や通院頻度を確認し、退院後は断酒会に参加できるようにＡさんに情報提供などを行い調整する。

○母子生活支援施設への入所後、当面は月に１回程度は訪問しながら、施設長・母子指導員などとの連携を図り、施設での生活状況を把握する。

○アパートの解約手続き等については、両親と兄に依頼してみる。

長期的支援計画

○ハローワークなどの利用により求職活動をし、就労意欲をもってもらいながら生活の安定を図る。

○両親や兄、前夫との関係修復と、養育費等の請求を検討していく。

⑸　インターベンション（支援の実施）

退院・母子生活支援施設への入所

　Aさんの入院生活も順調に来たため、アルコールの治療プログラムが終わるころ、再度PSWよりBワーカーに連絡が入り、前回と同じメンバーで病院にてカンファレンスを開催した。

　その際に退院日が決まり、❶子の養育・登校などについて、❷通院、服薬などについて、❸母子生活支援施設での生活など、今後の生活について確認した。また、カンファレンスの翌日、Aさんは保健師とともに母子生活支援施設へ見学と面接に出向き、正式に入所できることになった。

　その後、退院日となり、母子生活支援施設に入所。また、子どもたちの入所は、児童相談所の児童福祉司、児童心理司との面談を経ながらAさんの生活が落ち着く3週間後とし、その間に学校の転校手続きなどをすることにした。

　Aさんに対しては、「しばらくは通院、治療に専念する」「子どもたちが通学・通所できるように生活リズムをつける」「施設職員や入所者と協力しながら施設生活を送るように」と話をした。

通院・服薬の継続

　Aさんに対しては、主治医の指示通りに通院、服薬をするとともに、施設の母子指導員も通院状況の確認をしていくことにした。

　なお、断酒会については夜間に地域で行っている会があるが、主治医とAさんの会への参加について話し合った結果、養育の観点から夜は子どもとの生活を大切にすべきであり、その代わりに日中病院内で行われるデイケアと断酒グループのミーティングに参加することになった。

　また、通院・デイケアに際しては医療扶助の移送費が支給されるため、主治医の指示を守りながらきちんと通院するように話をした。

子どもたちの通学・通所

　3週間後、子どもたちは児童相談所の一時保護所より母子生活支援施設に移った。早速、長男はAさんと学校に挨拶に行き、翌日から登校することとなった。長女は施設内保育所で日中を過ごすことになった。

⑹ 事例の考察

　本事例は離婚によるストレスから飲酒へと向いてしまった母親が、受診や入院をしたことを契機として、病院のPSW、Bワーカー、児童相談所の児童福祉司、児童心理司、Y市の保健師との出会いにより、カンファレンスなどを通して母子生活支援施設への入所となり、その後、施設で子どもたちとの生活を再開した事例である。

　Bワーカーは、Aさんに対して、入院に至ってしまったプロセスを受容して、その後、面接や話し合いなどにより気持ちを共有して支援していった。また、病院のPSWやY市の保健師といった「保健医療機関」との連携により支援がなされたことから、社会資源の活用と連携の大切さがわかる。

　本事例において、母子生活支援施設での生活が安定してきた際には、長期的支援計画にもあるように、Aさんに就労意欲をもたせて求職活動を支援するために、ハローワークの活用を含めた自立支援プログラムにおける就労自立支援プログラムなども活用していくことも考えられる。

【演習課題】

①Aさんが、きちんと通院や服薬、デイケアに参加をしていくために、ソーシャルワーカーはどのような点に留意が必要か考えましょう。
②母子生活支援施設に入所した長男がきちんと通学できるようにするには、今後、関係者たちのどのような支援が必要か考えましょう。
③Aさんが今後、母子生活支援施設において過ごすにあたり、どのような点に留意しながら支援していく必要があるか考えましょう。

2．就労支援プログラムを活用した支援

⑴ 事例の概要

★本人のプロフィール

・相談者：Aさん（36歳・女性）　短大卒　X県Y市に居住
・家族構成：長男（11歳）、長女（8歳）、次男（5歳）とのひとり親世帯。半年前に夫を癌で亡くした。亡夫の両親とは絶縁状態になって

いる。Ａさんの母親はすでに他界し、父親は要介護状態で隣市の特別養護老人ホームに入所している。

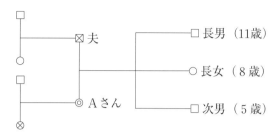

★ソーシャルワーカーのプロフィール
・所　属　機　関：Ｘ県Ｙ市福祉事務所（生活支援課）
・職　　　　　種：就労支援員（資格：社会福祉主事・社会福祉士）
・プロフィール：Ｂワーカー（30歳・女性）　社会福祉系大学を卒業後、Ｙ市役所に就職。障害者支援施設に勤務後、２年前より就労支援員としてＹ市福祉事務所生活支援課に勤務。

⑵　生活保護の申請に至る経緯

　Ａさんの夫は３年前に食道癌を発症し、入退院を繰り返していた。派遣のトラック運転手だった夫が働けなくなったことで一家の収入が途絶え、以後は、わずかな預貯金と夫が入院してから始めたＡさんのパート収入、児童手当、夫の両親からの援助で何とか生活してきた。しかし、度重なる手術とそれに伴う入退院をめぐって夫の両親が病院への不信感を募らせ、それを仲介しようとしたＡさんにも不信感をもつようになり、一切の援助を断られてしまった。それにより、生活費や入院費の捻出が困難となり、夫の入院先の医療ソーシャルワーカーに相談したところ「Ｙ市福祉事務所に相談に行くように」とアドバイスされて、その日のうちにＡさんはＹ福祉事務所に出向き、生活保護の申請に至った。

⑶　生活保護受給後の経過

　生活保護の受給を開始した１か月後、Ａさんの夫は亡くなった。夫の死後３か月が経って、Ａさんは悲しみからも立ち直り、子どもたちも落ち着きを取り戻したので、今後の母子４人の生活を安定させるためにも現在のパートではなく、安定した職に就きたいと思うようになった。そこで、生活保護担当のＣワーカーとも相談して就職活動を始めた。しかし、思うように就職活

動は進まず、3か月が経過しても新たな就職先が見つからなかった。

　Cワーカーは、Y市作成の自立支援プログラムの「母子世帯における身体的阻害要因・社会的阻害要因」に沿って、Aさんの阻害要因をアセスメントした。その結果、多子であることと次男が未就学児であることを除いて大きな阻害要因はなかった。そこで、Aさんの希望でもある経済的自立に向けて、就労支援員による就労支援プログラムへの参加をすすめたところ、Aさんも「ぜひ参加したい」とのことであったので、就労支援員であるBワーカーを紹介した。

⑷　インテーク・アセスメント

インテーク（受理面接）

　Aさんには、事前にCワーカーから「就労支援プログラム」と就労支援員であるBワーカーの役割の説明がされていたが、再度、就労支援プログラムへの参加の意思を確認した。Aさんははっきりとした口調で「自分だけでの就職活動は限界なので、ぜひ支援していただきたい」と言い、同意書へのサインをして支援が開始され、Y市福祉事務所内の面接室で面接を行った。

　Bワーカーは、生活保護担当のCワーカーから今までの生活状況等については情報提供を受けていたが、それらの情報に加えて、過去の職歴や就職活動の状況、今後の就労に対する希望等を聴取した。

アセスメント（事前評価）

　Bワーカーが、AさんとCワーカーから聴取し把握した内容は次の通りである。

【生活状況等】

■生活歴と職歴

　隣市のQ市で出生。会社員の父親と専業主婦の母親に育てられる。地元の中学校と高校を卒業後、県内の短大に進学。卒業後は父親の知人のいる会社で事務員として3年間働く。結婚退職後、専業主婦で子育てに専念していた。健康状態は良好で、過去に大きな病気や怪我もない。

■子どもたちの状況

　父親が亡くなったことで、長男と長女は大きなショックを受けたようだったが、次男は状況がよくわかっていない様子。長男と長女は当初、学校でも不安定な行動が見られたと担任の教師から連絡をもらったが、最近では落ち着きを取り戻している。次男はAさんがパートに出るようになってから保育所に通っているが、特に嫌がる様子もなく元気に通っている。父親の闘病生活が長かったので子どもたち同士で仲良く助け合い、長男と長女は次男の面

倒をよく見て、Ａさんの手伝いもよくしている。

■別居家族の状況

亡夫の両親はＸ県Ｗ町に居住している。前述したように、亡夫の入院当初
は入院費を負担してくれたり、子どもたちの面倒を見に頻繁に自宅を訪れて
くれたりと協力的であったが、現在は絶縁状態である。Ａさんは一人っ子で、
母親はすでに他界している。年老いた父親は自らの年金で特別養護老人ホー
ムに入所しているため援助は期待できない。

■就労の状況

亡夫が入院したことで収入が断たれたため、３年前から友人の紹介で、近
所のスーパーでレジ打ちのパートを始めた。初めのころは週４〜５日、１日
５時間勤務であったが、亡夫の病状が悪化してからは休みがちになり、現在
はシフトの関係で週２〜３日しか働けない状況である。

【就職活動の状況】

■ハローワークの活用

就職活動をすると決めてすぐハローワークに行った。求職の登録をし、パ
ソコンで検索をしようと思ったが、検索の方法がよくわからず、長時間かけ
ても希望する仕事をみつけることができなかった。それ以来足を運んでいな
い。

■新聞の折り込み広告の活用

生活費を切りつめるために新聞はとっていないが、近所の友人に求人広告
だけもらって毎週チェックしている。サービス業を中心に見ているが、「土
日祝日勤務できる方」と書かれているので応募できない。ときどき「これは」
と思うのがあるが、電話をかけるとなると何と言っていいのかわからなくて
日が経ってしまう。

■履歴書

今までに書いたことがないので何をどのように書いていいのかわからない。
現在のパート先のときは友人の紹介だったので面接だけだった。

■就労への希望

子育てと両立できる仕事で、初めはパートでも将来的に正社員になれる仕
事がいい。長く仕事をしていなかったので、どのような仕事がいいかわから
ないが、無理のないようにしっかりと働きたい。

生活課題の分析

Ｂワーカーは、インテークおよびアセスメントをもとに、Ａさんの就労に
向けての生活課題を次のように分析した。

○就労意欲は十分あり、就労できるだけの能力も十分にもっている。

○結婚後は長く専業主婦だったため、就労に対して強い不安をもっている。

○就職活動に必要なスキル（ハローワークでのパソコン検索、履歴書の書き方等）が身についていない。

○家庭状況として多子であること、末子は未就学児童であること、協力してくれる身内がいないことを十分配慮して職場を検討する必要がある。

　ここまでの情報や分析をもとに、Cワーカーと協議し、カンファレンスで今後の支援方針について他のソーシャルワーカーからも意見を聞くことにした。その結果をもとに立てた支援計画は以下の通りである。

⑸　プランニング（支援計画の作成）

短期的支援計画

○就職活動に必要なスキルを身につけるように、履歴書の書き方、面接や電話のかけ方等の練習を行う。

○ハローワークにおいて自分で検索できるように、同行して練習を行う。

○求職職種を明確にする。

○生活保護受給者等就労自立促進事業への参加をすすめる。

中期的支援計画

○就職活動への不安を丁寧に傾聴し、子育てとの両立ができるような仕事を探せるように支援する。

○子どもたちの生活が安定したものであるように、Cワーカーとの連携を密にする。

長期的支援計画

○安定した職に就き、母子4人の安定した生活ができるように支援する。

○就労を継続できるようにフォローアップを行う。

○安定した生活が維持できるように、Cワーカーとの連携を密にする。

⑹　インターベンション（支援の実施）

就職活動に必要なスキルを身につける

　カンファレンスの翌日、AさんがY市福祉事務所を訪れたので、会議の内容と支援計画について説明し同意を得た。

　Aさんは早速自分で書いた履歴書を持参しており、「内容をチェックしてほしい」とBワーカーに見せた。そこで、内容をチェックし、学歴や職歴の書き方、自己PRの書き方などを丁寧にアドバイスした。

　2日後には新たに書き直した履歴書を持参し、実際の面接場面を想定して練習を行った。練習後、受け答えを振り返り、自信をもって答えられるまで

練習を繰り返した。

生活保護受給者等就労自立促進事業への参加

　履歴書も書けるようになり面接の練習も行ったので、実際の求職活動に進むうえで、生活保護受給者等就労自立促進事業に参加して、ハローワークからの積極的な支援を受けることをすすめた。

　Aさんが同意したので、Bワーカーはハローワークに同行してハローワークの担当者である「就職支援ナビゲーター」（以下「ナビゲーター」）と面接を行った。ナビゲーターから6つの就労支援メニューの説明があり、まずは短期的支援計画にもあるように求職職種を明確にすることを目標とした。

　Aさんが母子世帯という家庭の事情があること、短大卒業後に事務員としての職歴があることを聞いたナビゲーターは「規模や雰囲気が家庭的な事業所の一般事務を求職してはどうか」との案を提示し、Aさんも納得したため、その方針で求職活動を行うことになった。

　早速パソコンで検索を行ったところ、自宅から自転車で通える距離に小規模な印刷会社の正社員の事務員の募集があったため、応募を検討することにした。ナビゲーターが電話で問い合わせをし、Aさんの概況を説明したところ快く対応してくれて、翌日の面接の約束を取りつけることができた。

　翌日、面接を受けたAさんは、その場で内定をもらうことができた。正社員として働くことへの不安は口にしたが、BワーカーとCワーカーに「とても家庭的な雰囲気の会社で、子育てに関しても理解を示してくれている。ナビゲーターからいい職場を紹介してもらった」とうれしそうに報告に来た。

(7)　事例の考察

　本事例は専業主婦歴が長く、未就学児を抱えた多子の母親であるAさんが、ひとり親世帯になったことを契機として、就労への不安を抱えながらも福祉事務所の就労支援を受け、ハローワークでの就職活動を実らせるまでの支援の経過である。生活保護受給者等就労自立促進事業に参加することでスムーズに就労に結びついたことがわかる。

　本事例では、ハローワークのナビゲーターが個別対応をして職業紹介を行っているが、このようにハローワーク内での受け皿が充実したことで、個々のニーズに応じた就労支援を行える体制が整えられている。

【演習課題】

> ①Ａさんが就労を継続できるように、Ｂワーカーは今後どのような支援
> を行うべきか考えてみましょう。
> ②「長期的支援計画」にある「安定した生活が維持できるように」する
> ために、どのような支援が必要でしょうか。
> ③就職支援ナビゲーターがＡさんに「家庭的な事業所（会社）の一般事
> 務」をすすめた理由を考えてみましょう。

3．生活困窮者自立支援制度を活用した支援

⑴　事例の概要

★本人のプロフィール

・相　談　者：Ａさん（40歳・男性）　　高校卒　Ｘ県Ｙ市に居住
　　　　　　　　Ｂさん（36歳・女性）　　高校卒　Ｘ県Ｙ市に居住
・家族構成：ＡさんとＢさんは内縁関係である。

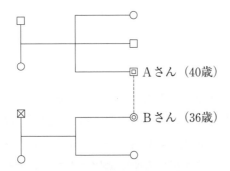

★ソーシャルワーカーのプロフィール

・所　属　機　関：Ｘ県Ｙ市社会福祉協議会　生活困窮者自立相談支援機関
　　　　　　　　　（Ｙ市からの委託事業）
・職　　　　　　種：相談支援員（資格：社会福祉士・社会福祉主事）
・プロフィール：Ｃワーカー（35歳・女性）　社会福祉系の大学を卒業後、
　　　　　　　　　Ｘ県Ｙ市社会福祉協議会に就職。コミュニティワーカーを
　　　　　　　　　経験後、3年前から現在の所属。

⑵　生活困窮者自立支援制度の利用に至る経緯

　AさんとBさん（以下「Aさんら」）はY市内のアパートで生活していた。2人とも非正規雇用のアルバイトとして、Aさんは2か所の倉庫会社（8：00〜17：00と18：30〜23：30）で、Bさんは日中にコンビニで勤務し、収入は少ないながらも生活はできる状況であった。

　しかし、Aさんが1年前に胃潰瘍と十二指腸潰瘍を患い入院。入院費用は病院と分割支払いの約束をしたが、仕事をしなければ生活が継続できないので、病状が回復しないまま数日で退院した。その後、早い段階で復帰をしたものの思うように身体がついていかず、昼間勤務の倉庫会社は解雇されてしまった。一方、夜間勤務の倉庫会社は勤務時間を22：00〜7：00に増やしてもらったが、毎日の夜勤が体力的に続かず退職。その結果、家賃の支払いが滞るようになり、3か月前にアパートの立ち退きとなった。

　その後、Aさんらは非正規雇用ながらも継続して就労し、ネットカフェを居所としながら生活していたが、Bさんも住居の立ち退きや安定しない居所などから体調を崩してしまう。さらにコロナ禍の影響によりネットカフェが休業となってしまった。

　Aさんらは居所を失ったため、Y市福祉事務所に相談をした。生活保護制度の利用を勧められたが、2人の収入で何とか生活をしたいとの希望があったので、紹介された無料低額宿泊所に入居し生活を開始した。

　しかしながら、無料低額宿泊所での生活は時間の制約などがあり、Aさんらとしては生活がしにくいため、無料低額宿泊所のD生活支援員に相談した。そこで、生活困窮者自立支援制度の活用を提案され、D生活支援員とともにY市社会福祉協議会の生活困窮者自立相談支援機関へ相談に行き、相談支援員のCワーカーがかかわることになった。

⑶　インテーク・アセスメント

インテーク（受理面接）

　AさんらはCワーカーにこれまでの経過とともに、今後の想いなどについて話をした。Cワーカーからは、再度生活保護の利用を勧められるものの、2人の就労収入で何とか頑張りたいとのことで、生活困窮者自立支援制度を利用していくことになった。

　そこで、AさんらとCワーカーで生活課題などを共有し、居所が不安定であることから、まずは居所について協議した。Cワーカーからは、生活福祉資金の緊急小口貸付にて転宅費用を借り受けること、次に住居確保給付金の

利用について提案され、Ａさんらも利用したい意向を示した。

アセスメント（事前評価）

　Ｃワーカーが Ａ さんと Ｂ さんから聴取した内容は、次の通りである。

【生活状況等】

■生活歴

　Ａさん：Ｚ県にて３人兄弟の長男として出生。県立高等学校卒業後は自動
　　　　　車関連会社に就職したが、体調を悪くし10年ほど勤めて退職。そ
　　　　　の後、地元のスーパーでアルバイトとして就労し、アルバイトに
　　　　　来ていたＢさんと知り合い同棲を開始した。それを機にＡさんは
　　　　　スーパーを退職し、より収入を求め２か所（昼間と夜間の勤務）
　　　　　の倉庫にて就労してきた。

　Ｂさん：Ｚ県にて２人姉妹の長女として出生。幼少のころに両親が離婚し、
　　　　　妹とともに母に育てられた。県立高等学校卒業後は、化粧品会社
　　　　　に就職するが３年で退職。その後、スーパーでのパート就労を開
　　　　　始し、そこでＡさんと知り合った。

■扶養義務者の状況

　Ａさん：両親、弟、妹がいるが、10年以上音信不通となっている。

　Ｂさん：母と姉がおり２人は同居している（父親は亡くなっている）。Ａ
　　　　　さんとの交際を反対された経緯もあり、その後は交流がなく、実
　　　　　家には戻れない状況が続いている。

■資産・預貯金・収入・負債の状況

　Ａさん、Ｂさんとも主たる資産はない。

　預貯金：Ａさんは１万円、Ｂさんは数千円

　収　入：Ａさんは日払いの仕事で１万円／日（週３〜４日勤務）、Ｂさん
　　　　　はコンビニで３万円／月（週４日勤務）。２人合わせて月に18万
　　　　　円程度の収入。

　負　債：過去にカード会社からキャッシングした約50万円

■住居の状況

　ネットカフェにて生活をしてきたが、ネットカフェが休業となり、福祉事
務所の紹介により近隣の無料低額宿泊所にて生活中。２人には居所を定めた
い意向がある。

■病状

　Ａさんは胃潰瘍、十二指腸潰瘍を患っており、当面の間、定期的な通院、
服薬の継続が必要。

今後の生活設計

　生活福祉資金の緊急小口貸付により転宅費用、住居確保給付金により当面の家賃を確保し、今後はアパートで安定した生活をしたいと希望している。

生活課題の分析

○Aさんも Bさんも非正規雇用の就労であり、かつ短時間の就労である。
○居所を失った後はネットカフェにて生活をしてきており、安定的な生活、居住空間はなかった。
○親族（扶養義務者）との交流がない。
○アパート確保に際しての保証人がいない。
○これまで社会とのつながりが少なく職場のみであった。

⑷　プランニング（支援計画の作成）

カンファレンス（支援会議）

　Y市社会福祉協議会の生活福祉資金貸付事業の担当者、Cワーカー、無料低額宿泊所のD生活支援員、Y市福祉事務所の生活保護の面接担当ワーカーが参加して開催された。これまでの経過を振り返るとともに、今後のAさんらの支援方針について検討された。

経過の振り返り

○主たる居所がないことから住宅の確保が必要。
○非正規雇用の就労形態であり、収入が不安定である。
○初期費用がないことから、生活福祉資金の貸付を受ける必要がある。
○親族との交流がないことから、アパートの賃借にかかる保証人になってくれそうな人がいない。まずは親族への連絡を行ってみる。もし、困難な場合は保証人協会なども検討する。

短期的支援計画

○就労の合間に不動産屋を回り、住居を確保する。
○保証人になってもらえるか、Aさんらから親族に連絡を試みる。

中期的支援計画

○Aさんの通院を継続し、治療を行っていく。
○Aさんは正規雇用の就労を目指していく。

長期的支援計画

○家計について見直しをしていく。
○親族との関係を修復し、交流が図れるようにしていく。

⑸　インターベンション（支援の実施）

アパートの確保

　Y市社会福祉協議会での審査の結果、緊急小口資金の貸付が決定した。

　アパートの賃借にかかる保証人については、Aさんらの申し出を受けてB
さんの母親が保証人になってもよいとの話もあったが、年金のみの生活で
あったため不動産屋の審査で落ちてしまった。このことから、保証人がいな
いことが課題となり、アパート探しが難航した。しかし、Cワーカーが同行
しながら不動産屋を回った結果、理解のある不動産屋が家主に掛け合ってく
れ、住居となるアパートがみつかった。また、保証人についてもBさんの母
親で了承された。

就労支援員による支援

　Aさんは現在の非正規雇用の就労を当面は継続していく予定であるが、正
社員を目指して、就労支援員（生活困窮者自立相談支援機関に所属）による
支援を活用することにした。Aさんは就労支援員と週に1回の面談を続けた
結果、ある会社の面接を受けることになった。

家計相談支援

　これまで家計はBさんが主に担ってきたが、Aさんは日払いの給料であり、
その日のネットカフェ料金、食事や交通費などに費やしてきた。また、Aさ
ん、Bさんともに家計自体に関心がなく、その日を何とか生活することで精
一杯な状況であった。

　Aさんが正社員となった際は、これまでの日払いとは異なり、毎月得られ
る給料から適切に支出できるよう家計改善支援を行うこととなり、Bさんが
Cワーカーと毎月定期的に面談し、収入・支出の状況などを把握しながら、
貯蓄を増やすことを目指していくことにした。

⑹　事例のその後

　Bさんの母親の協力や転宅費用の貸付などによって、無事にアパートの賃
借契約をして入居となった。また、住居確保給付金により家賃の心配は当面
不要となった。

　その後、Aさんは正社員を目指して就労支援員とともに就労活動を行い、
物流関係の会社に正社員として採用された。

　課題の家計改善については、Bさんが家計簿をつけ、Cワーカーとの面談
において収入と支出について双方で確認を行った。

　そして、2人の生活が軌道に乗ったところで支援の終結となった。

(7)　事例の考察

　本事例は、住居を失ってしまったＡさんらがＹ市社会福祉協議会の生活困窮者の相談窓口へ相談に訪れたことを契機として、Ｃワーカーや就労支援員と出会い、自立に向けた支援が展開されたものである。

　ＣワーカーはＡさんらの想いなどをくみ取りながら支援を行い、居所の確保、また音信不通であったＢさんの母親との交流再開を目指した。また、その後の支援として、就労支援や家計改善支援などを行ってきた。

　このように、人々が生活をしていくうえで重要である住まいの確保のみならず、その後の寄り添った支援を行ってきたことにより、Ａさんらは新たな生活へと歩み出すことができたといえる。

【演習課題】

> ①あなたの居住する自治体の生活困窮者自立支援制度の事業内容を調べ、必須事業と任意事業の実施主体と具体的なサービス内容について確認してみましょう。
> ②生活困窮者自立支援制度と生活保護制度の共通点と相違点について考えてみましょう。
> ③Ａさんの正規雇用が実現しなかった場合、あなたがＣワーカーだったら、今後どのような支援をしていくか考えてみましょう。

資　料

恤救 規則（明治 7 年12月 8 日太政官達第162号）

済貧恤窮ハ人民相互ノ情誼ニ因テ其方法ヲ設クヘキ筈ニ候得共目下難差置無告ノ窮民ハ自今各地ノ遠近ニヨリ五十日以内ノ分左ノ規則ニ照シ取計置委曲内務省ヘ可伺出此旨相達候事

恤救規則

一　極貧ノ者独身ニテ廃疾ニ罹リ産業ヲ営ム能ハサル者ニハ一ケ年米壱石八斗ノ積ヲ以テ給与スヘシ
　　但独身ニ非スト雖モ余ノ家人七十年以上十五年以下ニテ其身廃疾ニ罹リ窮迫ノ者ハ本文ニ準シ給与スヘシ

一　同独身ニテ七十年以上ノ者重病或ハ老衰シテ産業ヲ営ム能ハサル者ニハ一ケ年米壱石八斗ノ積ヲ以テ給与スヘシ
　　但独身ニ非スト雖モ余ノ家人七十年以上十五年以

下ニテ其身重病或ハ老衰シテ窮迫ノ者ハ本文ニ準シ給与スヘシ

一　同独身ニテ疾病ニ罹リ産業ヲ営ム能ハサル者ニハ一日男ハ三合女ハ二合ノ割ヲ以テ給与スヘシ
　　但独身ニ非スト雖モ余ノ家人七十年以上十五年以下ニテ其身病ニ罹リ窮迫ノ者ハ本文ニ準シ給与スヘシ

一　同独身ニテ十三年以下ノ者ニハ一ケ年米七斗ノ積ヲ以テ給与スヘシ
　　但独身ニ非スト雖モ余ノ家人七十年以上十五年以下ニテ其身窮迫ノ者ハ本文ニ準シ給与スヘシ

一　救助米ハ該地前月ノ下米相場ヲ以テ石代下ケ渡スヘキ事

救護法（昭和 4 年 4 月 1 日法律第39号）

第1章　被救護者

第1条　左ニ掲グル者貧困ノ為生活スルコト能ハザルトキハ本法ニ依リ之ヲ救護ス
一　65歳以上ノ老衰者
二　13歳以下の幼者
三　姙産婦
四　不具廃疾、疾病、傷痍其ノ他精神又ハ身体ノ障碍ニ因リ労務ヲ行フニ故障アル者
　前項第三号ノ姙産婦ヲ救護スベキ期間竝ニ同項第四号ニ掲グル事由ノ範囲及程度ハ勅令ヲ以テ之ヲ定ム

第2条　前条ノ規定ニ依リ救護ヲ受クベキ者ノ扶養義務者扶養ヲ為スコトヲ得ルトキハ之ヲ救護セズ
但シ急迫ノ事情アル場合ニ於テハ此ノ限ニ在ラズ

第2章　救護機関

第3条　救護ハ救護ヲ受クベキ者ノ居住地ノ市町村長、其ノ居住地ナキトキ又ハ居住地分明ナラザルトキハ其ノ現在地ノ市町村長之ヲ行フ

第4条　市町村ニ救護事務ノ為委員ヲ設置スルコトヲ得
　委員ハ名誉職トシ救護事務ニ関シ市町村長ヲ補助ス

第5条　委員ノ選任、解任、職務執行其ノ他委員ニ関シ必要ナル事項ハ命令ヲ以テ之ヲ定ム

第3章　救護施設

第6条　本法ニ於テ救護施設ト称スルハ養老院、孤児院、病院其ノ他本法ニ依ル救護ヲ目的トスル施設ヲ謂フ

第7条　市町村救護施設ヲ設置セントスルトキハ其ノ設備ニ付地方長官ノ認可ヲ受クベシ
　私人救護施設ヲ設置セントスルトキハ地方長官ノ認可ヲ受クベシ

第8条　前条第 2 項ノ規定ニ依リ設置シタル救護施設ハ市町村長ガ救護ノ為行フ委託ヲ拒ムコトヲ得ズ

第9条　本法ニ定ムルモノノ外救護施設ノ設置、管理、廃止其ノ他救護施設ニ関シ必要ナル事項ハ命令ヲ以テ之ヲ定ム

第4章　救護ノ種類及方法

第10条　救護ノ種類左ノ如シ
一　生活扶助
二　医療
三　助産
四　生業扶助
　前項各号ノ救護ノ範囲、程度及方法ハ勅令ヲ以テ之ヲ定ム

第11条　救護ハ救護ヲ受クル者ノ居宅ニ於テ之ヲ行フ

第12条　幼者居宅救護ヲ受クベキ場合ニ於テ市町村長其ノ哺育上必要アリト認ムルトキハ勅令ノ定ムル所ニ依リ幼者ト併セ其ノ母ノ救護ヲ為スコトヲ得

第13条　市町村長居宅救護ヲ為スコト能ハズ又ハ之ヲ適当ナラズト認ムルトキハ救護ヲ受クル者ヲ救護施設ニ収容シ若ハ収容ヲ委託シ又ハ私人ノ家庭若ハ適当ナル施設ニ収容ヲ委託スルコトヲ得

第14条　市町村長ハ救護ヲ受クル者ノ親権者又ハ後見人ガ適当ニ其ノ権利ヲ行ハザル場合ニ於テハ其ノ異議アルトキト雖モ前条ノ処分ヲ為スコトヲ得

第15条　救護施設ノ長ハ命令ノ定ムル所ニ依リ其ノ施設ニ収容セラレタル者ニ対シ適当ナル作業ヲ課スルコトヲ得

第16条　第13条ノ規定ニ依リ収容セラレ又ハ収容ヲ委託セラレタル未成年者ニ付親権者及後見人ノ職務ヲ行フ者ナキトキハ市町村長又ハ其ノ指定シタル者勅令ノ定ムル所ニ依リ後見人ノ職務ヲ行フ

第17条　救護ヲ受クル者死亡シタル場合ニ於テハ勅令ノ定ムル所ニ依リ埋葬ヲ行フ者ニ対シ埋葬費ヲ給スルコトヲ得

前項ノ場合ニ於テ埋葬ヲ行フ者ナキトキハ救護ヲ為シタル市町村長ニ於テ埋葬ヲ行フベシ

第5章　救護費

第18条　救護ヲ受クル者同一市町村ニ1年以上引続キ居住スル者ナルトキハ救護ニ要スル費用ハ其ノ居住地ノ市町村ノ負担トス

第19条　救護ヲ受クル者左ノ各号ノ一ニ該当スル者ナルトキハ其ノ居住期間1年ニ満チザル場合ニ於テモ救護ニ要スル費用ハ其ノ居住地ノ市町村ノ負担トス

一　夫婦ノ一方居住1年以上ナルトキ同居ノ他ノ一方

二　父母其ノ他ノ直系尊属居住1年以上ナルトキ同居ノ子其ノ他ノ直系卑属

三　子其ノ他ノ直系卑属居住1年以上ナルトキ同居ノ父母其ノ他ノ直系尊属

第20条　前2条ニ規定スル期間ノ計算ニ付テハ勅令ノ定ムル所ニ依ル

第21条　救護ニ要スル費用ガ前3条ノ規定ニ依リ市町村ノ負担ニ属セザル場合ニ於テハ其ノ費用ハ救護ヲ受クル者ノ居住地ノ道府県、其ノ居住地ナキトキ又ハ居住地分明ナラザルトキハ其ノ現在地ノ道府県ノ負担トス

第22条　第17条ノ規定ニ依ル埋葬ニ要スル費用ノ負担ニ関シテハ前4条ノ規定ヲ準用ス

第23条　委員ニ関スル費用ハ市町村ノ負担トス

第24条　第21条及第22条ノ規定ニ依リ道府県ノ負担スル費用ハ救護ヲ為シタル地ノ市町村ニ於テ一時之ヲ繰替支弁スベシ

第25条　国庫ハ勅令ノ定ムル所ニ依リ左ノ諸費ニ対シ其ノ2分ノ1以内ヲ補助ス

一　第18条乃至第23条規定ニ依リ市町村又ハ道府県ノ負担シタル費用

二　道府県ノ設置シタル救護施設及第7条第1項ノ規定ニ依リ市町村ノ設置シタル救護施設ノ費用

三　第7条第2項ノ規定ニ依リ私人ノ設置シタル救護施設ノ設備ニ要スル費用

道府県ハ勅令ノ定ムル所ニ依リ左ノ諸費ニ対シ其ノ4分ノ1ヲ補助スベシ

一　第18条乃至第20条、第22条及第23条ノ規定ニ依リ市町村ノ負担シタル費用

二　第7条第1項ノ規定ニ依リ市町村ノ設置シタル救護施設ノ費用

三　第7条第2項ノ規定ニ依リ私人ノ設置シタル救護施設ノ設備ニ要スル費用

第26条　救護ヲ受クル者資力アルニ拘ラズ救護ヲ為シタルトキハ救護ニ要スル費用ヲ負担シタル市町村又ハ道府県ハ其ノ者ヨリ其ノ費用ノ全部又ハ一部ヲ徴収スルコトヲ得

第27条　救護ヲ受ケタル者救護ニ要シタル費用ノ弁償ヲ為スノ資力アルニ至リタルトキハ救護ノ費用ヲ負担シタル市町村又ハ道府県ハ救護ヲ廃止シタル日ヨリ5年以内ニ其ノ費用ノ全部又ハ一部ノ償還ヲ命ズルコトヲ得

第28条　救護ヲ受クル者死亡シタルトキハ市町村長ハ命令ノ定ムル所ニ依リ遺留ノ金銭ヲ以テ救護及埋葬ニ要スル費用ニ充当シ仍足ラザルトキハ遺留ノ物品ヲ売却シテ之ニ充当スルコトヲ得

第6章　雑則

第29条　救護ヲ受クル者左ニ掲グル事由ノ一ニ該当スルトキハ市町村長ハ救護ヲ為サザルコトヲ得

一　本法又ハ本法ニ基キテ発スル命令ニ依リ市町村長又ハ救護施設ノ長ノ為シタル処分ニ従ハザルトキ

二　故ナク救護ニ関スル検診又ハ調査ヲ拒ミタルトキ

三　性行著シク不良ナルトキ又ハ著シク怠惰ナルトキ

第30条　第7条第2項ノ規定ニ依リ設置シタル救護施設ガ本法若ハ本法ニ基キテ発スル命令又ハ之ニ基キテ為ス処分ニ違反シタルトキハ地方長官ハ同項ノ認可ヲ取消スコトヲ得

第31条　道府県、市町村其ノ他ノ公共団体ハ左ニ掲グル土地建物ニ対シテハ租税其ノ他ノ公課ヲ課スルコトヲ得ズ但シ有料ニテ之ヲ使用セシムル者ニ対シテハ此ノ限ニ在ラズ

一　主トシテ救護施設ノ用ニ供スル建物
二　前号ニ掲グル建物ノ敷地其ノ他主トシテ救護
　　施設ノ用ニ供スル土地
第32条　詐偽其ノ他ノ不正ノ手段ニ依リ救護ヲ受ケ
　　又ハ受ケシメタル者ハ3月以下ノ懲役又ハ100円

以下ノ刑罰ニ処ス
第33条　本法中町村ニ関スル規定ハ町村制ヲ施行セ
　　ザル地ニ於テハ町村ニ準ズベキモノニ、町村長ニ
　　関スル規定ハ町村長ニ準ズベキ者ニ之ヲ適用ス

生活困窮者緊急生活援護要綱（昭和20年12月5日閣議決定）

　終戦後ノ国内現状ニ鑑ミ特ニ困窮セル者ニ対シ左
記要綱ニ依リ緊急生活援護ノ方途ヲ講ジ以テ当面セ
ル生活困窮ノ状態ヲ匡救セントス
⑴　生活援護ノ対象ト為スベキ者ハ一般国内生活困
　窮者及左ニ掲グル者ニシテ著シク生活ニ困窮セル
　モノトス
　1.　失業者
　2.　戦災者
　3.　海外引揚者
　4.　在外者留守家族
　5.　傷痍軍人及其家族並ニ軍人ノ遺族
⑵　生活援護ヲ要スル者ノ世帯ノ実情ニ応ジ左ノ方
　法ニ依ルモノトス
　1.　宿泊施設、給食施設及救療施設ノ拡充
　2.　衣料、寝具其ノ他ノ生活必需品ノ給与
　3.　食料品ノ補給

　4.　生業ノ指導幹旋
　5.　自家用消費物質、生産資材ノ給与又ハ貸与
⑶　生活援護ノ実施ハ都道府県ノ計画ニ基キ市区町
　村長ヲシテ当ラシメ町内会長、部落会長、方面委
　員、社会事業団体等ヲシテ之ニ協力セシムルモノ
　トス
⑷　生活援護ニ要スル経費
　既定経費ヲ本要綱ノ趣旨ニ則シ運用スルノ外尚必
　要経費ハ此ノ際特ニ別途考慮スルモノトス
　（備考）
　1.　本要綱ノ実施ニ当リテハ取敢ヘズ都市特ニ六
　　大都市並ニ引揚者ノ多数滞留地ニ重点ヲ置クモ
　　ノトス
　2.　本要綱ノ実施ニ当リテハ其ノ徹底ヲ期スル為
　　特ニ全国方面委員ヲ積極的ニ活動セシムルモノ
　　トス

社会救済（SCAPIN775）
連合国最高司令部SCAPIN775（昭和21・2・27）覚書

日本帝国政府宛
経由　C・L・O　主題　社会救済
⑴　「救済福祉計画」ニ関スル件1945年12月31日付
　C・L・O覚書1484ニ関シテハ提出計画ヲ次ノ条
　件ニ合スル様変更ノ処置ヲトラバ日本帝国政府ニ
　対シ何等異議アルモノニ非ズ
　㈠　日本帝国政府ハ都道府県並ニ地方政府機関ヲ
　　通ジ差別又ハ優先的ニ取扱ヲスルコトナク平等
　　ニ困窮者ニ対シテ適当ナル食糧、衣料、住宅並
　　ニ医療措置ヲ与エルベキ単一ノ全国的政府機関
　　ヲ設立スベキコト
　㈡　日本帝国政府ハ1946年4月30日マデニ本計画
　　ニ対スル財政的援助並ニ実施ノ責任態勢ヲ確立
　　スベキコト

　　従ッテ私的又ハ準政府機関ニ対シ委譲サレ又
　　ハ委任サルベカラザルコト
　㈢　困窮ヲ防止スルニ必要ナル総額ノ範囲内ニオ
　　イテ与エラレル救済ノ総額ニ何等ノ制限ヲ設ケ
　　ザルコト
⑵　日本帝国政府ハ本司令部ニ次ノ報告ヲ提出スベ
　シ
　㈠　此ノ指令ノ条項ヲ完遂スル為メニ日本帝国政
　　府ニヨッテ発セラレタルアラユル法令並ニ通牒ノ
　　写
　㈡　1946年3月ノ期間ニ始マリ次ノ25日マデニ
　　届ケラレタル救助ヲ与エラレタル家族並ニ個人
　　ノ数及ビ都道府県ニヨリ支出サレタル資金ノ額
　　ヲ記載シタル月報

（旧）生活保護法 (昭和21年9月9日法律第17号 最終改正昭和24年5月21日法律第168号) （抜粋）

第1章　総則

第1条　この法律は、生活の保護を要する状態にある者の生活を、国が差別的又は優先的な取扱をなすことなく、平等に保護して、社会の福祉を増進することを目的とする。

第2条　左の各号の一に該当する者には、この法律による保護は、これをなさない。

一　能力があるにもかかわらず、勤労の意思のない者、勤労を怠る者、その他生計の維持に努めない者

二　素行不良な者

第3条　扶養義務者が扶養をなし得る者には、急迫した事情がある場合を除いては、この法律による保護は、これをなさない。

第2章　保護機関

第4条　保護は、保護を受ける者の居住地の市町村長（東京都の区のある区域においては東京都長官とする。以下同じ。）、居住地がないか、又は明かでないときは、現在地の市町村長がこれを行う。

第5条　民生委員法による民生委員は、命令の定めるところにより、保護事務に関して市町村長を補助する。

第3章　保護施設

第6条　この法律において保護施設とは、この法律による保護を目的とする施設又はこの法律による保護を受ける者の援護のために必要な施設を云う。

前項の援護とは、宿所の提供その他この法律による保護を全うするため必要な事項で命令をもって定めるものをいう。

第7条　市町村が保護施設を設置しようとするときは、その設備について、地方長官の認可を受けなければならない。

市町村以外の者（都道府県を除く。以下同じ。）が保護施設を設置しようとするときは、地方長官の認可を受けなければならない。

第8条　前条第2項の規定により設置したる保護施設は、市町村長が保護又は援護のため行う委託を拒むことができない。

第4章　保護の種類、程度及方法

第11条　保護の種類は、左の通りである。

一　生活扶助　　四　生業扶助

二　医療　　　　五　葬祭扶助

三　助産

前項各号の保護の程度及び方法は、勅令でこれを定める。

第12条　市町村長は、必要と認めるときは、保護を受ける者を保護施設に収容し、若しくは収容を委託し、又は私人の家庭若しくは適当な施設に収容を委託することができる。

第13条　市町村長は保護を受ける者の親権者又は後見人がその権利を適切に行わない場合は、その異議があっても、前条の規定による処分をなすことができる。

第16条　市町村長は、保護を受ける者に対して、勤労その他生計の維持に必要なことに関して指示をなすことができる。

第5章　保護費

第32条　保護を受ける者に資力があるにもかかわらず保護をなしたときは、保護に要する費用を支弁した市町村又は都道府県は、その者から、その費用の全部又は一部を徴収することができる。

第33条　保護を受けた者が保護に要した費用を弁償する資力を有するようになったときは、保護の費用を支弁した市町村又は都道府県は、保護を廃止した日から5箇年以内に、その費用の全部又は一部の償還を命ずることができる。

第34条　保護を受ける者に対して民法により扶養の義務を履行しなければならない者があるときは、その義務の範囲内において、保護に要する費用を支弁した市町村又は都道府県は、その費用の全部又は一部をその者から徴収することができる。

前項の規定による費用の徴収に関して争があるときは民事訴訟による。

第6章　雑則

第36条　保護を受ける者が左の各号の一に該当するときは、市町村長は、保護をなさないことができる。

一　この法律に基いて発する命令により市町村長又は保護施設の長がなした処分又は指示に従わないとき

二　正当な理由がなく保護に関する検診又は調査を拒んだとき

第38条　この法律により給与を受けた保護金品を標準として、租税その他の公課を課することができない。

第39条　この法律による保護金品は、既に給与を受けたものであるとないとにかかわらず、これを差押えることができない。

第41条　詐偽その他不正の手段により保護を受け、又は受けさせた者は、6箇月以下の懲役又は500円以下の罰金に処する。

附則

第44条　救護法、軍事扶助法、母子保護法、医療保護法及び戦時災害保護法は、これを廃止する。

最低生活費の計算の仕方（①、②、③、④、⑤、⑥、⑦の番号順に合計する）

①生活扶助基準（第1類費）基準額

(単位：円)

級地 年齢	1級地-1	1級地-2	2級地-1	2級地-2	3級地-1	3級地-2
0～2	44,630	43,330	41,190	41,190	38,340	36,940
3～5	44,630	43,330	41,190	41,190	38,340	36,940
6～11	45,640	44,320	42,140	42,140	39,220	37,780
12～17	47,750	46,530	44,070	44,070	41,030	39,520
18・19	47,420	46,030	43,770	43,770	40,740	39,250
20～40	47,420	46,030	43,770	43,770	40,740	39,250
41～59	47,420	46,030	43,770	43,770	40,740	39,250
60～64	47,420	46,030	43,770	43,770	40,740	39,250
65～69	45,330	44,000	41,840	41,840	38,950	37,510
70～74	45,330	44,000	41,840	41,840	38,950	37,510
75歳以上	40,920	39,730	37,780	37,780	35,160	33,870

注）1. 世帯構成員の数が2人の場合は、第1類費の個人別の額を合算した額に0.8548を乗じた額をその世帯の第1類費とし、世帯構成員数が3人は0.7151、4人は0.6010を乗じた額をその世帯の第1類費とする。
2. 入院患者日用品費は級地に関係なく23,110円。

②生活扶助基準（第2類費）基準額

(単位：円)

級地 人員	1級地-1	1級地-2	2級地-1	2級地-2	3級地-1	3級地-2
1人	28,890	27,690	27,690	27,690	27,690	27,690
2人	42,420	40,660	40,660	40,660	40,660	40,660
3人	47,060	45,110	45,110	45,110	45,110	45,110
4人	49,080	47,040	47,040	47,040	47,040	47,040

注1：冬季（10月～翌年4月）には地区別（Ⅰ区からⅥ区）に冬季加算が計上される。

注2：2020（令和2）年度現在、第1類と第2類の基準額は2種類あり、それぞれ2つの基準表により生活扶助基準は計算しているが、ここでは1種類の表のみ大掲載している。

③加算額（居宅）

(単位：円)

加算できる対象者		加算額		
		1級地	2級地	3級地
障害者	身体障害者障害程度等級表の1・2級に該当する者等	26,810	24,940	23,060
	身体障害者障害程度等級表の3級に該当する者等	17,870	16,620	15,380
母子世帯等	児童1人の場合	18,800	17,400	16,100
	児童2人の場合	23,600	21,800	20,200
児童養育	高等学校等修了前の児童	10,190（児童1人につき）		

④住宅扶助基準

実際に支払っている家賃・地代

1級地	東京都の場合53,700円以内の実額
2級地	45,000円以内の実額
3級地	40,900円以内の実額

注）地域により基準額が異なる。

⑤教育扶助基準、高等学校等就学費

	小学生	中学生	高校生
基準額	2,600円	5,100円	5,300円
学級費	1,080円	1,000円	—

注）このほか、必要に応じ、教材費・給食費（高校生の場合）などの実費が計上される。学費・入学金（高校生の場合）などの実費が計上される。

⑥介護扶助基準

居宅介護等にかかった介護費の平均月額

⑦医療扶助基準

診療報酬にかかった医療費の平均月額

最低生活費認定額

注）このほか、出産、葬祭などの経費がある場合は、それらの経費の一定額がさらに加えられる。

出典：『保護のてびき 令和元年度版』第一法規 2019年 pp.58～59を一部改変

収入認定額の計算の仕方（①から②，③，④をすべて引く）

①収入の種類と計算額

勤労収入
過去3か月の平均額
（超過勤務手当、通勤手当など一切のものを合計する。手取額ではなく給与総額。現物は全額換算する。）

事業収入
過去3か月の平均額

農業収入
将来1か年間の予想額(平均月額)
（次より計算した合計額）
主食＝収穫量×販売価格
野菜など＝（売却量×販売価格）＋自給分

その他収入
恩給、年金などは平均月額割
（他からの仕送り、贈与などで社会通念上収入認定を適当としないものは計上の必要はない。）

②上からの実費控除

実費控除
1　原材料費及び仕入代
2　機器器具の修理費（減価償却費除く）など

実費控除
1　肥料代
2　種苗代など

実費控除
1　受給資格の証明のために要した実績など
2　財産収入にあっては、家屋の修理費、地代など

③上からの基礎控除（目安）

収入金額 / 級地別	0円~15,000	15,001~30,999	31,000~50,999	51,000~70,999	71,000~90,999	91,000~110,999	111,000~130,999	131,000~150,999
1人目	0円~15,000	15,001~16,400	16,800~18,400	18,800~20,400	20,800~22,400	22,800~24,400	24,800~26,400	26,800~28,400

収入金額 / 級地別	151,000~170,999	171,000~190,999	191,000~210,999	211,000~230,999	231,000~
1人目	28,800~30,400	30,800~32,400	32,800~34,400	34,800~36,400	（※）

注）　実際には収入額4,000円きざみでより細かい控除額が決められている。
※収入金額が231,000円以上の場合は、収入金額が4,000円増加するごとに400円を控除額に加算する。

④上からの実費控除

1　社会保険料
2　通勤費など

収入認定額（この額が前頁の最低生活費認定額と対比される）

注1：世帯員全員について計算し、合計する。
注2：出稼者がいる場合は、出稼者からの仕送り額をそのまま収入として合計する。
注3：ここに示したものは標準的計算方法である。

出典：『保護のてびき　令和元年度版』第一法規　2019年　pp.62～63を一部改変

索　引

新・社会福祉士養成課程対応

貧困に対する支援

2021年4月1日　初版第1刷発行
2022年3月1日　初版第2刷発行

編　　集	渋 谷　　哲
発 行 者	竹 鼻 均 之
発 行 所	株式会社 みらい

〒500-8137　岐阜市東興町40 第5澤田ビル
TEL　058-247-1227(代)　FAX　058-247-1218
https://www.mirai-inc.jp/

印刷・製本	サンメッセ株式会社

ISBN978-4-86015-533-9　C3036
Printed Japan